GERMANIA BENEDICTINA
quæ in illa sunt Monasteria Ord. S. BENEDICTI monstrans exacte ita delineata per P. R. C. P. W. C. B. S.
excusa studio et sumtibus HOMANNIANORUM HEREDUM
Norib. A. MDCCXXXII.
Cum Privil. Cæs.
POLONIAE PARS
HUNGARIA PARS
LUSATIA
SILESIA
BOHEMIA
MORAVIA
SAXONIA
THURINGIA
AUSTRIA
STYRIA
CARINTHIA
TYROLIS
ARCHI-EPISCOPAT SALISBURGENS
BAVARIA
GOLFO DI
PRAGA
VIENNA
PASSAVIUM
RATISBONA
MONACHIUM
ERFORDIUM
BAMBERGA
EYSTADIUM
DONAUWERTHA
PADUA
VERONA
VENETIÆ
Vincentia
Waldsassen
Speinshart
Plankstätten
Windberg
St. Walburg
Weltenburg
Braunau im Rohr
Metten
Niederaltaich
Thyrnau
Schweiklberg
Schlägl
Geras
Altenburg
Zwettl
Göttweig
Scheyern
Tettenweis-St. Gertrud
Engelszell
Landshut-Seligenthal
Augsburg-St. Stephan
Wilhering
St. Florian
Herzogenburg
Klosterneuburg
Melk
Lilienfeld
Wien-Schottenstift
Heiligenkreuz
Reichersberg
München-St. Bonifaz
St. Ottilien
Schäftlarn
Andechs
Michaelbeuern
Frauenchiemsee
Lambach
Seitenstetten
Kremsmünster
Schlierbach
Salzburg-St. Peter
Salzburg-Nonnberg
Admont
Ettal
Vorau
Seckau
Rein
Fiecht-St. Georgenberg
Stams
Innsbruck-Wilten
St. Lambrecht
St. Paul i. Lavanttal
Bertholdstein
Neustift
Säben
Marienberg
Bozen-Gries
Meran
Donau fl.

# Klöster Reich

Joachim Angerer • Gerhard Trumler

# KlösterReich

## Stifte und Klöster im Alpenraum

Weltbild

# INHALT

*Links:* ***Ottobeuren:*** *Benediktinerkloster im Allgäu, Schwaben. Nach alter, allerdings bezweifelter Tradition 764 gegründet, 1802 säkularisiert, seit 1918 wieder Benediktinerkloster.*
*Unten (v. o. n. u.):* ***Scheyern:*** *Benediktinerkloster in Oberbayern, seit dem 12. Jahrhundert Heiligkreuzwallfahrt.* ***Reichenau:*** *Benediktinerkloster auf der Bodensee-Insel Reichenau (Augia Dives), Baden-Württemberg. 724 gründete Pirmin ein Kloster, 816 wurde das Münster erbaut. 799 gründete Bischof Egino von Verona Niederzell und 896 Hatto das Kloster Oberzell als Chorherrenstift; seit 1803 säkularisiert.* ***Rebdorf:*** *Ehemaliges Augustiner-Chorherrenstift bei Eichstätt, Oberbayern. 1156 gegründet, seit 1958 Herz-Jesu-Missionare.*

*Oben links:* **Marienberg:** *Benediktinerkloster in Südtirol, 1150 von Benediktinern aus Ottobeuren besiedelt, 1807 von der bayerischen Regierung aufgehoben, 1816 von Franz II. von Österreich wiederhergestellt. 1834 zur schwäbischen, ab 1889 zur österreichischen und seit 1931 zur schweizerischen Benediktinerkongregation zugehörig.*

*Oben rechts:* **Säben:** *Benediktinerinnen-Kloster bei Klausen, Südtirol, 1685 gegründet.*

*Unten:* **Geras:** *Prämonstratenser-Chorherrenstift im österreichischen Waldviertel, Niederösterreich. 1153 zusammen mit dem Chorfrauenkloster Pernegg gestiftet.*

*Gegenüber:* **Herzogenburg:** *Augustiner-Chorherrenstift nördlich von St. Pölten, Niederösterreich. 1112 gegr., Mittelalterlicher, markant barockisierter Turm der Klosterkirche.*

*Links:* ***Weltenburg:*** *Benediktinerkloster bei Kehlheim an der Donau, Niederbayern, um 600 gegr., Klosterkirche 1717–21.*
*Unten (v. o. n. u.):* ***Münsterschwarzach:*** *Benediktinerkloster bei Kitzingen am Main, Unterfranken. 816 gestiftet, bis 1803 Benediktinerkloster. Berühmt durch die von Balthasar Neumann errichtete Barockbasilika, die nach einem Blitzschlag als Steinbruch diente. Seit 1913 Kloster der Missionsbenediktiner.* ***Birnau:*** *Zisterzienserkloster bei Salem am Bodensee, Baden-Württemberg. 1222 erstm. erwähnt.* ***Andechs:*** *Benediktinerkloster bei Starnberg, Oberbayern. Wallfahrtskirche. Ehemaliges Stift, einst Sitz des mächtigen Geschlechts der Grafen von Andechs. 1455 vom Reformkloster Tegernsee aus in ein Benediktinerkloster umgewandelt, 1803 säkularisiert, 1850 als Priorat der Benediktinerkloster St. Bonifaz/München einverleibt.*

*Gegenüber:* ***Einsiedeln:*** *Benediktinerkloster südlich des Zürichsees im Kanton Schwyz, Schweiz. Am Ort der Einsiedelei des hl. Meinrad 934 als Kloster gegründet, nach dem Einmarsch der Franzosen 1798 aufgehoben, aber 1803 bereits den Benediktinern zurückgegeben. Das Kloster spielte bei der Klosterreform im 10. und 11. Jahrhundert eine bedeutende Rolle. Einsiedeln ist seit dem 14. Jahrhundert ein vielbesuchter Wallfahrtsort. Die Klosterbauten sind ein Werk des Klosterbruders C. Moosbrugger. Die Bibliothek zählt mehr als 70.000 Bände, 1200 Handschriften und 600 Inkunabeln.*
*Oben:* ***Michaelbeuern:*** *Im Flachgau, 35 km nördlich von Salzburg gelegen, ist es neben St. Peter das einzige Benediktinerstift in Salzburg.*
*Unten:* ***Schlierbach:*** *Weltberühmt für seinen Käse, hat das Zisterzienserstift auch ein Gymnasium mit Internat, eine Landwirtschaftsschule und eine Werkstätte für Glasmalerei zu bieten.*

*Oben:* ***Zwettl:*** *Zisterzienserstift, Niederösterreich. 1138 von Hadmar I. dem Kuenringer gestiftet, barocke Turmfassade der Stiftskirche, entworfen von Matthias Steinl, erbaut von Josef Munggenast 1722–1727. Unten:* ***Wilhering:*** *Zisterzienserstift bei Linz, Oberösterreich. 1146 gegr., Einrichtung eines Gymnasiums um 1900, herrlicher Stiftspark mit botanischen Seltenheiten, Turm der Stiftskirche.*
*Rechts:* ***Banz:*** *Ehemaliges Benediktinerkloster bei Bamberg, Oberfranken. Ursprünglich Grenzfeste, 1069/71 Umwandlung in ein Benediktinerkloster, das in den grundherrlichen Rechten dem Hochstift Bamberg unterstand, in geistlichen Belangen aber zu Würzburg gehörte. Ab 1798 nach Entwürfen von L. und J. Dientzenhofer um- und ausgebaut. Der westl. Eckpavillon stammt von J. T. Nissler und B. Neumann. 1803 säkularisiert, seit 1933 Sitz der „Gemeinschaft von den heiligen Engeln e. V.".*

# Einleitung

Wer die vielen Veröffentlichungen, Kunstführer und Monographien über Klöster und Stifte und im besonderen einer bestimmten Epoche oder eines bestimmten Landes noch um weitere bereichern will, der sollte dafür wohl gute Gründe haben. Der Entschluß, das Werk „Klösterreich" zu schreiben, reifte in mir nach vielen Gesprächen, Diskussionen und nicht zuletzt zahlreichen Führungen im eigenen Stift, nämlich der Prämonstratenserabtei Geras in Niederösterreich. Damit ist schon vorweggenommen und sozusagen einbekannt, daß ich ein Angehöriger einer religiösen Gemeinschaft der katholischen Kirche bin. Wenn ich mich trotzdem und immer noch bemüßigt fühle, ein solches Unterfangen anzugehen, dann hat das mehrere Gründe, wobei vorausgeschickt sei: Ich will nicht überzeugen, bekehren oder gewinnen, sondern darlegen! Dabei sollen in erster Linie historische Tatbestände und Zusammenhänge die Basis meiner Ausführungen bilden, wobei weniger die rein kunstgeschichtlichen als vielmehr die kulturgeschichtlichen Gesichtspunkte und die Beschreibung der wichtigsten Strukturen des Gesamtbereichs „Kloster" im Vordergrund stehen. Ich möchte einladen, mit mir einen nüchternen und umfassenden Blick nicht nur über, sondern hinter die Klostermauern zu werfen. Dabei lasse ich mich von der Überlegung leiten, daß Mißverständnisse immer dort entstehen, wo das Wissen für ein echtes Verständnis, für die Einsicht in gewachsene Zusammenhänge und gleichzeitig in die Alltäglichkeiten entweder fehlt, nur bruchstückhaft vorhanden ist oder gar verwehrt wird. Man darf sich dann nicht wundern, wenn vieles mit scheelem Blick betrachtet wird. Doch selbst berechtigte Kritik an Mißständen, Unzukömmlichkeiten und erstarrten Formalismen kann Verderben und nicht Besserung bewirken, wenn sie zum bilderstürmischen Erneuerungsdrang oder Fanatismus führt und grundlegende Werte zerstört, bzw. wenn unter Re-form eine Deformation oder gar eine Demontage verstanden wird, was gleichermaßen für den Betroffenen innerhalb und außerhalb des Klosters gelten mag! Solche radikalen „Lösungen" oder Veränderungen, die eigentlich nur aus Ideologien geboren und genährt werden können, übersehen immer das Wesentliche, nicht zuletzt deswegen, weil ungeklärte Gemütsbewegungen und -stauungen irgendwann zum Dammbruch führen, ja, führen müssen und sich folglich der Kontrolle der Vernunft entziehen.

*Gegenüber:* ***St. Lambrecht:*** *Benediktiner-Stift in der Steiermark. 1076 gest., die Stiftskirche wurde um 1640 barockisiert. Romanischer Karner und gotische Spitalskirche mit Flügelaltar sind erhalten. Schmiedeisernes Abschlußgitter von Hans Gänser, 17. Jh, von Blasius Lackner 1658 umgearbeitet.*
*Oben:* ***St. Florian:*** *Augustiner-Chorherrenstift in Oberösterreich. 8. Jh, gesticktes Wappen mit Tatzenkreuz des Klosters und des Abtes aus dem 18. Jh. Das Stiftswappen ist erstmals in einer Handschrift überliefert, die zwischen 1306 und 1310 entstand.*

Unter vielen Beispielen möge für den bayerischen Raum die Säkularisation des Jahres 1803 genannt sein. Österreich hatte eine abgeschwächte Form der Säkularisation schon im Josephinismus erlebt. Ohne hier die Frage nach Schuld aufzuwerfen, will ich nur in Erinnerung rufen, wie damals plötzlich wie von einem Wirbelsturm die Klöster – nach einer kulturellen, geistigen und geistlichen Hochblüte – geradezu von der Landkarte hinweggefegt wurden. Obwohl dies im Zeichen der Aufklärung geschah, wurden nicht einmal wertvollste Zeugnisse und Kulturgüter aus unser aller Vergangenheit geschont. Deshalb erblicke ich die größte Gefahr in der wutentbrannten rücksichtslosen Zerstörung dessen, was in Jahrhunderten, wenn auch unter anderem Vorzeichen, geschaffen wurde, und dessen Verlust man nach kurzer Ernüchterung als unwiederbringlich und schmerzlich zu beklagen hat.

Nun mag man mir entgegnen, das sei eben der Gang der Dinge; es sei Illusion, wenn man meint, aufklärend verhindern zu können, was in gewissen Zeitabständen wie eine Naturgewalt über uns hereinbricht! Akzeptiert – aber hierin mag sich der Engagierte vom Beschauer oder kunstbeflissenen Besucher unterscheiden: er resigniert nicht auf Grund der Erkenntnis, daß eigentlich historische Abläufe kaum je die Menschheit reifer gemacht haben, wie man uns noch in fast utopischer Weise die Auffassung und Aufgabe von Geschichtsschreibung zumindest der Sicht eines theologisch ausgerichteten Lehrgebäudes nahebrachte. Der Engagierte bemüht sich, häufig wider besseres Wissen, trotzdem verbessernd mitzugestalten, in die Bresche zu springen und erneuernd sich gegen eine Übermacht zu stellen, aus der idealistischen Überzeugung heraus, man müsse seinen Part im Orchester ohne ständige Generalpausen mitspielen und solcherart dazu beitragen, daß die zwar notwendigen Dissonanzen doch in Konsonanzen übergeführt werden; denn die Atonalität beginnt ja dort, wo die Dissonanz um ihrer selbst willen als angeblicher Wohlklang unaufgelöst im Raum stehen bleibt. In dieser auch meiner Einstellung könnte jener theologische Bezug gefunden werden, den ich nicht verheimlichen möchte, der aber – es sei im gleichen Atemzug hinzugefügt – einer, wie ich hoffe, objektiven und sachlichen Darstellung mitnichten im Wege steht. Der darauf beruht, daß Christentum nichts statisch Abgeschlossenes, sondern etwas dynamisch Voranschreitendes, mit Hilfe des Göttlichen zur Vollendung Drängendes bedeutet. Das besagt in weiterer Konsequenz, daß, auf unseren Gegenstand angewendet, die Entfaltbarkeit und Vielfalt des Mönchtums und der Orden hierin eine Erklärung und Begründung findet, wobei keineswegs die oft negativen Gesichtspunkte, die zu Veränderungen im Verlaufe der abendländischen Klöstergeschichte und innerhalb der Orden und monastischen Kommunitäten führten, übergangen oder verschwiegen seien.

Mein Bestreben ist es, ein Klösterbuch zu schreiben, das einen Überblick über den Gesamtbereich der sogenannten „alten Orden“ und ihrer Niederlassungen bietet, das sich von der Idee eines Sachbuchs zwar leiten läßt, aber doch mehr erzählt und das berichtet, was außer in wissenschaftlichen Darstellungen so umfassend kaum anzutreffen sein wird. Daß die Zusammenhänge, die Auswahl und bildliche Gestaltung vom Schreiber geprägt werden, bedürfte normalerweise keiner Erwähnung, wenn nicht eben dieser Schreiber in das zu Beschreibende involviert wäre, d. h. wenn ich nicht selbst Prämonstratenser, also ein Insider wäre. Doch entgegen modernen Bestrebungen, möglichst „artfremde“ Reporter für Berichte einzusetzen, denen dann die Einsicht in die inneren Vorgänge fehlt, bin ich vielleicht auf recht altmodische Art der Meinung, daß es der Sache nur dienlich sein kann, wenn man, wie ich, schon als zwölfjähriger Junge hinter der Orgel der ehemaligen Stiftskirche saß und die barocke Herrlichkeit auf sich einwirken ließ, ohne je an etwas anderes zu denken, als sich der Musik zu verschreiben. Daß mein weiterer Studiengang mich in ein Benediktinergymnasium führte, hatte ebenfalls nur mit dem Umstand zu tun, daß mein Vater in den Hungerjahren der Nachkriegszeit in einem Kloster mit einer großen Landwirtschaft die größeren Fleischtöpfe für seinen stets hungrigen schnellwüchsigen Sprößling erhoffte. Über die Sturm- und Drangzeit, die ich in einem Klosterseminar verbrachte, half die Musik hinweg. Und just in dem Augenblick, als ich auf Grund einiger unerlaubter, von den Erziehern als Ausbrüche empfundener Spaziergänge in die dörfliche Freiheit meines Studienortes knapp vor meiner Entlassung stand, keimte in mir erstmals der Gedanke auf, meine Freiheit in eine klösterliche Gemeinschaft und Ordnung einzubinden. Es fehlten noch zwei Jahre bis zur Matura. Am Tage des Abschieds aus dem Seminar wurde mein Eintritt in das Benediktinerkloster bekannt, was einige meiner Mitschüler mit dem Ausdruck größter Verwunderung und mit Unverständnis quittierten, einen sogar zu der Bemerkung veranlaßte, ich müsse nicht mehr „alle Tassen im Schrank haben“!

Nach einem als Noviziat bezeichneten Eingewöhnungsjahr hatte ich das Glück, zunächst in Salzburg Philosophie studieren und gleichzeitig am Mozarteum die Fächer Orgel und Kapellmeisterei belegen zu können. Schließlich erhielt ich meine theologische Ausbildung an der päpstlichen Hochschule Sant' Anselmo in Rom. Nach einem Exkurs in die Altphilologie absolvierte ich in Wien das Studium der Musikwissenschaft und beschäftige mich seither in der Hauptsache mit Forschungen über mittelalterliche Klostergeschichte. Am Augustinustag 1969 trat ich zu den Prämonstratenser-Chorherren von Geras über, wo ich seither mit den verschiedensten Aufgaben betraut bin und 1986 zum 56. Abt des Klosters gewählt wurde.

Weshalb ich diese Visitenkarte hier ablege? Um mich vorzustellen und aus meinem Werdegang eine gewisse Legitimation und zugleich Vielseitigkeit meiner Ausführungen anzubieten. Ich gebe gerne zu, daß ich mich dabei an die Seite jenes Lesers stellen möchte, der unvoreingenommen, ja vielleicht ohne irgendeinen Bezug, weder von seiner religiösen Anschauung, noch von seiner Umwelt und Entwicklung her, ein Kloster betritt und sich in dessen Innenbezirk führen läßt. Wenn ihn gar Skepsis und Zurückhaltung auszeichnet, dann würde ich mich freuen, wenn er einen persönlichen Einblick bekäme und sich danach sein Urteil bilden könnte.
Stoßen wir also die Tür auf und leuchten wir selbst in die finsterste Klosterzelle! Ich darf vorausgehen!

**Zwettl:** *Zisterzienserstift. Die ursprünglich romanische, seit 1430 spätgotisch ausgestattete Kirche wurde um 1700 teilweise barockisiert (Joseph Munggenast). Große Konventhalle (um 1620–1640) mit Portal der Chorkapelle.*

# I.

# Der Gang ins Kloster

Betreten wir einmal ein Kloster nicht durch sein Prunktor, wie es uns von den vielerorts gewährten Stiftsführungen her bekannt ist, sondern treffen wir uns ausnahmsweise an der Klosterpforte.

Mit dieser Aufforderung möchte ich meinen Gang in das Kloster beginnen, meine persönlichen Erfahrungen und Überlegung, sich durchaus nicht problem-, kritik- oder kampflos gestalteten, ehrlich und offen darlegen. Darüber hinaus möchte ich einen umfassenden Rückblick in die Geschichte, die Hintergründe und Zusammenhänge dessen, was das Leben im Kloster ausmacht oder ausmachen sollte, geben.

Normalerweise schreitet man durch die mächtigen Prunkportale, die trotz ihrer kunstvoll gestalteten Gitter immer noch abweisenden Festungstoren vergleichbar sind, in den Innenbereich eines Stiftes. Und normalerweise werden unsere Zeitgenossen in Scharen zum Kaisertrakt, zu den Fürstenzimmern oder durch die Fest- oder Marmorsäle, die Bibliothek und die Schatzkammer zu den Sammlungen und Kunstschätzen geradezu hindurchgeschleust. Nach einer derartigen Begegnung mit dem Kloster verläßt manch einer das einst als gastlich gepriesene Haus – der Obolus an der Kasse war die erste Geste der „Weltoffenheit" – mit echtem Unbehagen, dem zwiespältigen Gefühl nämlich, auf der einen Seite in einem Kloster gewesen zu sein, ohne vom eigentlichen Betrieb einer solchen Institution etwas gesehen und erlebt zu haben, auf der anderen Seite von noch größerer Neugierde gepackt und beunruhigt zu sein. Solche Nachdenklichkeit treibt unseren Gast im Anschluß an eine Führung in die stets nahe liegende Klosterschenke oder Stiftstaverne – ein Geschäftstrick vielleicht? –, um sein unbefriedigt gebliebenes Interesse oder auch seinen Ärger im Stiftswein oder – in Bayern – im Klosterbräu zu ertränken. Dort mag manchem die Frage durch den Kopf gehen, wie weit dieser oberflächliche Einblick in das Kloster das Klosterleben selbst widerspiegelt. Und dieser und jener kommt vielleicht auf den Gedanken, ob er nicht als „Spätberufener" in die Herrlichkeit und das „dolce vita" jener eintreten solle, die heute noch die barocken Klosterpaläste bevölkern. Schließlich wird es jene geben, die über den Reichtum und die Prunkentfaltung der Kirche im allgemeinen und der Klöster im besonderen, wie über ihre Nutznießer den Kopf schütteln. Wo liegt der Unterschied zum Museum, muß sich der Stiftsbesucher fragen, worin unterscheidet sich ein Kloster von einer Schloß- oder Burganlage? Etwa dadurch, daß die Schloßbesitzer, wenn schon nicht anders, dann mit ihrer Hände Arbeit um die Erhaltung des Erbes ihrer Vorfahren bemüht sind, während anscheinend für die

*Gegenüber:* ***Geras:*** *Prämonstratenserstift. Schmiedeeisernes Gitter im Konventgang des Stifts.*

*Oben:* ***St. Florian:*** *Augustiner-Chorherrenstift. Stiftshof, Adlerbrunnen von J. J. Sattler, Blick auf das Treppenhaus im Westflügel und den Bläserturm.*

Zugehörigkeit zu einer klösterlichen Gemeinschaft einfach die Hingabe an das Gebet, die Feier der Liturgie und andere in die Leistungsgesellschaft kaum integrierbare Beschäftigungen genügen?

Der „Tourismus" nötigt leider zu mancher Oberflächlichkeit, was aber für die Insassen eines Klosters keine Entschuldigung sein dürfte, ihre Aufgabe, dem Besucher wenigstens einen kleinen Einblick in das Geschehen eines Klosters zu geben, nicht zu erfüllen. Denn damit würde sein Interesse, seine Neugierde für das Unbekannte – und darum handelt es sich doch, wenn er sich auf den Weg zu einer Klosterbesichtigung macht – nicht nur in der Betrachtung schöner und vielleicht auch bedeutender Kunstwerke oder einer Klosteranlage als Gesamtkunstwerk überhaupt befriedigt, sondern es böte sich zugleich auch die beste Gelegenheit, ihn mit der Innenwelt, dem geistigen und geistlichen Leben des Klosters zu konfrontieren. Dies läßt sich freilich bei barocken Monsterbauten, in den Allegorien, den weithin entblößten Putten und Heiligenfiguren – die häufig mehr vom irdischen Sehnen des Künstlers als vom überirdischen Bezug widerspiegeln – kaum erahnen. Man muß nicht in Opposition zu Kirche und Tradition stehen, um das festzustellen.

Gewiß, für manche Unterlassungen in der echten Betreuung der Gäste eines Klosters – von „Touristen" sollten und dürften wir nicht einmal sprechen, es verriete eine in den Regelbüchern, zumindest der Ordensgründer, kaum verankerte Oberflächlichkeit und Fehleinstellung zum Mitmenschen – gibt es Begründungen und Entschuldigungen. Hier übernehme ich persönlich ein ehrliches „Mea culpa" und bekenne, daß auch wir manchmal ermüdete und überstrapazierte, ein klein wenig auch egoistische Idealisten sind. Aber es wird jedermann einleuchten, daß, ähnlich einer Wohnungsbesichtigung und einem Besuch in einer Familie, gewisse Bereiche im Innenleben einer Gemeinschaft nicht gezeigt werden können, vor allem dann nicht, wenn diese Besuche zu einer stetigen Einrichtung geworden sind. Wobei nicht verschwiegen sei, daß die Einnahmen aus dem Fremdenverkehr eine notwendige Finanzierungsmöglichkeit zur aufwendigen Erhaltung der Gebäude vergangener Epochen darstellen. Bei einem ständigen Andrang von Besuchern also können nicht alle an der Hand genommen werden und durch die Klosterzellen, die selbst in barocken Stiften sehr bescheiden ausgestattet sind und weder Verzierungen noch einen größeren Aufwand kennen, geführt werden oder in alle Gemeinschaftsräume eines Konvents, wie der eigentliche Name für eine klösterliche Kommunität lautet, „eingeweiht" werden. Wer vermutet, hier gäbe es Neues, Aufregendes zu entdecken, vom „Klostergeheimnis" im Nonnenkonvent angefangen bis zum Sarg als Lagerstatt für den reuigen, der Welt entflohenen Sünder, der muß enttäuscht werden! Obwohl nämlich der innere Bereich eines Klosters ein eigener Bezirk ist – das Wort Kloster kommt von „Claustrum", dem das lateinische Verb „claudere = schließen, abschließen" zugrundeliegt –, bleiben trotzdem hinter und vor den Klostermauern die Menschen die gleichen, mit ihren Schwächen und Möglichkeiten, ihren Sehnsüchten, Wünschen und täglichen Enttäuschungen. Nur daß der Mönch sich absondert – die Bedeutung des Wortes „Monachus" ist „Einsiedler" – und in der Einsamkeit, nach der Vorstellung der alten Mönchsväter einer Wüste vergleichbar, nach Besserung seines Lebens strebt und ringt. Die Klausur ist übrigens ein Hindernis de jure, von Rechts wegen, alle Besucher in die Intimzone einzulassen; denn, wie der gleiche Wortstamm verrät, werden aus gewissen Teilen eines Klosters, wenn es sich um einen Nonnenkonvent handelt, alle Männer, bei einem Männerkloster alle Frauen ausgeschlossen. Es soll ein heiliger Bezirk entstehen, der von der Außenwelt abschirmt, von der Welt überhaupt, wie aus dem klösterlichen Sprachgebrauch, der nur zwischen Kloster und Welt unterscheidet, zu entnehmen ist. Ob auf Grund solcher Isolation allerdings schon jener Friede, sei es im Inneren jedes einzelnen Insassen eines Stiftes oder im Zusammenleben aller Brüder oder Schwestern einer „domus religiosa", eines geistlichen Hauses, gewährleistet ist, wie es die häufig an der Klosterpforte zu findende Inschrift „Pax = Friede" wünscht, läßt sich sehr wohl bestreiten. Die Klausur ist also ein weiterer Entschuldigungsgrund, nicht einfach alle Besucher wahllos durch alle Räume des Hauses zu führen. Auf dem Papier und mit Hilfe

**Göttweig:** *Benediktiner-Stift an der Donau, Niederösterreich. 1083 von Bischof Altmann aus Passau als Augustiner-Chorherrenkloster gegr., wurde das „österreichische Montecassino" 1094 Benediktinern aus St. Blasien im Schwarzwald anvertraut. Nach einem Brand 1718 wurde es nach Plänen von J. L. v. Hildebrandt aufgebaut.*

einer Kamera jedoch läßt sich jede Klausur aufheben, kann die verführerische Schönheit ebenso wie der beunruhigende Don Juan unseren Rundgang mitmachen, und selbst unser grollender Freund aus der Stiftstaverne oder dem Bräustüberl wird sein Glas beiseite schieben und uns folgen.

Die Klosterpforte, an der wir noch immer stehen, ist also der Zugang zu einer anderen Welt. Wer über ihre Schwelle tritt, und zwar nicht als Besucher, sondern um sich „ewig" zu binden, dem ist dieser Ort des Klosters zum Symbol geworden, zum Scheideweg, zum Neubeginn, zur Wende in seinem Leben. Für mich war dieser Tag der 2. September 1954 und zwar zur zweiten nachmittäglichen Stunde. Jedes einzelne Faktum sollte – ich ahnte es damals nicht – noch seinen Sinn erhalten.

Die Klosterpforten, Visitenkarte oder Aushängeschild jeder Gemeinschaft, weisen sich recht verschieden aus: Hier gibt es die Portierloge mit Apparaten, Fächern und Bediensteten wie in einem Hotel. Dort wiederum befindet man sich, ohne einem Pförtner begegnet zu sein, unmittelbar im Innenhof eines Klosters und muß sich an den Wohldüften aus der Küche orientieren, von wo aus man dann weitergeleitet wird. Hier ist wenig übriggeblieben von dem Pförtner, wie er in der Benediktusregel geschildert wird, der ein erfahrener, älterer Bruder sein soll, „der Bescheid zu empfangen und zu geben weiß und den die Reife seines Charakters vor dem Herumschweifen bewahrt". Diese Definition hat, vor allem was das „Herumschweifen" anbelangt, zu wissenschaftlichen, feingeistigen Auseinandersetzungen Anlaß gegeben. Das lateinische Wort für die Unstetigkeit des Pförtners „vagari" könnte im Original der Regel St. Benedikts auch anders gestanden haben, wobei nur ein einziger Buchstabe bereits eine merkliche Sinnverschiebung gäbe, wenn es nämlich „vacari" geheißen hätte, wurde aus dem „herumschweifenden" Pfortenbruder ein „dem Müßiggang hingegebener", was ebenso seiner Bestimmung widerspräche. Dies sei nur angedeutet, um darauf aufmerksam zu machen, mit welcher Liebe und Exaktheit die Söhne St Benedikts noch heute um Kleinigkeiten im Regeltext bemüht sind, was wohl auch auf Grund der langen Überlieferungsdauer von über 1400 Jahren verständlich ist und zugleich die Ehrfurcht beleuchtet, mit welcher diese Mönche zu Werke gehen, und die nur mehr mit den Bemühungen um Text und Auslegung der Hl. Schrift vergleichbar ist. Für uns Besucher allerdings ist es gleichgültig, ob Benedikt das „Herumschweifen" oder den „Müßiggang" des Pförtners anprangert; wir sind zufrieden mit einem Pförtner, der uns freundlich begegnet, unsere Wünsche und Bitten entgegennimmt und im übrigen ein klein wenig von dem ausstrahlt, was man eigentlich hinter Klostermauern vermutet und was uns, wie schon gesagt, als Überschrift zum Klostereingang begrüßte: „Pax". Ein anderes Motto lautet „Ora et labora", „bete und arbeite", und ist an vielen Klosterpforten anzutreffen. Es stimmt nicht, daß diese Aufforderung in der Ordensregel selbst enthalten ist, aber sie trifft dennoch zu, wenn man eine grobe, schlagwortartige Umschreibung dessen geben möchte, was die Mönche St. Benedikts in ihrer Klausur befolgen und in die Tat umzusetzen bemüht sind.

Betreten wir nun endgültig die „heiligen Hallen", nicht ohne vorerst vom freundlichen Pförtner noch mit einem „Deo gratias", einem „Gott sei Dank", feierlich und regelgetreu empfangen worden zu sein. Man begegnet nur mehr selten jenem liebenswürdigen,

*Links:* ***Zwettl:*** *Zisterzienserstift. Bernhardi-Altar in der Stiftskirche, „Szene aus dem Leben des hl. Bernhard", Tafelbild von J. Breu d. Ä., 1500.*

*Gegenüber: Zisterzienserkutten mit Kapuzen im Stift Zwettl.*

abgeklärten, meist weißhaarigen Pfortenbruder, der im ankommenden Gast wirklich Christus zu erblicken scheint oder der nach einer anderen Version sein „benedic" oder „benedicite" als Zeichen der Freude über die Ankunft eines Fremden spricht.

Mit einem leisen, fast gehauchten „benedicite", „segnet mich", und einer Verneigung des Hauptes kommt uns aber ein alter Mönch im Klostergang oder Claustrum entgegen, und wir beeilen uns, ihm ein „Deus" zu antworten, „Gott möge Dich segnen!" In strengen Häusern trägt der Mönch – die Chorherren unterliegen großzügigeren Umgangsregeln, auch innerhalb der Klausur – eine Kapuze auf dem Kopf und zieht sie zur Begrüßung etwas zurück, oder er verneigt sich nur stumm vor dem vorübergehenden Mitbruder ebenso wie vor einem Gast. Diese Form der stillen Ehrenbezeugung ist in nicht wenigen Abteien schon lange dem „Grüß Gott" und „Guten Morgen" gewichen. Wir aber wollen bewußt nicht das Formlose, sondern jene Verhaltensweisen beschreiben, die zumindest der Überlieferung und dem Ideal jener Welt entsprechen, die einmal eine andere war und auch noch sein sollte. Darüber zu klagen oder gar den Tatbestand anzuprangern, daß man heute sogar zigarettenrauchende Mönche und Äbte auf den Gängen ihres Klosters antreffen kann, mag den Visitatoren überlassen sein, jenen also, die von Amts wegen und im Auftrag einer übergeordneten Autorität im Abstand von etwa drei Jahren die einzelnen Klöster eines Verbandes, einer Kongregation, einer Zirkarie – wie immer die Einrichtungen der Zuordnung und des Zusammenschlusses mehrerer Klöster zueinander jeweils heißen mögen – „visitieren" und darüber Visitationsprotokolle oder Visitationscharten, wie der Fachausdruck im Mittelalter lautete, ausstellen. Damit gebe ich auch schon eine meiner authentischen Quellen preis, nach denen ich Zustände, Lebensart und Lebensgewohnheiten in den Klöstern während der angeblich dunklen Jahrhunderte des Mittelalters beschreiben kann und möchte. Nicht alles freilich läßt sich damit aufhellen, aber es genügt vielleicht, mit einer Kerze in das dunkle Gewölbe zu leuchten, in dem ansonsten die Fantasie Gegenstände und Begebenheiten vermutet, die keineswegs den Tatsachen und Vorgängen, nicht einmal im „finsteren Mittelalter", gerecht zu werden vermögen.

Verweilen wir noch einen Augenblick, damit ich für meine Aussagen, vor allem für jene, die in die Geschichte zurückführen, meine Legitimation vorweisen kann. Ich habe mir zum Ziele gesetzt, einen Einblick in das Leben im Kloster zu bieten. Ich brauche mich dabei nicht auf die Gegenwart zu beschränken, sondern kann mich auf zahlreiche Urkunden und Originaltexte stützen. Sie alle sind zum Großteil lateinisch abgefaßt; zum Glück, denn bevor Luther durch eine allgemeine und im gesamten deutschsprachigen Raum verständliche Schriftsprache seinen Lehren Gehör und Verständnis verschaffte, bestand das Deutsch aus verschiedenen Dialekten der damaligen Umgangssprache, die weitaus schwieriger zu verstehen sind als das Latein, das im Mittelalter bzw. in Rom noch bis vor wenigen Jahren die Unterrichts- und Gelehrtensprache war. In Rom wurde auch mir die Freude und das Interesse für die monastische Überlieferung vermittelt. Daß diese für mich plötzlich lebendig wurde, verdanke ich der ausdrucksvollen Darstellung meines Kirchengeschichtsprofessors an der päpstlichen Hochschule Sant' Anselmo. Er ist der Begründer der umfassenden Forschungs- und Editionsreihe „Corpus Consuetudinum Monasticarum", einer wissenschaftlichen Reihe zur Herausgabe aller schriftlich überlieferten Lebensgewohnheiten der Benediktiner, und ich darf mich zu seinen Mitarbeitern zählen. In diesen Consuetudines, die eine notwendige Ergänzung zu jener Regel sind, nach der eine klösterliche Gemeinschaft ihre Selbstverwirklichung anstrebt, die aber auch die Beziehungen der Mönche zur lebendigen Autorität veranschaulichen, die in den Oberen der jeweiligen Kommunität ihre Personifizierung erhält, finden wir neben ausführlichen Berichten beschaulicher und disziplinärer Art einen reichen Überlieferungsstrom für die Alltäglichkeiten im Kloster. Diese Berichte, genauso wie die Vorhaltungen manch gestrenger Visitatoren, die das Abgehen vom Ideal oder gar die Übertretungen der Regel und der schriftlich festgelegten Lebensgewohnheiten – der „Consuetudines" – anprangerten, führen mitten in das Leben eines Klosters im Mittelalter. Wer vielleicht einwerfen mag, das Geschriebene müsse nicht immer das Erlebte widerspiegeln, dem sei entgegengehalten, daß dies im Prinzip zu bejahen ist, auch dürfte der also Kritische die Rolle der Visitatoren unterschätzen.

Seit Papst Innozenz III. (1198–1216), der 37jährig den Stuhl Petri bestieg, kennt man für die Klöster die Visitation. Sie ist im weitesten Sinne eine Art Inquisitionsverfahren, das ursprünglich ein vielleicht unabdingbares Instrument in der Hand einer übergeordneten Instanz war, um gegen Mißstände und selbstherrli-

*Links:* ***Zwettl:*** *Zisterzienserstift. Stiftshof, Altane über der Toreinfahrt, nach 1730.*

*Gegenüber:* ***St. Florian:*** *Augustiner-Chorherrenstift. Westflügel des Stifts mit Stiftstor und Stiftskirche.*

che Potentaten im geistlichen Kleide auftreten zu können, das später aber – und bis in unsere Tage – den gehorsamen Untergebenen in die Lage versetzte, seine Wünsche oder Beschwerden einer dem eigenen Oberen übergeordneten Autorität anvertrauen und vortragen zu können. Die Visitatoren, wie ihr offizieller Titel lautet, bleiben für einige Tage im Kloster und laden jeden, vom Novizen bis zum Abt, zu einem Gespräch ein. Im Mittelalter benutzten sie dazu ein „Interrogatorium", einen Fragebogen, um gezielt Mißstände und ihre Ursachen ausforschen zu können. Die visitierten Mönche legten einen feierlichen Eid ab, die Wahrheit zu bekennen, auch wenn diese die Vorstellungskraft der Visitatoren manchmal zu übersteigen drohte. Über solche „Verhöre" wurde und wird noch heute ein Protokoll geführt, und in den Klosterarchiven werden Visitationsrezesse und -protokolle für die Nachwelt aufbewahrt. Zweimal im Jahr mußte der letzte und damit letztverbindliche Visitationsbericht allen Brüdern vorgelesen werden, um ihnen in Erinnerung zu rufen, was zum Wohle aller von den gestrengen Visitatoren, die meist Äbte oder Prioren benachbarter Abteien waren oder in höherem Auftrag von einer Stelle der römischen Zentralverwaltung beordert wurden, zu Papier gebracht oder noch früher dem Pergament anvertraut wurde. Ein berühmter Visitator war z. B. Nikolaus von Kues, Cusanus (1401–1464), Bischof von Brixen, der als Kardinalbevollmächtigter alle Klöster des deutschsprachigen Raumes zu reformieren hatte.

Welch deutlicher Sprache man sich befleißigte, wenn es galt, echte Mängel und Vergehen aufzudecken, zeigt eine Notiz aus dem 15. Jahrhundert, die uns für das Kloster Niederaltaich überliefert ist. Der Schreiber setzt seinem Unwillen keine Grenzen, wenn er berichtet: „Die Münch klagten, sie müsten stäts fasten und betten, in der Kirch tag und nacht blerren und man geb ihn nichts gut zu fressen und zu trinken und das dennoch nicht genug; aber der Abt lebte in Sauss, tränke, fräss das beste, käm in kein Kirchen, führte ein gutes Mütlein, verzerret für sein eigene Person so vil als der Convent." Hier also ein drastischer und realistischer Blick hinter die Kulissen. Wer zwar am „guten Mütlein" des damaligen Abtes von Niederaltaich keinen Zweifel hegt, aber in der Gegenüberstellung zwischen des Abtes Appetit und jenem Quantum, das für den ganzen Konvent genügen sollte, eine Relativierung, weil Unmöglichkeit selbst bei größter Gefräßigkeit des Abtes – sit venia verbi, man verzeihe mir die Ausdrucksweise, aber ich möchte beim Ton der mittelalterlichen Quelle bleiben! – erblickt, dem sei entgegengehalten, daß ein Konvent, also die Gesamtfamilie der Konventualen d. h. aller Brüder und Schwestern, die durch Gelübde an ein Kloster gebunden sind, im 15. Jahrhundert recht klein sein konnte. Als Standardbeispiel für dieses vorreformatorische Jahrhundert und die personelle Situation in den Klöstern dieser Zeit wird gerne St. Gallen, die große, so bedeutende Benediktinerabtei angeführt. Dort fanden die Visitatoren der zwanziger Jahre des 15. Jahrhunderts im Konvent nur mehr zwei Mitglieder vor: das eine war der regierende Abt, das andere der resignierte, der abgedankte Abt! „Libere resignatus", zu deutsch „frei resigniert", stand und steht meist auf den betreffenden Urkunden. Doch gerade die Betonung auf „libere", auf „freiwillig" also, kann manchmal verdächtig sein und verdeckt lediglich die Tatsache, daß bei der Abdankung die Visitatoren aktiven Anteil genommen hatten.

Damit ist bereits ein schwaches Licht in das „dunkle" Mittelalter geworfen. Es möge nicht als Schlaglicht aufgefaßt werden, denn diese Texte seien den längst Verewigten nicht als Schuldschein in die Ewigkeit nachgereicht, sondern mögen eher als Illustration und abschreckendes Beispiel zugleich dienen, so man dem „Stand der Vollkommenheit" angehört. Mir persönlich nötigen solche Texte immer ein Lächeln ab. Wie deftig und kräftig war allein die Ausdrucksweise dieser Zeit, und wie vital scheinen die Menschen selbst noch im Kloster gewesen zu sein, wobei man gar nicht an etliche gut belegbare Prälatenmorde denken muß, um dem Streben nach Vervollkommnung und der begründeten Notwendigkeit hiefür Nachdruck zu verleihen. Mit diesem kurzen Ausflug in das Mittelalter verletzt man keinen „tugendsamen" Mitbruder und ist nicht gezwungen, mit der Würze des Humors das zu überspielen, was die Jetztzeit nicht mehr zu bieten imstande ist: denn selbst in den Klöstern werden die Originale immer seltener! Außerdem dürfte unter Beweis gestellt sein, daß wir durchaus nicht nur beschönigte Berichte – die „offizielle Version" – vorzuweisen haben, sondern ins volle Leben greifen können, wenn wir uns nur der eigentlichen Überlieferung bedienen.

*Links:* ***Seitenstetten:*** *Benediktiner-Stift in Niederösterreich. 1112 gegr., 1719 von Joseph Munggenast umgebaut, 1747 von Joh. G. Hayberger vollendet.*

*Gegenüber:* ***Zwettl:*** *Zisterzienserstift. Stiftshof, Blick aus der Toreinfahrt nach Osten auf Brunnen und Klosterpforte, erbaut 1678–1680 (Zubauten im Innenhof 1731–1739).*

Die Lebensgewohnheiten oder Consuetudines stellen ein aufschlußreiches und wertvolles Quellenmaterial dar, wenn es gilt, mehr als nur den Buchstaben einer Regel kennenzulernen. Eine Beschreibung der regulären, also regelgerechten Lebensweise der Mönche könnte zum Trugschluß führen, wenn man sie allein aus dem Inhalt der Regel selbst ableitete. Messen wir aber die Consuetudines an den Aussagen der Visitationsakten, dann könnte Geschichte und Geschichtsschreibung manch menschlichen, um nicht zu sagen allzu menschlichen Mönch vor unserem geistigen Auge vorzeitig auferstehen lassen und das Gerippe unseres bescheidenen Wissens über das Mittelalter mit Fleisch und Blut erfüllen. Und hier liegt der Reiz der Darstellung! Während wir nämlich eine Vielfalt historischer Gebäude kennen – wie Burgen, wehrhafte Schloßanlagen oder Bürgerhäuser, die häufig in die Zeit vor der barocken „Bau-Hochkonjunktur" einzuordnen sind –, ohne einen Einblick in das eigentliche Leben ihrer ehemaligen Besitzer und Bewohner zu haben, wissen wir dank der schriftlich überlieferten Lebensgewohnheiten und der zahlreichen ergänzenden Berichte verhältnismäßig viel aus dem Alltag in den Klöstern vergangener Epochen. Daß man übrigens der Observanz einer „domus religiosa", der Lebensweise eines „geistlichen Hauses", auch heute noch kaum mit der lediglichen Ausdeutung der Regel und der Statuten, wie die mit mehr juridischer Macht ausgestatteten Nachfolger der Consuetudines etwa seit dem Konzil von Trient heißen, gerecht werden kann, demonstrieren täglich die oberflächlichen Zeitungsberichte und schulmeisterlichen Buchveröffentlichungen zum The-

ma „Kloster“: Wenn es nicht Skandalmeldungen sind, wie die vielen Heiraten derjenigen, die sich im Kloster für das „Joch“ der Ehe ausgebildet und erprobt fühlen, dann versteigen sich Laienredner zu Lobreden, mit nostalgischem Einschlag wohl, aber „sine fundamento in re“, ohne das im Sein als Urgrund der Wahrheit der Dinge sichergestellte Fundament, wie es mein Metaphysikprofessor in Salzburg formuliert hätte.

Der freundlich grüßende Mönch ist unterdessen am anderen, düsteren Ende des Kreuzganges verschwunden. Ob er empört war, daß wir die Stille und Beschaulichkeit des Claustrums störten und das an der Tür befindliche Schild mit dem in die Augen springenden „Silentium“ einfach ignorierten? Sein Gruß ließ eigentlich keinen Verdacht aufkommen. Drei Mittelfinger seiner rechten Hand schob er unter die Kapuze zum Zeichen der Ehrerbietung vor uns, den Eindringlingen, etwas nach hinten – nicht so sehr aus Versunkenheit in innere Sammlung, sondern wohl eher der Frisur wegen. Der heilige Benedikt widmet freilich der Schweigsamkeit ein eigenes Kapitel, das sechste seiner Regel, in dem er aus dem Alten Testament zitiert: „Bei vielem Reden entgehst du der Sünde nicht“ und „Tod und Leben sind in der Gewalt der Zunge.“ St. Benedikt zieht daraus die Konsequenz, wenn er meint, man müsse “der Schweigsamkeit zuliebe bisweilen sogar von guter Rede lassen; um so mehr muß man dann wegen der Sündenstrafe das böse Reden vermeiden“. Etwas weiter schreibt er dann von „Scurrilitates vero“ oder „verba otiosa et risum moventia“, was der humorvolle Beuroner Gelehrte Basilius Steidle mit „leichtfertige Späße“ und „albernes und zum Lachen reizendes Geschwätz“ übersetzt. Ich möchte lieber „müßige Worte“ und „solche, die zum Lachen verleiten“ hier lesen. Benedikt verbannte das „Geschwätz“ aus allen Orten des Klosters. Zu derlei Unterhaltungen ist es dem Jünger nicht erlaubt, seinen Mund zu öffnen. Für Benedikt gilt noch der alte Grundsatz: „Nam loqui et

*Links:* ***Zwettl:*** *Zisterzienserstift. Bernhardi-Altar in der Stiftskirche, „Szenen aus dem Leben des hl. Bernhard“, v. o. n. u.: „Heilung eines Besessenen“, „Begräbnis“ und „Tod des hl. Bernhard“, Tafelbilder von J. Breu d. Ä., 1500.*

*Gegenüber:* ***Zwettl:*** *Zisterzienserstift. Bernhardi-Altar in der Stiftskirche. „Der hl. Bernhard heilt einen lahmen und einen blinden Knaben“. Tafelbild von J. Breu d. Ä., 1500.*

docere magistrum condecet, tacere et audire discipulum convenit – Reden und Lehren kommt dem Meister zu, Schweigen und Hören ist Sache des Jüngers." Wie sehr unterscheiden wir uns doch heute im Zeitalter der Massenmedien und der Informationsflut von dieser Haltung.

Doch ich möchte vorerst nochmals auf unseren Mönch und seine Kapuze zurückkommen. Früher mußten die Kapuzenträger nicht auf ihren – heute zuweilen recht modischen – Kopfschmuck Rücksicht nehmen. Sie waren kahl geschoren. Manch weiser Mönch verzichtet auch heute noch auf seine natürliche Kopfbedeckung. Im Mittelalter zierte die „Corona", der Haarkranz, die Häupter derjenigen, die eine Tonsur tragen mußten. Was uns heute recht malerisch anmutet, bedeutete damals die Zugehörigkeit zu einem Orden, einem Kloster oder einer ähnlichen Kommunität, aber auch die Weltgeistlichen trugen bis in unsere Tage ihre Tonsur, die in den letzten Jahren fast überall der Modernisierung und dem Fortschritt gewichen ist. Ich erinnere mich noch, wie man uns jungen Klerikern einen Lederriemen um den Kopf spannte und uns am oberen und unteren Rande dieser Kopfbinde eine Art Corona einschnitt. Es sah merkwürdig aus, was wir freilich in unserem ersten Eifer keineswegs so empfanden. Erst unsere mitbrüderlichen Kommilitonen in Salzburg und Rom lachten über diese Zwitterform und erblickten darin eher ein Symbol von Scheuklappen.

Über die Kapuze, die unser Mönch auf sein Haupt zog, ließe sich viel schreiben, ohne dabei moderne Modeformen erwähnen zu müssen. Wer antike Opferstelen, die dem Äskulap, dem Gott der Heilkunst geweiht waren, genau betrachtet, wird dort häufig ein Kapuzenmännchen entdecken. Ein besonders typisches und schönes Beispiel einer solchen Opfersäule steht blumenüberwachsen im Innenhof des Claustrums der Kirche Santa Cecilia in Rom-Trastevere. Eine Abart der Kapuze darf man auch in den als phrygisch bezeichneten Kappen erblicken, mit denen in den römischen Katakomben oder in Bildern der Romanik und frühen Gotik etwa die Magier aus dem Morgenland bzw. die Drei Könige ausgestattet sind, wie denn überhaupt diese dreieckige Kopfbedeckung in zahlreichen christlichen und nichtchristlichen Darstellungen wiederkehrt.

Nicht nur in der Kapuze, auch in Skapulier und Habit – letzterer heißt im Italienischen „Tonaca" – leben die Kleidungsstücke der Antike weiter: Die Tunika, das meist kurzärmelige oder ärmellose Untergewand der Römer, gab den Habit oder, wie die spätere nicht ganz exakte Bezeichnung lautet, die „Kutte" ab. Das Wort „Kutte", germanischen Ursprungs, bezeichnet nämlich den groben Wollstoff. Deshalb paßt dieser Ausdruck besser für das Gewand des Franziskaners oder überhaupt des Bettelmönchs als für das feinere Tuch sei es nun weiß oder schwarz des Habits der Prämonstratenser, Zisterzienser, Augustiner-Chorherren oder anderer Religiosen.

Die „Faust ballt" man allerdings besser im „Kuttensack", wie mein schon früher zitierter Schweizer

Philosophie- und Psychologieprofessor einmal meinte, als in der Habittasche, wobei „Kuttensack“ erst in der schweizerischen Aussprache das Urig-Kernige seiner germanischen Abstammung verrät und somit hervorragend geeignet ist, nicht nur die Wut desjenigen wiederzugeben, der die Faust vermutlich gegen einen ungerechten Professor erheben möchte – in Gedanken natürlich, nicht in Werken, aber selbst das könnte sündhaft sein! –, sondern auch die Güte des Wollstoffes, eben nach Schweizer Art, ahnen läßt.
Ob nun Kutte, Habit oder Tunika, darüber wurde und wird ein weiteres Kleidungsstück, das Skapulier, angezogen, das in der Toga der Alten Ursprung und Vorlage hat. Bei den Oberammergauer Passionsspielen konnte man ehedem die Kleidung aus der „alten Welt“ bewundern, muß heute aber befürchten, daß Tunika und Toga ebenfalls den Modernisierungsbestrebungen zum Opfer fallen. Vielleicht tritt man einmal in Jeans und Lederjacken auf! Diese Bemerkung mag boshaft klingen, ist jedoch zumindest im Zusammenhang mit der Mönchskleidung angemessen; denn wo begegnet

*Gurk: Ehemaliges Augustiner-Chorherrenstift in Kärnten. 1043 von der hl. Hemma, Gräfin von Friesach-Zeltschach gegründet. Der Dom zu Gurk, 1140 begonnen und um 1200 fertiggestellt, gilt als der bedeutendste roman. Kirchenbau in Österreich. Romanische Fresken um 1280.*

man heute noch auf unseren Landstraßen und in unseren Städten dem Träger dieser Kleidung aus Skapulier und Habit, die der Codex Iuris Canonici, das kirchliche Gesetzbuch, laut Kanon 553, 557 und 596 allen Ordensleuten innerhalb und außerhalb der Ordenshäuser vorschrieb? Wer allerdings glaubt, hierin ein besonders gravierendes Zeichen der Verweltlichung erkennen zu müssen, mag sich vor Augen halten, daß Tunika und Toga, also das Oberkleid oder der Umhang, ursprünglich sowohl als Tracht des Mönchs als auch des Weltmannes keinerlei Unterschied aufzuweisen hatten. Im Gegenteil! Für Benedikt ist die wichtigste Aussage über die Kleidung für seine Söhne jene, die im 55. Kapitel seiner Regel festgehalten ist: „Man gibt den Brüdern Kleider, die der Lage und dem Klima des Wohnorts entsprechen; denn in kalten Gegenden braucht man mehr, in warmen weniger." Nach der Meinung des Mönchsvaters genügen jedoch in „einer Gegend mit gemäßigtem Klima für jeden Mönch eine Kukulle, das feierliche lange und faltenreiche Chorkleid, und eine Tunika – eine dichtwollige Tunika im Winter, eine leichte oder abgetragene im Sommer –, dazu ein Skapulier für die Arbeit; als Fußbekleidung Schuhe und Sandalen" Diesen recht handfesten und praktischen Anweisungen ist kein Hinweis auf eine eigene Mönchskleidung oder gar Standestracht zu entnehmen. Selbst die späteren Ordensstifter nahmen durchaus Rücksicht auf die landesübliche Tracht, und auch manch schmucke Schwesternhaube – wie jene bis in unsere Tage von den Vinzentinerinnen getragene – verdankt Form, Aussehen, Farbe und Material einer Vorlage aus dem Alltag des Landes und der Zeit der Ordensgründung. Damit wird verständlich, daß es gar nicht so abwegig ist, wenn Mönche und Nonnen sich in ihrem Äußeren der Zeit und ihrer Umgebung angleichen. Schließlich gilt noch immer der alte Spruch: „Habitus non facit monachum – Nicht der Habit macht den Mönch!" Dabei sei nicht in Abrede gestellt, daß gerade bei den Vorgängerinnen der Nonnen, den Gott geweihten Jungfrauen, der Schleier das „signum distinctivum", das unterscheidende Merkmal für die ehrbare, im Gegensatz zur ehrlosen Frau, zumindest im antiken Korinth gewesen ist. (Siehe 1. Korintherbrief des hl. Paulus, Kap. 1, 5) Die schon früh bezeugten Jungfrauenweihen haben sicherlich Funktion und Bedeutung des Schleiers noch verdichtet. Was sich aber im Laufe der Jahrhunderte auf diesem Sektor „jungfräulicher" Mode auch an Eitelkeit unter dem Schleier der demütigen Bescheidenheit alles verborgen hielt, das konnte man zu Zeiten des Papstes Pius XII. noch bei kirchlichen Aufzügen in Rom bewundern, bestaunen oder ablehnen. Der Pacelli-Papst tat das letztere und forderte zur Angleichung an das technische Zeitalter auf – jedoch mit wenig Erfolg. Die Nonnen und Klosterschwestern, gewisse wenigstens, gefallen sich noch immer in ihren malerischen Trachten, vor allem dann, wenn sie hinter dem Volant eines schnittigen Wagens sitzen. Nun gab es zu allen Zeiten eine gewisse Mystifizierung der Kleider, der Uniformen und anderer, dem menschlichen Hang zum Ritual entsprungener Gegenstände bei den Propheten des Alten Bundes wie bei den Militärs aller Zonen und aller Reiche. Ich gebe auch zu, daß einem Ordenskleid ein gewisser Wert zuzumessen ist, es fehlt mir allerdings das Verständnis, wenn mit Strafen gedroht wird und solcherart das Tragen eines Ordenskleides immer und überall erzwungen werden soll. Was meine persönliche Einstellung zum Ordenskleid anbelangt, so wäre zu sagen, daß man selbst noch in Sack und Asche oder in zerschlissener und abgetragener Kutte Hoffart und Stolz frönen kann. Vielleicht fehlt mir auch der Bekennermut, den ich beispielsweise den berühmten Brüdern Maurus und Placidus Wolter, den Gründern und ersten Erzäbten von Beuron, die in der Zeit des schärfsten Kulturkampfes für ihre Bahnreisen die Kukulle, also das festliche und feierliche Mönchskleid anzogen, nicht absprechen möchte. Aber ich wurde selbst Zeuge, wie eine der vorhin als „ehrlos" bezeichneten Damen einen Mitbruder auf offener Straße um 10 Uhr abends in München ansprach, und zwar mit dem Hinweis, er wäre „ihr Typ". Und dieser damals junge, eher zurückhaltende und von uns als „Kurzer" angeredete Mitbruder trug Habit, Skapulier und einen Gürtel anstelle des Zingulums, das entweder den Habit oder – bei Zisterziensern und Prämonstratensern – Skapulier und Habit zusammenhält! Vielleicht erkannte allerdings das „leichte Mädchen" von damals, was ich bis vor einigen Jahren nicht für möglich gehalten hätte, daß nämlich dieser Mitstreiter und Bekenner von einst doch noch im „Hafen der Ehe" landen würde. Ich gestehe, dieser prophetische Weitblick fehlte mir! Was das Ordenskleid und seine Benützung anbelangt, vertrete ich eher einen praktischen und pragmatischen Standpunkt, der sich an der Billigkeit und Nützlichkeit orientiert. Diese Haltung dürfte nicht so weit von den Intentionen der Ordensgründer entfernt sein und wird im übrigen in fast allen Stiften Österreichs und mittlerweile auch in den Klöstern anderer Länder eingenommen. Gerade in Österreich es darüber nur sehr selten Debatten. Höchstens dann, wenn der Grundsatz der Billigkeit verlassen wurde, wie das etwa im Falle des Klosterneuburger Chorherrn Koloman Knapp überliefert wird, der sich anläßlich seiner Promotion vom teuersten Modeschneider im damaligen Wien sein Festkleid entwerfen und anfertigen ließ, was allerdings nicht hinderte, daß er später als Abgesandter zum Konzil von Basel an der Formulierung der Reformerlässe für Klöster und Orden maßgeblich beteiligt war.

Es gibt Zeiten und Anlässe, die das festliche Ordenskleid notwendig machen, wie etwa im Kloster selbst das gemeinsame Chorgebet und der gemeinsame Tisch, und es gibt Situationen und Tätigkeiten, die den langen Habit und das flatternde Skapulier zur Todesfalle werden lassen. Man denke an den Verkehr in unseren Großstädten; es geschah bereits, daß sich ein Mönch, mitgerissen von einem vorbeifahrenden Personenwagen, mit dem eigenen Habit strangulierte. Oder man denke an die Jagd; denn in Österreich wird es nicht als Sakrileg betrachtet, wenn sich beispielsweise der mit der Wirtschaftsführung betraute Mitbruder in den Stiftswäldern als Heger und Jäger betätigt. Beim Zellerar oder Kämmerer der Benediktiner wäre das Schwarz seines Habits noch als Tarnfarbe denkbar, was aber möchte der Hirsch im Böhmerwald denken, dem sich plötzlich der Prälat des nahen Prämonstratenserklosters im Weiß seiner Amtskleidung, das Abtskreuz – lateinisch Pektorale – auf der Brust, entgegenstellte, um ihn zu stellen und zu strecken? Müßte er nicht seinen als ominös berüchtigten und berühmten weißen Bruder mit dem Kreuz zwischen dem Geweih herbeizaubern, um Gleiches mit Gleichem vergelten zu können? Er selbst wenigstens wäre dem äbtlichen Waidmann entkommen!

Vor etwa fünfundsiebzig Jahren hätte seine Passion für das Waidwerk dem weißen Prälaten die Absetzung eingebracht, obwohl feststeht, daß manch leidenschaftsloser Zentraldirektor oder Provisor, der diese Beschäftigung als mit seinen Idealen unvereinbar ablehnt, schon weit größere Böcke geschossen hat, eben weil er die Jagd und die Einnahmen aus der Jagd sicherlich falsch einschätzt; noch vor gut siebzig Jahren also wäre es dem äbtlichen Waidkameraden „an den Kragen" gegangen. Damals zog ein gestrenger, von Rom als Visitator für die österreichischen Stifte beauftragter bayerischer Benediktinerabt, der später zu bischöflichen Würden kam, von Abtei zu Abtei, um Ordnung zu schaffen. Manche seit dieser Zeit „reformierten" Benediktiner tragen nun immer – angenäht sogar an das Skapulier – die Kapuze. Dem damaligen Visitator aber, der, soweit ich ihn kannte und es beurteilen konnte, zumindest im Alter die Strenge mit Güte vertauschte, bleibt in Österreich der Beiname „der Äbtetöter", und das ist fast das einzige, was von der damaligen Gewaltkur geblieben ist.

Weshalb ich mich in solchen Details verliere? Hier meine Erklärung: Den Ordensstand als „Stand der Vollkommenheit" bzw. „des gottgeweihten Lebens" betrachten zu wollen, entspricht zwar der Zielvorstellung und offiziösen Ausdrucksweise der katholischen Kirche, kann aber einerseits die Betroffenen schwer belasten, andererseits beim Beobachter Fehleinschätzungen und geradezu Enttäuschung hervorrufen. Eine gewisse Art der Entmythologisierung wird nicht schaden, sondern eher helfen, Extremvorstellungen abzubauen. Dabei gilt es, mehrere Ebenen der Betrachtung zu unterscheiden! Gehen wir vom allgemein Menschlichen aus, dann wickelt sich das Leben der Menschen, die ein Kloster bevölkern, eben in einer Kommunität ab. Die Klosterinsassen sind Menschen und keine Übermenschen. Die romantische Sicht – insbesondere der Restaurationsjahre des 19. Jahrhunderts – verhinderte lange Zeit die Rückkehr zu einer realistischen Einordnung des vor allem in Deutschland ausschließlich monastisch und geradezu monastizistisch verstandenen Lebens in einer Abtei. Manche Klostergemeinschaft büßte eine solche bis in unsere Tage übernommene Fehleinschätzung mit dem Abgang vieler ihrer Angehöriger; diese konnten, auf das Wesentliche fixiert, dem Spiel mit Formalismen und Spitzfindigkeiten – die allesamt unter dem Deckmantel des Monastischen das Menschliche und damit auch das aus dem Glauben Anzunehmende und begründete Transformierbare erstickten – keinen Sinn und keine Sinngebung abringen. Die Erstarrung und die Flucht in den unpersönlichen Buchstaben erhebt auch im Kloster das Wort der Schrift zum Ankläger, wenn es da heißt: Der Buchstabe tötet, der Geist ist's, der lebendig macht! Es sei keineswegs dem reinen Individualismus wie den disparaten und subversiven Kräften der Zerschlagung aller Gemeinschaftlichkeit, die mit der Negation gemeinsamer Formen begänne, das Wort gesprochen. Doch kann ich nicht umhin, für die so revolutionären Tendenzen, die eine klösterliche Kommunität mit einer Basisgruppe gleichsetzen, auch jene mit Verantwortung zu belasten, die es verabsäumten, dem Wildwuchs des angeblich Charismatischen die Rückkehr zum Wesentlichen entgegenzuhalten. Vielleicht ist manches nur Sache der verbalen Ausdrucksweise; wir sollten aber hellhöriger sein, wenn es um unsere eigene Zukunft geht. Bedenkt man dann noch – und damit wären wir bei der höchsten Ebene unserer Betrachtung –, daß eine klösterliche Gemeinschaft die Vorwegnahme des „Hochzeitsmahles des Lammes" symbolisieren könnte und sollte, dann kommt einer derartigen Diskussion größere Bedeutung zu, als wir schlechthin anzunehmen geneigt sind. Jedenfalls wäre das Pendel des angeblichen Fortschritts nicht so weit ausgeschlagen, wenn nicht auf der anderen Seite, am Ausgangspunkt also der Erneuerung unserer Tage, dem Vaticanum II, manch ein Abt oder Verantwortlicher ebendieses Pendel festgehalten hätte. Zu dieser kontroversiellen Sicht gelangt man, wenn man selbst unter gewissen Zuständen gelitten hat und jetzt plötzlich feststellt, daß in manchen jüngsten Entwicklungen nicht die lebendige Erneuerung, die etwas vom Geist der Stifter ahnen ließe, gewährleistet ist, obwohl sie allein glaubwürdig machen könnte, daß die Reformen nicht einfachhin ein Spiel mit Formeln und leblosen – weil vielleicht schon hohlen – Gesten bedeuten, sondern daß darin das Wehen des Geistes, des Heiligen Geistes zu spüren ist. Benedikt empfiehlt dem Abt, sich nach dem göttlichen Gesetz auszurichten und daraus „Nova et vetera – Neues und Altes" abzuleiten. Damit gibt uns der „Patriarch des abendländischen Mönchtums", um nur einen der Ehrentitel für St. Benedikt herauszugreifen, den Schlüssel in die Hand, wie man zu einem echten Ausgleich gelangen und Höhen und Tiefen vermeiden könnte.

Betrachte ich das bisher Gesagte aus österreichischer Sicht, dann fällt mir auf, daß in den alten Stiften die Neuerungen zu keinen Verunsicherungen geführt haben, sondern mit Gelassenheit auf den Hintergrund der Tradition eines jeden Hauses bezogen und auf das zumutbare und heilsame Mittelmaß reduziert wurden. Man ging auch früher aus gegebenem Anlaß in Zivilkleidung aus dem Kloster auf die Straßen und schockiert demnach, wenn man es heute tut, weder sich selbst noch seine Umwelt. Wenn man weiß, daß die Visitatoren 1451 für Admont nahelegen, man müsse den eigenen Besitzstand kennen und verteidigen, und dafür sei die Betätigung auf der Jagd unerläßlich, dann wird man den Prälaten, der uns als Forstingenieur und Waidmann entgegentritt, nicht mit Mißachtung strafen. Merkwürdig und bemerkenswert zugleich ist, daß im Kirchenrecht die Jagd vom „Ansitz" aus nicht verboten ist, sondern nur die Teilnahme an Treibjagden. Für unsere kritischen Zeitgenossen sei es erwähnt! Wie selbstverständlich ist es, daß in Österreich die Äbte ihren Gästen ihren „Klostergeist" zum Willkomm anbieten und sich nicht schämen, selbst ein Glas zu trinken. An dieser Stelle stehen eine Reihe großer Persönlichkeiten vor meinem geistigen Auge, die es verstanden und verstehen, geprägt und gekennzeichnet durch ihre Aufgaben und nicht minder durch ihre Häuser, sich sowohl in einer säkularisierten, modernen Welt Respekt zu verschaffen, als auch ihren Ordensbrüdern geistige Führer zu sein. Was Wunder, daß sich die hier nur angedeuteten Zustände und Gegebenheiten auf den Personalstand nicht nur rein numerisch, sondern auch qualitativ auswirken! Im Zeichen einer ununterbrochenen und, ich erlaube mir hinzuzufügen, gesunden Tradition ist somit keine Gefahr gegeben, ins Irreale oder Idealistische abzurutschen, vor allem dann, wenn auch in den Klöstern Persönlichkeiten das Ziel des Menschlichen sind und nicht ein übermenschlicher Überbau den Menschen selbst gelegentlich zu Fall bringt. Schließlich gilt auch im Kloster: „Gratia supponit naturam – Die Gnade setzt die Natur voraus!"

Diese Gesichtspunkte seien unbeschadet unseres Ganges in das Kloster vorausgeschickt, damit nicht etwa der Eindruck entsteht, es gäbe heute keine Probleme mehr, und diese nur vorgetäuschte Harmonie wäre doch recht eigentlich die Wunschvorstellung über das Kloster und seine Bewohner. Sie sollen ein weiteres verständlich machen, nämlich die Einteilung dieses Buches, das die Klöster der Schweiz, Bayerns und Österreichs in einem weiten Bogen umspannt. Nur in der Schweiz und in Österreich gibt es Klöster, die seit ihrer Gründung ununterbrochen fortbestanden haben. Trotz der Wirrnisse und Unbilden zu allen Zeiten ist in diesen Klöstern die Tradition und damit die Überlieferung über Jahrhunderte gewahrt geblieben. Das ist freilich noch nicht als Werturteil aufzufassen, kann aber für unsere Betrachtung sehr wertvoll sein. Der historische Bezug, der in diesen Abteien zum Teil bis in die Gründungsjahre zurückzuverfolgen ist, bestimmt unsere Zusammenstellung. In Bayern wurde dieser Traditionsstrom 1803 und schon früher, unter Herzog Arnulf von Bayern im 9. Jahrhundert etwa, unterbunden oder zumindest gefährdet. Da aber viele Gleichklänge zwischen Bayern und Österreich und zahlreiche Berührungspunkte – insbe-

sondere im Salzburgischen – vorhanden sind, wollen wir in unserer Darstellung vor allem den alpenländischen Raum und seine Klöster behandeln. Dabei können wir allerdings nur beschränkt auf die heutigen Grenzen Rücksicht nehmen, denn es wäre sicherlich abwegig, beispielsweise die Insel Reichenau, die heute zwar nicht mehr zum Freistaat Bayern gehört, von unserer auf Tradition und Entstehungsgeschichte ausgerichteten Betrachtung auszuschließen. Der zwar vielerorts unterbundene, aber rückblickend einmal gegebene Entwicklungsstrom läßt sich nicht in jene Grenzen zwingen, die ihm die neuen politischen Landkarten vorschreiben.

Doch wir befinden uns immer noch im sogenannten „Kreuzgang" des Klosters, eine häufig gebrauchte Bezeichnung, die zu Mißverständnissen führen muß, wenn man vermeint, vom Wort auf die Form dieses Ganges schließen zu dürfen. Die Abwandlung des lateinischen „Claustrum" in „Kreuzgang" stammt aus jener Zeit, in der man an Festtagen Umzüge und Prozessionen veranstaltete und dabei ein Kreuz voraustrug, das den Nachfolgenden – die zum Teil Ikonen, Reliquien und Evangeliare, eingehüllt in dichte Weihrauchwolken, mittrugen – den Weg durch die an die Kirche anschließenden Gänge, eben den Kreuzgang, wies. In der ursprünglichen Bezeichnung „Claustrum" begegnet uns wieder die Ableitung von „claudere = schließen, abschließen von der Außenwelt", das in alle romanischen Sprachen Eingang fand, wie etwa im italienischen „chiostro" oder im französischen „cloitre". Sogar das englische „cloister" bezieht sich auf den ursprünglichen Begriff. Anscheinend waren die Deutschen und Deutschsprachigen, oder vielleicht auch die Alpenländler, prozessionsfreudiger als alle übrigen, und so kam es zu der Wortverschiebung. Liest man die Verbotslisten der Visitationen im 15. Jahrhundert, dann erhält diese Vermutung der Prozessionsfreudigkeit eine entsprechende Bestätigung; und es klingt wie eine Vorahnung auf die barocken Andachtsformen im bayrisch-österreichischen Raum, wenn die Visitatoren des Jahres 1457 in St. Ulrich und Afra, dessen mächtige Kirche noch heute aus dem Stadtbild von Augsburg herausragt, die zahlreichen Prozessionen abschafften, vor allem jene, die in die Stadt hinausführten. Begründung: Sie entsprängen nicht echter Frömmigkeit, sondern hätten ihre Wurzel in der Neugierde und in der Sucht, es den Weltlichen gleichzutun, was nicht zuletzt

*Oben:* ***Seckau:*** *Benediktiner-Stift westlich von Knittelfeld, Steiermark. 1140 gegr., neoromanische Doppelturmfassade der Mariä Himmelfahrt-Basilika aus Seckauer Sandstein.*
*Unten:* ***Cham:*** *Redemptoristenkloster in der Oberpfalz, Bayern.*
*Gegenüber:* ***Reichenau:*** *Ehemaliges Chorherrenstift auf der Insel Reichenau im Bodensee, Baden-Württemberg. 724 gegr., seit 1803 säkularisiert.*

auf die musikalische Ausgestaltung solcher Prozessionen eine verweltlichende Auswirkung hatte. In Hinkunft müsse der „plebanus", der Leutepriester, unterstützt von den Sängerknaben, die Umzüge, auch zu Fronleichnam, gestalten.

Was nun das Schweigen im Claustrum anbelangt, von dem schon die Rede war und in das sich unser Mönch hüllte, so gab Papst Innozenz III. den Mönchen die ausführlichsten Verhaltensregeln. Benedikt selbst hatte, wie wir sahen, allgemein über die Tugend der Schweigsamkeit gesprochen, die unseren Zeitgenossen so gut bekäme; er gab aber keine detaillierten Anweisungen, was für seine „Discretio", seine kluge und zurückhaltende Art in Beurteilung und Unterscheidung der Dinge bezeichnend ist und die ausgewogene Mäßigung seiner Regel zum Unterscheidungsmerkmal werden ließ. Der päpstliche Gesetzgeber hingegen verordnete den Mönchen von Subiaco, einem der Urklöster der Benediktiner, das Schweigen als „silentium continuum", als immerwährendes, im Oratorium, im Refektorium, im Dormitorium aber auch im Claustrum einzuhalten, was später von den meisten Abteien –

*Links:* ***St. Paul im Lavanttal:*** *Benediktiner-Stift südlich von Wolfsberg, Kärnten. 1091 gegr., frühgotisches Portal um 1260. Thronender Christus mit Segensgeste und Schriftrolle, zu seinen Füßen ein Abt (?) mit Tonsur und hl. Paulus kniend.*

*Gegenüber:* ***Zwettl:*** *Zisterzienserstift. Dormitorium, ältester erhaltener Raum des Stiftes. Vor 1160.*

Subiaco galt immer als Vorbild – übernommen wurde. Daß man im Oratorium oder in der Kirche nicht schwätzen dürfe, wurde uns als Kinder bereits von unseren Eltern, gegebenenfalls durch einen Klaps auf den Kopf, verständlich gemacht. Auch während des Essens hatten wir daheim zu schweigen. Bleibt also Besonderheit nur, daß man gleich den ganzen Raum, in dem die Brüder durch Speis und Trank ihre körperliche Erfrischung erhalten – im lateinischen „reficere" und daher „Refectorium = Speisesaal" –, zur Schweigezone erklärte. Gab es dafür Gründe? Wenn ich an einzelne Speisesäle in bayerischen Klöstern denke, dann entsinne ich mich, daß es in einer Ecke des Refektoriums eine Zapfsäule zur Entnahme für das meist in der eigenen Klosterbrauerei hergestellte Bier gab. Gewiß, man konnte nicht einfach nach Herzens Lust seinen Durst löschen, wäre auch die Versuchung dazu groß gewesen, denn irgendein Mechanismus verwehrte das. Außerdem war die „portio canonica", das jedem zuerkannte Maß ohnedies pro Tag eineinhalb „Moß". Vom Bier als Nahrungsmittel und dem wichtigen Grundsatz, der das Fasten und den Fastentrunk regelt, wird noch ausführlicher zu berichten sein! Vielleicht bestand die Gefahr, daß man sich in das Refektorium zurückziehen konnte, um dort die Neuigkeiten auszutauschen oder überhaupt unerlaubte Konversation zu treiben. Wie dem auch immer sei, Papst Innozenz III. räumte mit solchen Mißständen auf! Für das Stillschweigen im gemeinsamen Schlafsaal, dem Dormitorium, mag es recht praktische Begründungen gegeben haben; denn ein einziger Schwätzer mit leichtem und schlechtem Schlaf konnte eine ganze Mönchsgemeinschaft zur Verzweiflung bringen! Heute gibt es zwar keine Schlafsäle mehr, und trotzdem ist das nächtliche Stillschweigen geblieben und dauert von der Komplet, dem kirchlichen Abendgebet, bis zum Morgengebet, der Prim. Ob ein lärmender Fernsehapparat oder ein Radio den Vorschriften über das Stillschweigen, auf die uns das Schild mit dem Wort „Silentium" aufmerksam gemacht hat, gerecht werden? Beide Errungenschaften, wie auch das Telefon, gefährden meines Erachtens die innere Sammlung der Klosterleute – und durchbrechen zugleich ungehindert jede Klostermauer und Klausurtüre – weit mehr als ein gelegentliches „Schwätzchen" von Bruder zu Bruder oder von Schwester zu Schwester! Da hilft auch kein vergittertes Sprechzimmer mehr, wie man es in einigen strengen Nonnenklöstern noch auffindet, das aber selbst im Mittelalter, wenn man der großen heiligen Theresa von Avila Glauben schenken darf, keinen Schutz vor geschwätzigen und zudringlichen Störenfrieden bieten konnte. Aus dem Mittelalter sind uns verschiedene Aufzeichnungen über eine Zeichensprache erhalten geblieben, durch die man dem Buchstaben des „silentium continuum", des fortwährenden Stillschweigens, gerecht werden konnte, ohne auf eine gewisse Art der Kommunikation verzichten zu müssen. Ich fand in einer Handschrift aus dem 15. Jahrhundert, die in der Bibliothek von St. Peter in Salzburg aufbewahrt wird, in Randnotizen die Anweisungen für eine solche Zeichensprache. Außer an die Zeichen für Brot, Griffel und andere Utensilien des täglichen Gebrauchs erinnere ich mich noch, daß eine Kreisbewegung in der Magengegend Hunger bedeutete.

So amüsant diese Erzählungen sein mögen, muß sich spätestens an dieser Stelle der kritische Zeitgenosse nach Sinn, Inhalt und Berechtigung einer Institution „Kloster" fragen, die – hoffentlich! – nicht einfach mit einer Bewegung des Zeigefingers an die Schläfen abgetan wird? Wo bleibt da die Freiheit des Christenmenschen, möchte man fragen, die ein Paulus gepredigt und verteidigt hat? Kommen solch lächerliche und fast unmenschliche Verordnungen – der Mensch hebt sich doch gerade durch sein Sprachvermögen von allen übrigen Geschöpfen ab! – nicht einer Versklavung gleich, die, wenn nicht schon früher, dann wenigstens in unserer Zeit jeglicher Begründung entbehren müßte? Sind wir etwa nicht Erlöste? Und ich muß unwillkürlich an Friedrich Nietzsche denken und seinen Wunsch, daß die Erlösten doch erlöster wären bzw. aussähen. Warum geht einer ins Kloster, könnte man ebenfalls fragen? Ist es Weltflucht oder Schwärmerei? Damit bin ich eigentlich persönlich aufgerufen, als einer dieser „Verirrten, Abwegigen, Nutzlosen, der Gesellschaft und ihrem Produktionsmechanismus Entzogenen" eine Antwort zu geben.

Wenn ich zurückdenke, dann sehe ich mich als normalen jungen Burschen, der alles von der Zukunft und der Freiheit des Erwachsenseins erwartete. Die Schuljahre – die ich eingesperrt in einem Klosterseminar verbrachte, das wohl für alle und jede Berufswahl offen stand, aber trotzdem enger und strenger als andere Internate war, was man uns immer als Vorteil einzureden versuchte – gaben mir trotz der Nähe des Klosters keinen Anreiz, mich mit dem Kloster zu beschäftigen. In unseren Erziehern, die größtenteils auch in der Schule unterrichteten, erblickten wir lediglich unsere Lehrer, die wir mehr oder weniger schätzten, liebten, verehrten oder ablehnten. Eine gewisse religiöse Übersättigung, die zu meiner Zeit weniger auf Freiwilligkeit denn auf Tagesordnung und Zwang beruhte, tat ein übriges, uns ein Gefühl der Ablehnung, ja geradezu der inneren Resistenz hervorzurufen. Während der ersten Gymnasialklassen war ich sicherlich ein eher ruhiger, strebsamer und auch erfolgreicher Schüler. Eines Tages sah sich daher mein Internatsleiter – ein älterer Pater – bemüßigt, an mich die Frage zu richten, ob ich nicht Priester werden wolle. Unter dieser Voraussetzung könne man mir bzw. meinen Eltern finanzielle Vorteile einräumen. Mich entsetzte dieses Ansinnen meines Vorgesetzten, und ich lehnte deutlich und fast empört ab. Es war mir weit lieber, am nächsten Tag mit

meinen Mitschülerinnen zu scherzen, zu spielen und mich in dem Gedanken zu wiegen, eines Tages, nach Erreichen meines, wenn auch noch ungeklärten Berufszieles, eine eigene Familie zu gründen und in das normale bürgerliche Leben zurückzukehren. Trotzdem verspürte ich, in den Jahren der Reifung und so recht erst im 18. Lebensjahr, daß mich die Welt des Klosters interessierte und eine gewisse Anziehungskraft auf mich ausübte. Ich beschäftigte mich plötzlich mit einschlägigen Büchern, las über Benedikt und verbrachte während des Sommers einmal probeweise fast zwei Wochen im Kloster. Hier kam die Faszination des Feierlichen hinzu, die besonders in den Gesängen auf mich einwirkte. Im Chorgebet war es mehr die Beschäftigung mit dem Latein der Psalmen und die Konzentration auf den Ablauf des als Herrendienst verstandenen, gemeinsamen Rezitierens. Gerne schlich ich mich in die barocke Bibliothek, nahm ein Buch zur Hand und erging mich im weitläufigen, gepflegten und nach außen abgesicherten Klostergarten. Es begegneten mir ältere und alte Patres und Brüder, denen ich mit Vergnügen und Nutzen zuhörte, wenn sie aus ihrer Klosterjugend erzählten oder gut gemeinte Lehren und Ermahnungen gaben, wie man zu einer sicheren Berufswahl gelangen könne. Wenn ich zurückdenke, wurde ich nie aufgefordert, zu bleiben, einzutreten oder einen voreiligen Entschluß zu fassen. Man ließ mich einfach gewähren, und ich erlebte „Kloster auf Zeit", was heute so modern geworden ist. Eine Begegnung blieb in mir haften und berührte mich eigenartig: Es war der weithin als „Kreuzpater" bekannte damalige Senior des Hauses, der als guter Lehrer und liebenswürdiger Erzieher geschätzt wurde. Ich traf ihn eines Tages vor der Klosterpforte. Er blieb stehen, betrachtete mich und sagte dann, zu mir gewendet und auf seinen Altersstock gestützt, unvermittelt: „Wenn du ins Kloster gehen willst, dann mußt du und kannst du einzig und allein Gott suchen." Ich war verstört und wie aus einem Traum erwacht, denn mich zog die kulturelle Welt des Klosters an. Mich begeisterte der geordnete und zum Richter erhobene Tagesablauf; obwohl ich nicht alles als vernünftig ansah, erkannte ich, daß hier eine Hochform menschlicher Leistungskraft gewährleistet war, die lediglich durch religiöse Verpflichtungen unterbrochen wurde. Zugleich war ich angetan von der Vielseitigkeit dieses Lebens im Kloster und den geradezu unbeschränkten Möglichkeiten, sich Wissen anzueignen, zu musizieren, einfach ein randvoll erfülltes Leben auszukosten. Nur die Radikalität und auch der einseitig religiös ausgerichtete Bezug fehlten mir. Läge hierin also die romantische Seite meiner Berufung? Denn Berufung ist nötig, um diesen Schritt zu wagen und auf Dauer die Konsequenzen daraus zu ziehen. Der Gang ins Kloster gilt nicht der Ausübung eines Berufes im üblichen Sinn, sondern ist die Folgeleistung einer Berufung; deren Vielschichtigkeit in Worte fassen zu wollen, käme einem Unterfangen gleich, das Augustinus im Ausschöpfen des Meeres charakterisiert hätte, oder dem Versuch eines Theologen, dem Bekehrungsvorgang eines Saulus zum Paulus eine exakte Ausdeutung zu geben – er könnte dessen gnadenhafte Auswirkung zwar wortreich beschreiben, aber nie in ausschließlich rationale Kategorien einfangen. Nehmen wir zur Kenntnis, daß dieser Gang letztlich doch ein Hineinschreiten in eine andere Welt bedeutet, die ihre Eigengesetzlichkeit entwickelt und in Jahrhunderten ausgebildet hat. Sie ist nicht zuletzt auf Grund langer und vielfacher, von Mönchsgenerationen gesammelter Erfahrungen zur Festlegung ihrer Ordnungen gelangt, die zwar auf der Regel und dem Vorbild des jeweiligen Stifters aufbau-

*Oben:* ***Münsterschwarzach:*** *Benediktinerkloster. Das Refektorium.*
*Gegenüber:* ***Zwettl:*** *Zisterzienserstift. Kapitelhaus. Romanische Mittelsäule mit reich gegliederten Kapitellen. 12. Jahrhundert.*

en, aber zu allen Zeiten jeder begründeten und sinnvollen Angleichung offenstehen mußten. Daß diese Eigendynamik einerseits eine Personifizierung in den verschiedenen Individuen einer klösterlichen Gemeinschaft erhalten muß, anderseits aber auch von den Notwendigkeiten und Erfordernissen ihrer Zeit und Umwelt abhängig ist, versteht sich zwar von selbst, stößt aber im klösterlichen Alltag durchaus auf Schwierigkeiten, wie eben jede Art von Veränderung mit der menschlichen Trägheit in Widerstreit gerät. Demnach wird es nicht gelingen, mit den gängigen und uns vertrauten Maßstäben der „Welt" einer Einrichtung wie jener des Klosters gerecht zu werden. Die wohl aus dem Leben verständliche Frage, weshalb es Nonnen gibt, die sich völlig von der Außenwelt ab-

*Oben:* ***Kastl:*** *Ehem. Benediktinerkloster, Oberpfalz. 1103 gegr., Refektorium.*

*Gegenüber: Oben:* ***Heiligenkreuz:*** *Zisterzienserkloster im Wienerwald, Niederösterreich. 1133 gegr., Refektorium. An der Abschlußwand Ölbild „Wunderbare Brotvermehrung" von M. Altomonte, 1742.*

*Links unten:* ***Admont:*** *Benediktiner-Stift im Ennstal, Steiermark. 1074 gegr., Konvent, Refektorium, Mitte 18. Jh. Stuck und Deckengemälde, 1953–1956.*

*Rechts unten:* ***Zwettl:*** *Zisterzienserstift. Refektorium, Stukkaturen von Johann Michael Flor, 1748. Gemälde von Paul Troger, 1748–1749.*

schließen, mit denen man nur über komplizierte und zugleich altmodische „Winden" und Drehscheiben in Kontakt treten kann, während andere Ordensschwestern sich im Dienste echt christlicher Nächstenliebe in

OB POTTERSTORF

Krankenhäusern oder in Waisenheimen aufopfern, kann auch aus theologischer Sicht nicht beantwortet werden. Es gibt eben viele Dienste und unterschiedliche Berufungen, und einer jeden kommt entsprechende Bedeutung zu – ohne Abwertung der anderen. Wollte man dafür die religiös und theologisch durchsetzte Erklärung bis in die nötigen Details anführen, könnte man Bücher füllen. Letztlich handelt es sich um eine Berufung, die als Gnadenerweis der Liebe Gottes zu einem Menschen gleichfalls nur aus dem Gnadengeschenk des Glaubens gläubig angenommen und verstanden werden kann. Verzicht und Unterordnung sind die eine Seite, Nachfolge Christi und Erfülltsein – und damit Aufgehen in der einen oder anderen Tätigkeit oder eben nur im Staunen und Ausharren beim Herrn, wie es Magdalena im Gegensatz zu ihrer hilfsbereiten und gastfreundlichen Schwester Martha tat (siehe Lukas 10, 38–42) – die andere Seite eines Vorgangs, der aus rein weltlichen, menschlichen oder humanitären und humanistischen Überlegungen weder faßbar noch erklärbar wird.

Was auf diese Weise etwas kompliziert zum Ausdruck kommt – und es muß, gleichgültig wie der jeweilige Leser eingestellt ist, und ohne ihn „bekehren" zu wollen, wenigstens der Vollständigkeit halber gesagt werden –, faßt St. Benedikt in den ersten Sätzen seines Prologs zur Regel schlicht wie folgt zusammen:

„Höre, mein Sohn, auf die Lehren des Meisters und neige das Ohr deines Herzens; nimm die Mahnung des gütigen Vaters willig an und erfülle sie durch die Tat. So wirst du durch die Mühe des Gehorsams zu dem zurückkehren, von dem du dich in der Trägheit des Ungehorsams entfernt hast. So richtet sich denn jetzt mein Wort an dich: an jeden, der dem Eigenwillen entsagen und die starken Waffen des Gehorsams ergreifen will, um dem wahren König, Christus, dem Herrn, zu dienen."

Der Tragweite dieser Worte war ich mir am Tag meines Eintritts keineswegs bewußt. Obwohl ich mir der Lauterkeit im Lichte reinen Gottsuchens ebenfalls nicht sicher war, nahm ich trotzdem das Kleid des hl. Benedikt, wie es so schön ausgedrückt wird, und begann das Noviziat, das Probejahr, während dessen man jederzeit seinen Entschluß revidieren kann. Es war das Jahr 1954, das von Papst Pius zum Marianischen erklärt und erhoben worden war. Diesem Umstand verdanke ich meinen

**Engelszell:** *Trappistenkloster bei Engelhartszell im Innviertel, Oberösterreich. 1293 als Zisterzienserkloster gegr., einziges Trappistenkloster Österreichs, Refektorium.*

Klosternamen „Joachim", der nicht etwa der Fortschrittlichkeit meines neuen, nun geistig-geistlichen Vaters zuzuschreiben ist, sondern im Vater Mariens – und damit war der Bezug gegeben zum Anno Mariano – sein Vorbild hatte. Noch heute bin ich glücklich, daß aus mir nicht ein „frater Marianus" etwa wurde; denn so sehr ich die Symbolkraft des Klosternamens einsehe und verstehe, daß mit dem Wechsel des Namens auch ein neuer Abschnitt im Leben oder überhaupt ein neues Leben angezeigt wird, so wenig hätte ich mit einem ausgefallenen, schwerfälligen Namen Freude gehabt, wenn auch den Abt die Verantwortung dafür getroffen hätte.

An dem schon erwähnten 2. September 1954 rückten wir zu dritt in das klösterliche Probejahr ein. Ich war der Zweitälteste. Der Zufall wollte es jedoch, daß ich als erster – eben zur zweiten Stunde – ankam, nicht ahnend, daß ich damit plötzlich zum Ältesten avancierte. Wenn auch in einer klösterlichen Gemeinschaft jeder gleich zu behandeln ist oder, wie St. Benedikt es meint, gemäß seinen Eigenschaften und Veranlagungen, so gibt es dennoch ein Ordnungsprinzip: das Alter, und zwar nicht das physische, sondern jenes der Bekehrung, des Eintritts in das Kloster. Es geschieht daher, daß jüngere Brüder vor einem älteren Mitbruder zu stehen kommen, was manchmal Größe und die im Kloster vielgepriesene Demut, den Mut zum Dienen, erfordert. Zuweilen freilich begegnet man Älteren im Kloster, deren einziger Vorzug das Alter zu sein scheint und die sich aus diesem Grund als die Besseren erachten. Ihnen sei das Wort St. Benedikts aus dem 3. Kapitel der Regel entgegengehalten, daß der Herr oft einem Jüngeren offenbart, was das Bessere ist. Jedoch im ganzen gesehen wird solcherart eine Gemeinschaft nicht zur amorphen Gesellschaft oder zur Masse, sondern sie konstituiert sich zu einem „corpus monasticum", einer Gemeinschaft, vergleichbar nur mit dem von Paulus geschilderten „corpus Christi mysticum", dem fortlebenden, mystischen Leibe des Herrn in seiner Kirche. Auch hier wird also deutlich, daß das Kloster eine ganz eigengeartete, von der Idee und dem Konzept her mit keiner anderen menschlichen Gemeinschaft vergleichbare Einrichtung „sui generis" darstellt. Dabei gibt es gerade im alten Mönchtum und in den sogenannten alten Orden sehr demokratische Spielregeln, wie etwa die Wahl des Oberen, das Mitspracherecht der Berater – die auch jüngere Mitbrüder sein können –, und in Ausnahmefällen sogar die ausschlaggebende Entscheidung der „sanior pars", des vernünftigeren Teils der Brüder, mögen sie auch in der Minderzahl sein. Wie wertvoll wäre ein solches Ordnungsprinzip in einer Periode der totalen und totalitären Demokratisierung! Modell also einer geordneten Demokratie oder einfach Verpflichtung zur Bewahrung des Friedens innerhalb einer Kommunität nach dem Wort des Thomas von Aquin: „Pax est tranquillitas ordinis – Friede ist jene Ruhe, die eintritt, wenn Ordnung herrscht." Und Ordnung oder gar Unterordnung ist nicht mit Unfreiheit gleichzusetzen, sondern mit Freiheit für alle. Unter diesem Gesichtspunkt hat das am Klostereingang angebrachte „Pax" eine Berechtigung; um die Verwirklichung solcher Grundsätze wird auch im Kloster täglich gerungen, um nicht zu sagen gekämpft. Ich sollte es bald sozusagen im Detail erfahren.

Zunächst wurden wir aufgefordert, unser mitgebrachtes Taschengeld abzuliefern, und nur wenig später sollten wir unsere Zivilkleider mit der Tracht vertauschen, die sowohl für die „Brüder", die Handwerker also, wie die „fratres" oder Kleriker, jene, die eine höhere Schule absolviert hatten und für das Theologiestudium in Frage kamen, als auch für die „patres", die Priestermönche, die gleiche war. Da wir aber noch im Stadium der Eingewöhnung und Erprobung standen, dem Noviziatsjahr, wurde das vordere und hintere Ende des Skalpuliers eingeschlagen und verkürzt.

In diesem ersten Jahr hätte man jederzeit das Kloster wieder verlassen können. Ich war mir dessen bewußt und gestehe, daß ich immer das Geld für meine Rückreise in der Tasche behielt, wie auch mein bester Anzug nicht in die Kleiderkammer, das „Vestiarium", wanderte, sondern hinter meinem Ersatzhabit im Schrank versteckt blieb. Halbherzigkeit eines Entschlusses? Oder ganz einfach Erprobung meiner selbst, wie weit ich im Zeichen von Armut, Ehelosigkeit und Gehorsam leben könne, gebunden an eine konkrete Kommunität, wie es in der „Stabilita loci", einem weiteren Punkt des später abzulegenden Gelübdes festgelegt ist? Dies schließlich alles im Zeichen der gehorsamen Ein- und Unterordnung – unter einem Oberen, dessen begrenzte und durchaus menschlich schwache Autorität mir bald zum Bewußtsein kam. Erprobung also, wie weit man selbst in der Lage ist, ein solches Leben zu führen, das alle bisherigen und gewohnten Ordnungen geradezu auf den Kopf stellte?

Überlegungen und Erklärungen, die man in der Noviziatsstunde zu vermitteln versuchte. Daß schon im Spätjudentum bespielsweise die Essener, deren Hinterlassenschaft man zum Teil in den aufsehenerregenden Funden von Qumran entdecken konnte, ihr Leben auf einen „kommenden Äon" ausrichteten, oder die Berichte aus der Antike – vor allem aus dem hellenistischen Kulturkreis – über verschiedene philosophische Schulen, wie sie bei Plato und später in der Stoa überliefert sind, das alles war zwar für einen geistigen Unterbau wertvolle Stütze, nahm mir aber nicht die eigentliche Entscheidung ab. Selbst der Hinweis, der ebenfalls schon bei den Schriftstellern der Antike zu finden ist, daß die innere Freiheit in diesem unseren Äon nur durch Askese, durch Verzicht und Zucht zu gewinnen sei, oder das Bewußtsein, man gelange nur auf diesem Wege zur „Stadt der Weisen", wie es Epiktet, der griechische Philosoph und Vertreter der römischen Stoa (50–138 n. Chr.) formuliert hatte, genügten nicht. Dabei war mir gerade der Freiheitsbegriff – und wir reden doch alle zur Freiheit, manchmal geradezu zur zügellosen Freiheit erzogen! – eine wertvolle Hilfe bei meinen Überlegungen, ob ich bleiben oder in der Freiheit die Freiheit suchen solle. Gerne stellte ich mir auf meinen Schreibtisch das Wort von Ernst Moritz Arndt, einem sehr liberalen Denker, der sagte: „Die Freiheit und das Himmelreich erringen keine

Halben." Ähnlich klang es für mich in dem Bibelwort durch: „Das Himmelreich leidet Gewalt." Aus dem religiösen Bereich wurden viele Motive und Motivierungen dazu beigesteuert, angefangen vom „reichen Jüngling" (Matth. 19, 16 und die entsprechenden Paralleltexte) bis zu den Verheißungen, die Christus jenen gibt, die alles verlassen haben und ihm nachgefolgt sind (etwa Matth. 19, 28). Ich wurde allerdings immer kopfscheu, wenn man uns Lektüren vorlegte, wie zum Beispiel das für die der Mystik zugetanen Zeit des 11./12. Jahrhunderts passende, von Bernhard von Clairvaux verfaßte, aber für mich völlig unverständliche Werk mit dem herausfordernden Titel „Sponsa Christi" – wörtlich übersetzt „Braut Christi". Auch der Ausdruck „Jungfräulichkeit", stets im Zusammenhang mit dem Stand der Ehelosigkeit gebracht, wollte mir nicht gefallen. Wie beruhigend lautete dagegen die lapidare Feststellung des Kirchenrechts bei der Aufzählung der Eigenschaften, die bei einem Kandidaten für das Priesteramt vorausgesetzt wurden! Da heißt es unter dem ersten Punkt ganz einfach: „Ut sit vir – daß er ein Mann sei." Und interpretierend möchte man hinzufügen, „daß er ein Mannsbild sei!" Der Verzicht auf eheliche Gemeinschaft und Glück in einer Familie konnte doch nicht in der Negation eines Wertes bestehen, sondern mußte um eines höheren Wertes und Gutes willen erfolgen, wobei der Ausgleich, den man unter Umständen in einer Gemeinschaft Gleichgesinnter finden konnte, noch lange nicht die sogenannte Jungfräulichkeit verständlicher machte.

Über all diesen Überlegungen verging das erste Jahr, und ich ließ es darauf ankommen, die endgültige Klärung in den nächsten drei Jahren, für deren Verbleib im klösterlichen Verband man die „einfachen Gelübde" ablegte, zu erhalten.

Diese Klärung blieb nicht aus; durfte nicht ausbleiben, wollte ich nicht Gefahr laufen, blindlings und nicht hinlänglich erprobt mich ewig zu binden, wie es in einem Dichterwort anklingt.

Drei Jahre waren vergangen. Ich überlegte immer noch, ob ich meine klösterliche „Laufbahn" nicht endgültig aufgeben sollte, und zwar letztlich immer noch deswegen, weil ich nicht überzeugt sein konnte von der Sauberkeit meiner Einstellung zum Kloster. Ich rang einerseits mit meinem Hang zum Schönen, hatte immer noch Freude an Besitz und oft lächerlichen Kleinigkeiten, war aber andererseits in keine besonderen Konflikte gekommen, höchstens gelegentlich mit Vorgesetzten, deren Vorstellungen vom Gehorsam wirklich mit keiner wie immer gearteten, selbst blinden Unterwerfung – im Sinne der gehorsamen Rückkehr zu dem, von dem wir uns im Ungehorsam abgewendet hatten, wie es St. Benedikt in seinem Prolog darlegt – begründet oder gerechtfertigt werden konnten. Vielleicht war und ist das Ungehorsam; denn es gilt doch ein anderes Gesetz, das mir in diesem Punkt – ehrlich sei es gestanden – bis heute zu schaffen macht. Über die eigentliche Entwicklung und Ausformung dieses Gesetzes und seiner Gesetzmäßigkeit werden die nächsten Kapitel berichten.

Ich hatte in der Zwischenzeit zwei Jahre Studium der Philosophie absolviert und hörte in Rom die ersten Semester Theologie, eine gute und hochstehende Theologie. Im Rahmen der Vorlesungen kam die Sprache auf die „Fleischwerdung des Wortes Gottes", das die Welt verändert hat und stets aufs neue transformiert. Unser Dogmatikprofessor, ein hervorragender Denker und Gelehrter, Berater (peritus) auf dem 2. Vatikanischen Konzil, rief eines Tages in diesem Zusammenhang in den Hörsaal: „Haec est lex incarnationis – Das ist eben das Gesetz der Fleischwerdung!" Er wollte uns damit zu verstehen geben, daß die Feier der Liturgie (Feier – nicht allein armseliger, nackter und nüchterner Sinnvollzug), das Aufgebot des Menschen, das Menschliche – wozu das Schöne ebenso gehört wie das Häßliche – dem Göttlichen dienstbar zu machen und dabei die Kunst und alle Fähigkeiten eines Menschen auszuschöpfen, eine Konsequenz jener Tatsache sind, daß der Sohn Gottes Fleisch geworden ist. Für mich eine Erkenntnis, die mein ganzes Leben in ein neues Licht rückte. An dieser Stelle hakte mein sehr umsichtiger Rektor ein, der nicht umsonst eine hohe Position als Kardinal an der römischen Kurie einnahm, zitierte mich auf sein Zimmer, da er von meinem Entschluß wußte, auszutreten, und erklärte mir: „Ihr Ruf oder Ihre Berufung zur Nachfolge Christi ist konkretisiert in Ihren Begabungen und Interessen. Es ist nichts Ne-

**Stadl-Paura:** *Benediktiner-Stift bei Lambach, Oberösterreich. 1714–1724 Errichtung der Wallfahrtskirche, Kuppel in der Wallfahrtskirche Zur Heiligen Dreifaltigkeit. Kuppelgemälde von C. Carlone.*

gatives, wenn Sie vom Schönen sich angezogen fühlen (mein Sinn für das Schöne wurde allerdings oft recht hart auf die Probe gestellt!), hier und hierin liegt geradezu Ihre Aufgabe: Denn nicht Nummern zählen in einem Kloster, vielmehr Persönlichkeiten, die eine Fülle von Leben in eine klösterliche Gemeinschaft bringen, auch wenn man immer zu bedenken hat, daß nach einem thomistisch-aristotelischen Lehrsatz festgehalten ist: „Actiones sunt suppositorum – Alles, was einer tut, tut er auf dem Hintergrund seines ganzen Seins, seiner Person und Persönlichkeit."

Nun ringe ich fast fünfzig Jahre lang um meine Verwirklichung – Selbstverwirklichung wird es heute genannt –, ahne das Ziel, erfahre täglich meine Schwächen, gehöre dem Stand der Vollkommenheit an und spüre zugleich, wie unvollkommen und unvollendet ich bin. Warum ich das erzähle? Weil ich einen Einblick in das Leben im Kloster geben möchte. Was wäre Kloster ohne dieses Einzelleben, wie arm wären aber auch unsere Stifte, könnte man jeden über einen Leisten schlagen.

Über diesen meinen Gang in das Kloster, und nur darüber bin ich befugt zu berichten, dürfte der Einstieg in die Welt, die Innenwelt des Klosters hoffentlich gelungen sein. Die Hintergründe, vor allem der Entwicklungsgeschichte des Phänomens „Kloster", seien im folgenden aufgezeigt!

# II.

# Klösterreich

Wer immer mit wachem Auge durch die Schweiz, Süddeutschland und Österreich fährt oder gar wandert, dem dürfte kaum entgehen, wie sehr auch heute noch die Klöster mit ihren meist barocken Gebäudeanlagen oder mit Monumentalbauten anderer Epochen der Landschaft ihren Stempel aufprägen. Nicht selten nehmen sie die schönsten Plätze eines Landstriches, eines Fluß- oder Stromtales ein, beherrschen die Höhen, ragen über die Häuser einer Stadt oder bestimmen das Ortsbild eines Dorfes. Wem käme dabei nicht Melk, Göttweig, Klosterneuburg oder das südtirolische Marienberg in den Sinn? Der Besuch von St. Florian müßte neben den Prachtbauten auch dem Andenken an Anton Bruckner gelten; denn diesen „Musikanten Gottes“ versteht man erst unter dem Eindruck der Stiftskirche von St. Florian, jenes Sakralraumes, den Bruckner in einen Konzertsaal für „den lieben Gott“ verwandelte. Und wem wäre in Bayern nicht das Kloster Ettal bekannt? Nach Scheyern, dem Kreuzkloster, pilgern jene, die Milderung für ihre Kreuze und Beschwerden suchen, in Niederaltaich halten die Intellektuellen und Betriebskapitäne Einkehr, um im „Kloster auf Zeit“ an Leib und Seele Erholung zu finden, wozu die Abgeschiedenheit und die klösterliche Strenge die besten Voraussetzungen bieten. Auch die Schweiz hat ihre prächtigen Klosteranlagen: Es muß gar nicht Einsiedeln sein, am Großen St. Bernhard tragen Augustiner-Chorherren Sorge für eine sichere Reise in den sonnigen Süden – unterstützt von ihren treuen Gehilfen, den Bernhardinerhunden, die fast berühmter sind als die Chorherren selbst. Ringsum also stoßen wir auf Klöster und stellen fest: Nicht nur Österreich ist klösterreich, auch Bayern und die Schweiz sind noch reich an Klöstern und Stiften, wenn auch heute weniger als früher. Wer eine alte Landkarte zur Hand nimmt, der wird feststellen, wie wenige Klöster im Verhältnis zu früher übrig geblieben sind. Noch immer aber weist vieles auf die ehemaligen Abteien hin, und nicht selten ist man überrascht, wenn man plötzlich in einem abgelegenen Ort Pracht und Glanz aus früheren Klosterzeiten entdeckt.

*Gegenüber:* ***Melk:*** *Benediktiner-Stift in Niederösterreich. Im 11. Jh. gegr., 1702–36 von J. Prantauer erbaut und von J. Munggenast fertiggestellt.*
*Oben:* ***Zwettl:*** *Zisterzienserstift. Stiftskirche, Turmkuppel mit Laterne, davor, am Eckturm des Prälatenhofes, ein Storchennest.*

Es sind recht unterschiedliche Merkmale, aus denen die klösterliche Vergangenheit abzuleiten ist. Der Ortsname „Pfaffenreith“ erinnert an die Tatsache, daß die Pfaffen dort gerodet haben. „Mönchsroth“ oder „Mönchsdeggingen“, aber auch „Münchaurach“ und „Münchsteinach“ sieht man den Mönch verhältnismäßig leicht an, während das heutige „München“ sein „Monachium“ nicht sogleich preisgibt und anzeigt, daß eine Klostergemeinschaft zur Urzelle der jetzigen Millionenstadt und Bayernmetropole gehörte. Das „Münchner Kindl“ im Wappen trägt freilich monastische Kleidung und unterstützt auf seine Art unsere Überlegungen, die auch München in Zusammenhang mit einer Klostersiedlung bringen.

Anders verhält es sich am Bodensee. Dort ist es nicht ein Ortsname, sondern der Volksmund, der bis in un-

*Oben: **Steingaden:** Prämonstratenserkloster in Oberbayern. 1147 gegr., Seelsorgezentrum im „Pfaffenwinkel" mit den abhängigen Wallfahrtskirchen Wies, Ilgen und Heiligkreuz. Äußerlich der Romanik und Gotik verpflichtet – romanischer Kreuzgang mit spätgotischer Wölbung –, erhielt der ursprünglich romanische Kirchenraum über dem Priesterchor 1663 eine Renaissanceausgestaltung und wurde 1747 im Rokokostil umgestaltet.*
*Unten: **Wies:** Wallfahrtskirche des Prämonstratenserklosters Steingaden. 1745–54 v. D. Zimmermann auf einer Waldwiese erbaut, gilt „Die Wies" als volkstümlichstes Werk bayrisch-schwäbischen Rokokos.*

sere Tage den Untersee als „Gnadensee" bezeichnet und somit einen Hinweis gibt auf die Klosterinsel Reichenau. Wer freilich auf der Reichenau an Land geht, dem fallen als erstes gleich drei Kirchen auf, die bei aller zugestandenen Frömmigkeit für die tüchtigen Gemüsebauern und Bewohner der Insel trotzdem über ihren „Bedarf" gingen. So wird man staunend die altehrwürdigen ehemaligen Klosterkirchen betreten, mag dabei jene Melodie im Ohr haben, die den lahmen Mönch „Hermannus contractus" weit über die Reichenau hinaus berühmt werden ließ, das „Salve regina", und kann nicht umhin, den Bewohnern der Klosterinsel zu bestätigen, daß sie trotz Aufhebung der klösterlichen Gemeinschaften deren geistiges und kulturelles Erbe auf vorbildliche Art in Ehren halten.
Ein anderes Beispiel dafür, wie ein einziger Monumentalbau die große Vergangenheit eines ansonsten kleineren Ortes verrät, ist Steingaden im oberbayerischen Pfaffenwinkel, dem die Ehre zukommt, wohl das schönste Beispiel für das bayerische Rokoko, nämlich die Wieskirche, geschaffen zu haben. Steingaden selbst ist aber unverdienterweise im Schatten dieses Kunstwerkes geblieben. Nähert man sich Steingaden, dann fällt zunächst die zweitürmige Kirchenanlage auf, die sofort den Verdacht nährt, hier müsse noch mehr zu entdecken sein. Und ein Abstecher lohnt sich: Sieht man dem Äußeren die Romanik und den Spitzbögen einiger Fenster die Veränderungen der Gotik an, und machen die breiten und abgerundeten Ausbuchtungen der Fensteröffnungen über den Seitenschiffen das Be-

dürfnis, ja den Lichthunger des in Bayern eben zur Vollendung gelangten Rokoko augenfällig, so läßt der Innenraum, unterteilt in die aus dem Geiste der Renaissance entstandene Überwölbung des Priesterchores und in das übersprudelnde, fast ausgelassene, jubilierende Rokoko des hinteren Kirchenschiffes samt Empore und Orgel, das Herz höher schlagen. Hinter solch vielfältigen und in jeder Phase gekonnten Veränderungen – so muß der staunende Besucher überlegen – konnte nicht der Zufall Regie geführt haben; obwohl die Zufälligkeit eben darin bestände, daß über Jahrhunderte besonders kunstbeflissene Pfarrherren einem solchen Gotteshaus bleibend die Spuren ihres segensreichens Wirkens aufgedrückt oder die Bürger zu allen Zeiten im positiven Sinn ihre Kirche dem jeweils neuesten Zeitgeschmack angeglichen hätten. Schreitet man allerdings durch eine Seitentüre in den sogenannten Kreuzgang, der sich ebenfalls durch eine wundersame Mischung von Romanik und Gotik auszeichnet, dann wird zur Gewißheit, was sich bisher nur als Anflug eines Gedankens im Unterbewußtsein vorgedrängt hatte: Hier handelt es sich um eine Klosterkirche, die einst zu einem – jetzt allerdings aufgehobenen – Stift gehörte, was unter anderem aus der ernüchternden Tatsache abzuleiten ist, daß von den Ruhe ausströmenden Bögen und Gewölben des Kreuzganges nur mehr ein geringer Teil eines früher geschlossenen Claustrums erhalten geblieben ist. Von den recht lebendig gestalteten Fresken der Kirche ist abzulesen, was für ein Kloster hier einmal war: In Weiß gekleidete geistliche Herren gruppieren

*Oben links:* ***Wies:*** *Wallfahrtskirche. Der „Wiesheiland", 1730 von dem Steingadener Prämonstratenser-Chorherren Magnus Straub und Bruder Lukas Schwaiger für die Karfreitagsprozession angefertigt, wurde „wegen des zu ernsten Affektes bei den Gläubigen angesichts dieser Figur" im Dachboden eines Gasthofes deponiert.*

*Oben und unten:* ***Wies:*** *Wallfahrtskirche, von D. Zimmermann erbaut, der aus Wessobrunn, dem damals „weltberühmten Künstlerdorf" und Benediktinerkloster, stammte.*

sich um eine als Gründer identifizierbare Gestalt. Wer, des Latein kundig, zum Gemälde über der Empore blickt, der erhält den Schlüssel zum Verständnis: „Quod divinabat Norbertus, explebat Quelphus VI.", liest er dort. Was soviel besagt wie „Was Norbertus unter göttlicher Eingebung erschaut hatte, setzte Welf VI. in die Tat um", oder kürzer „Was Norbert erschaut, hat Welf gebaut." Es waren also die Söhne des hl. Norbert, die sich nach dem Gründungskloster in Prémontré Prämonstratenser nennen, die Steingaden durch die Jahrhunderte formten und mit all dem Schönen ausstatteten, das selbst im Nebeneinander der verschiedenen Stilrichtungen und Einflüsse zu einer Apotheose des Schönen schlechthin, und gleichzeitig zu einem Denkmal für den Kunst- und Feinsinn der Erbauer und Auftraggeber geworden ist.

Beim Verlassen der Kirche mag noch auffallen, daß die Kreuze auf den beiden Kirchtürmen mit je zwei Querbalken versehen sind. Diese Form des Kreuzes ist nicht nur ein untrügliches Zeichen für eine Bischofs-, in späteren Zeiten gelegentlich auch für eine Abteikirche, sondern läßt auch bei einer schlichten Dorfkirche, deren Kirchturm ebenfalls das zweibalkige Kreuz in den Himmel streckt, nicht selten die Vermutung aufkommen, sie stehe oder müsse einmal in Abhängigkeit zu einem Kloster gestanden sein. Auf diese Weise erklärt sich das Doppelkreuz auf dem zwar schönen, aber bescheidenen Turm etwa meiner kleinen Pfarrkirche in Eibenstein, die außer Verdacht steht, je mehr als eben nur eine kleine Dorfkirche, dies allerdings in Abhängigkeit zu einem Stift, nämlich Geras, gewesen zu sein. Das Doppelkreuz – crux gemina –, noch heute das Zeichen für Christen der Ostkirchen, entstand aus der Verlängerung des Schildes „INRI" (= Iesus Nazarenus Rex Iudaeorum bzw. – Jesus von Nazareth, König der Juden) über dem Querbalken. Diese Kreuzesform, über die byzantinische und russische Kunst bekannt geworden, erhielt schon im Mittelalter die Sinngebung der Steigerung. So wie man etwa im 15. Jahrhundert – in den Lebensgewohnheiten der Melker ist das nachzulesen – das „Herr, ich bin nicht würdig" vor dem Empfang der Kommunion plötzlich dreimal sprach, was Ausdruck ebenfalls der gesteigerten Ehrfurcht vor dem Herrenleib war und in weiterer Überspitzung dazu führte, daß man die „Seelenspeise" nur mehr an Festtagen, eben als eine Festspeise und nicht als eine tägliche Stärkung für Leib und Seele empfing. Dies wurde dann unter Papst Pius X. reformiert und auf das Ursprüngliche zurückgeführt; die textliche Steigerungsformel fiel erst der Liturgiereform unserer Tage, nicht zu Unrecht übrigens, zum Opfer. Aus dieser Sicht übersteigerter Zurückhaltung vor dem „allerheiligsten" Sakrament, die vielleicht die Menschwerdung des Sohnes Gottes unterschätzte, werden jene Einbauten in die Kirchen verständlich, die als Lettner dem schlichten Volk die „viva participatio", die lebendige Teilnahme am Geschehen auf dem Altar verwehrten. Zeuge dafür ist der Lettner in der einstigen Kartäuserkirche Buxheim bei Memmingen. In den anglikanischen Kathedralen Englands – wie etwa in York – kommt dem Lettner noch heute eine liturgische Funktion zu.

Beim Doppelkreuz wurde der doppelte Querbalken das Kennzeichen für den Patriarchen der Ostkirche oder für den Erzbischof in der Westkirche und blieb den Türmen seiner Titelkirche oder den Kirchen vorbehalten, die in irgendeiner Abhängigkeit zu ihm standen. Schon zu Beginn der Barockzeit verwischten sich – wohl in Unkenntnis der eigentlichen Zusammenhänge – diese Unterschiede und Beschränkungen. Manchmal dürfte tatsächlich der Übermut oder die Form einen Schmied veranlaßt haben, anstelle eines einfachen eben das doppelte Kreuz auf die Zinnen einer Kirche oder auf die Spitze eines Kirchturms zu setzen. Bei Steingaden oder in Eibenstein, einer alten, dem Stift Geras inkorporierten Pfarre, ist für das Doppelkreuz allerdings ein Bezugspunkt und damit eine Berechtigung zu finden: Steingaden war und Geras ist heute noch eine Prämonstratenserabtei. Da der Ordensgründer Norbert von Xanten späterhin Erzbischof von Magdeburg war, wurden seine Vorrechte – und wer könnte es seinen Söhnen verwehren? – wenn auch nur in angeblichen Äußerlichkeiten auf sie und ihre Kirchen übertragen. Wie dem auch immer sei, manchmal hilft dieses geringfügige Unterscheidungsmerkmal des Doppelkreuzes, eine Kirche als ehemalige Klosterkirche oder als eine von einem Kloster abhängige Kirche zu identifizieren.

Manchmal ist es weder ein Turm noch ein Kreuz oder ein für dörfliche Verhältnisse viel zu groß und mächtig geratenes Kirchenschiff, das den Blick des Passanten fängt. Manchmal stellt sich ihm ganz einfach ein für den modernen Straßenverkehr viel zu enger Torbogen in den Weg und zwingt ihn, sich umzusehen. Allein die Minute des Wartens genügt, um festzustellen, daß es sich hier um eine ganz besondere Siedlung handeln muß. War dem aus Richtung Steingaden kommenden Fremden schon bei der Einfahrt von Rottenbuch ein imposanter Komplex von Gebäuden aufgefallen – ein Gutshof etwa? –, so staunt er jetzt über den erhebenden Anblick, der sich auftut, wenn er diesen Torbogen passiert hat: Ein weiter und großzügig angelegter Dorfplatz? Nein, das muß einmal ein Kloster gewesen sein, was sogleich der 75 Meter hohe Turm und die gewaltigen Gebäude bestätigen, die den Platz einsäumen und eine barocke Klostersiedlung oder besser Klosterstadt ungewöhnlichen Ausmaßes erahnen lassen: Es ist Rottenbuch, die Welfenstiftung, Bollwerk der Papsttreuen im Investiturstreit, Reformzentrum für die Augustiner-Chorherren, Archidiakonat und Mittelpunkt kultureller und pastoraler Aktivitäten, die heute noch in seinen ehedem inkorporierten Pfarreien lebendig sind, wie etwa in Oberammergau, wo der letzte Propst Herkulan Schwaiger 1830 nach der Vertreibung aus seinem Stift die letzte Ruhe fand. In Rottenbuch – und hier spricht nicht der Lokalpatriotismus des geborenen und immer noch begeisterten Rottenbuchers – ist man fast versucht, eine Inschrift auf einem Piranesi-Stich des mittelalterlichen Forum Romanum von Rom zu verändern und angesichts des nunmehrigen Klosterdorfes auf das Stift Rottenbuch anzuwenden. Bei Piranesi heißt es: „Roma quanta fuit, ipsa ruina docet – Rom, wie groß es einmal war, das lehrt selbst noch die Ruine!" Nun sind es in Rottenbuch zwar nicht die Ruinen, die solche Gedanken aufkommen lassen, aber die Verniedlichung – hier sei dieses Wort erlaubt! – der einst imposanten Gebäudekomplexe zu Wohn-, Gast- oder Kaufhäusern, ihre Umformung zu Schloß und Bräuhaus, welch letztere noch am ehesten die Ausmaße der früheren Klosteranlagen widerspiegeln, diese Umwandlung in das Gewöhnliche stimmt doch mit dem Wort von Piranesi überein. Es ist richtig, daß der barocke Idealplan nicht zur Gänze verwirklicht werden konnte, aber vor dem Mißgeschick der Auflösung war doch der Großteil der Gebäude vollendet, auch wenn dies heute nicht mehr zu erkennen ist, weil wenigstens zwei Kirchen abgetragen, einige Gebäude um ihr oberstes Stockwerk gebracht wurden und schließlich ganze Gebäudetrakte, die nicht älter als ein halbes Jahrhundert waren, der Spitzhacke zum Opfer fielen. Fragt man nach dem Grund und bedenkt dabei, daß selbst die Klosterkirche zum Abbruch freigegeben war, hätten diesen Beschluß nicht die einfachen Dorfbewohner – ehemals Knechte und Bedienstete des Chorherrenstiftes – durch ihr tatkräftiges Einschreiten bei der bayerischen Regierung zu Fall gebracht, dann ist die Antwort: Säkularisation!

Es könnten noch zahlreiche andere Beispiele aufgezählt werden, wie frühere Klosteranlagen umgestaltet wurden, wobei man die extreme Form einer Zweckentfremdung anführen muß, wie die jetzigen Staatsgefängnisse in Garsten bei Steyr in Oberösterreich oder in Ebrach, dem ursprünglich ältesten und bedeutendsten Zisterzienserkloster Frankens.

Welch andere Zeichen und Gegenstände gibt es noch, die auf eine klösterliche Vergangenheit hinweisen könnten? Gelegentlich kann es eine Grabplatte oder ein Hochgrab sein, wie jenes in der Eingangshalle der Kirche von Ebersberg bei München, das einem Abt Nachruhm zollt. Bis heute halten dort einige steinerne Mönche die Grabwache. Sie tragen noch die Mönchskleidung des 15. Jahrhunderts und stellen damit – vor allem was die Kapuze anbelangt – die Verbindung zur Tracht der jetzigen schweizerischen Benediktiner her, die wir in Rom als junge Kleriker manchmal belächelten, in der aber anscheinend die mittelalterliche Tradition festgesetzt wird.

Für den Fall, daß ein Grabmal – wie etwa das aufwendige Denkmal für den braven Schweppermann im Atrium der Kirche von Kastl in der Oberpfalz – zwar auf die Besonderheit einer Kirche, aber nicht auf ihre Funktion als Abteikirche hinweist, bleiben z. B. in Kastl als sicheres Indiz im Presbyterium das malerische Chorgestühl oder die gedrungenen Mönchsgestalten, denen die Bürde der gotischen Gewölbe aufgelastet wurde. Während diese „Lastenträger" noch heute den Besucher erfreuen, haben die einstmals berühmten Benediktiner von Kastl schon seit langem ihren Besitz verlassen müssen. „Sic transit gloria mundi – So ist alle Herrlichkeit auf Erden vergänglich", auch jene des Herrn Schweppermann, der 1337 als Feldhauptmann Ludwig des Bayern starb und von dem auch der uns geläufige Ausspruch stammen soll, der natürlich sein Grabmal ziert: „Jedem Mann ein Ei, dem wackeren Schweppermann aber zwei." Wie so oft ist uns auch hier ein Beispiel gegeben, daß in den Klöstern die

Grabstätten für Fürsten und Herrscher waren oder für berühmte Adelige aus der Umgebung, wie in Kastl, in dessen Nachbarschaft sich die Schweppermannsburg befindet.

Während man überall im süddeutsch-österreichischen Raum, aber auch in der Schweiz die Überreste aus dem Klösterreich entdecken kann – und wäre es nur mehr der Name eines ehemaligen Klosters, wie dies bei Taxa der Fall ist, für das man wohl die Nähe zu Dachau angeben kann, das aber in der Säkularisationswelle dem Erdboden gleichgemacht wurde –,

*Oben: **Säben:** Benediktninerkloster in Südtirol, ehemals Bischofssitz. 1535 Brand der bischöflichen Burg. Die Ruinen wurden zum Kloster umgebaut und 1685 an Benediktinerinnen vom Nonnberg übergeben. 1808 aufgehoben, 1816 wiedererrichtet. Benediktinerklöster sind bevorzugt auf Anhöhen errichtet.*

*Gegenüber: **Lilienfeld:** Zisterzienserstift an der Traisen, Niederösterreich. Um 1202 gegr., eine der größten zisterziensischen Klosteranlagen Mitteleuropas und eines der erhaltenen Bauwerke der Babenbergerzeit. Diese weitläufige, mehrhöfige Klosteranlage befindet sich, wie viele Zisterzienserklöster, im Talgrund und gehört zu den bedeutendsten mittelalterlichen Baudenkmälern Österreichs.*

wird eine genauere Zuordnung zu einem bestimmten Orden oder einer Klostergemeinschaft schon schwieriger. Es gelten zwar einige Regeln, die jedoch nur Faustregeln sein können, zu viele Ausnahmen bestätigen sie. Trotzdem seien einige Hinweise geboten, die allesamt aus der Tradition und der Geschichte der Orden erst verständlich werden. Auch sei nicht jener Hexameter vorenthalten, der eine grobe Unterscheidung zwischen den Klosteranlagen der Benediktiner und Zisterzienser zuläßt:

„Bernardus valles, Benedictus montes amabat,
oppida Franciscus, claras Ignatius urbes –
Berhard liebte die Täler, Benedikt mehr die Berge,
Franz (von Assisi) die kleineren,
Ignatius die bedeutenden Städte."

Auf Franziskaner und Jesuiten soll hier nicht weiter eingegangen werden, aber bei genauer Beobachtung werden wir feststellen, daß viele Benediktinerklöster auf Anhöhen erbaut sind, wogegen die Zisterzienser eher in Tälern anzutreffen sind, wie etwa in den Klöstern Lilienfeld, Fürstenfeld, Zwettl oder im schon erwähnten Ebrach.

Klösterliche Vergangenheit hat sich nicht nur in den Ortsnamen, den Gebäuden oder in Grabmälern bis herauf in unsere Zeit gerettet, auch klerikale Titel, vor allem dann, wenn sie mit einer bestimmten Kirche verbunden sind, lassen Vorgänger in der Funktion klösterlicher Oberer ahnen. In Österreich, in dem selbst der Klerus auf Würden und Titel Wert legt, erfreuen sich beispielsweise die Pfarrherren von Waidhofen a. d. Ybbs des Titels „Propst", den sie vom ehemaligen Vorsteher des längst aufgelösten Kollegiatstiftes Ardagger ererbten. Es sind also vielfache und teilweise recht unterschiedliche Beziehungen, die in die klösterliche Vergangenheit zurückführen und in konzentrierter Form beweisen: Hier ist Klösterreich! Dabei quält uns keineswegs die Sorge, es könnte trotz Joseph II. – der immerhin 850 Klöster beschaulicher und anderer

Orden mit dem Hinweis säkularisierte, sie seien „dem Nächsten ganz und gar unnütz" und daher „Gott nicht wohlgefällig" – immer noch zu viele Klöster geben. Wenn wir den Klostersturm in Österreich unter Joseph II. im Verhältnis zur späteren Säkularisation in Bayern eine auf österreichische Weise abgeschwächte Form nannten, dann nur deswegen, weil wenigstens an einigen Orten die Kontinuität einer monastischen Tradition, die bis in die Anfänge des Mönchtums zurückreicht, nicht ausgelöscht wurde, sondern erhalten blieb. Doch genügt allein diese ununterbrochene Überlieferung des mönchischen Lebens in einzelnen Klöstern schon, um an die Quellen des Mönchtums als solche zu gelangen? Stehen wir etwa in den sogenannten Katakomben, die in die Felswand bei St. Peter in Salzburg geschlagen sind, an der Wiege des Mönchtums im süddeutschen Raum? Immerhin ist die nunmehrige Erzabtei St. Peter von Salzburg um das Jahr 700 gegründet und abgesehen von den Jahren 1941–45 nie aufgelöst gewesen. Dabei bleibt es gleichgültig, ob der Gründer, der heilige Rupert –Hrodbert nach der alten Schreibweise –, 696 oder erst einige Jahre später beim heutigen St. Peter seine Missionsstation einrichtete. Nach seiner Lebensbeschreibung in Form einer „Vita" – diese reichlich ausgeschmückte und dem damaligen Zeitgeist angepaßte Form der Berichterstattung ist etwa mit einer Illustrierten der Gegenwart zu vergleichen – soll er aus Worms zugewandert sein, was frei-

*Unten:* ***St. Peter:*** *Benediktiner-Erzstift in Salzburg. Um 696 gegr., Katakomben im Petersfriedhof, drei Höhlenkapellen in der Mönchsbergwand, möglicherw. frühchristlich (4. Jh), im 16./17. Jh. als Einsiedelei bezeichnet. Gegenüber:* ***Nonnberg:*** *Benediktinerinnen-Stift in Salzburg, gegr. 723 von der hl. Erentrudis, seither ununterbrochen bestehend. Romanische Fresken (Mitte 12. Jahrhundert) unter dem heutigen Nonnenchor, die den hl. Stephanus darstellen.*

lich nicht unbestritten von den Fachleuten hingenommen wird. Wahrscheinlich hat er dem „hochadeligen rheinfränkischen Geschlecht der Rupertiner" angehört. Er wird jedenfalls zum „episcopus et abbas", zum Abtbischof von Salzburg, und richtet mit Hilfe seiner Verwandten Erentrudis unterhalb der Festung Salzburg ein Nonnenkloster ein, das seitdem Nonnberg heißt. In ihm leben seit 723 ununterbrochen die „Frauen vom Nonnberg" und verrichten die „laus perennis", das stetige Lob des Erlösers, auf so feierliche und gekonnte Weise, daß nur wenige Männerklöster mit ihnen in Wettstreit treten könnten. Zu der Zeit, als Hrodbert aus dem Westen zuzog, und die uns als Vorzeit klösterlicher Tradition erscheinen mag, gab es aber bereits ganze Mönchsgenerationen, nicht etwa nur in Italien, der Heimat des hl. Benedikt, sondern fast noch mehr in Gallien und auf den britischen Inseln. Erinnern wir uns an das, was uns im Unterricht über die Besiedlung und Missionierung des Alpengebietes gesagt wurde, dann stehen im Vordergrund die Gestalten eines hl. Bonifatius, eines Willibald und Wunibald, um nur einige zu nennen; dann denken wir an Korbinian und an Emmeram, dessen Name wenigstens die ehemalige Klosteranlage in Regensburg in Erinnerung bringt, ähnlich wie die in Würzburg St. Burkhard geweihte Kirche das Andenken an den Mitarbeiter des hl. Bonifaz wachhält. Höchstwahrscheinlich wurde bereits in diesem Stadium der Wissensvermittlung ein grundlegender Fehler begangen, der darin bestand, daß man diese großen und bedeutenden Persönlichkeiten allesamt unterschiedslos mit den Benediktinern in Verbindung brachte. Noch heute geistern diese einseitigen Aussagen durch die Geschichtsbücher, und ich kenne solche, die nicht davon abzubringen sind, alles was Mönchtum besagt gleich dem Benediktiner-„orden" sozusagen in die Schuhe zu schieben. Wenn ich etwas heftig auf den Ausdruck Benediktinerorden reagiere, dann deswegen, weil ich hierin eine der großen Verzeichnungen der abendländischen Mönchsgeschichte erblicke. Ich werde im Detail darauf zu sprechen kommen, möchte und muß aber vorerst festhalten: Schon vor der uns so bekannten Periode der großen Germanenmissionare gab es Klöster auch in unserem Gebiet. Und nicht das perfekt durchorganisierte Missionskloster mit Schulen, Werkstätten und Verwaltungseinrichtungen steht am Beginn des Mönchtums,

sondern der einfache, schlichte Gottsucher, der sich zurückzieht und unter Anleitung eines in der Auseinandersetzung zwischen den Mächten des Guten und Bösen erprobten Führers Sinngebung und Vollendung seines Lebens anstrebt. Es mag verlockend sein, in den großen Abteien – wie etwa Fulda, das ein Sturmi als erster Abt (gest. 779) zu Glanz und Einfluß führte, oder vielleicht auch Kremsmünster, das in besonders feierlicher Weise unter Einbeziehung aller jener, die damals Rang und Namen hatten, im Jahre 777 eingeweiht wurde – den Beginn mönchischer Ordnung und benediktinischer Kulturarbeit in den Landen deutscher Zunge zu sehen. Es mag uns auch vielleicht gerade diese Sicht von eifrigen Lehrern, in meinem Fall waren es die Benediktiner selbst, beigebracht worden sein. Trotzdem liegt hier nicht der Ursprung, der unverfälschte Ausgangspunkt des so gerne zitierten „abendländischen Mönchtums". Kremsmünster kann zwar eine schön klingende Stiftungssage über den bei einem Jagdunfall ums Leben gekommenen Herzogssohn Gunther vorweisen, untersucht man aber genauer, dann finden wir den ältesten Beleg für diesen Bericht erst bei dem sogenannten Bernardus Noricus, wie ihn Aventinus (1477–1534), der für Bayern so wegweisende Historiker, bezeichnet. Den neuesten Forschungen zufolge war Bernardus oder Berchtold ein Kremsmünsterer Pater, der erst 1312 mit der Niederschrift

*Oben:* ***Kremsmünster****: Benediktiner-Stift in Oberösterreich. 777 gegr. durch Herzog Tassilo III. von Bayern, Bekrönung des Brückentors mit den drei Stifterfiguren, in der Mitte: Tassilo III.*

*Gegenüber oben:* ***Kremsmünster****. Entwurfszeichnung des Brückentors mit den drei Stifterfiguren.*

*Gegenüber unten:* ***Kremsmünster****. Stifterrequiem am 11. Dezember in der Kirche.*

der Geschichte seines Klosters begann. Das Guntherdenkmal in Kremsmünster geht übrigens gleichfalls auf diese Zeit (1304) zurück.

Die Tatsache, daß ein solcher Bericht eines späteren Historikers oder ganz einfach eines Chronisten, der den vielleicht nur mündlich weitergegebenen Überlieferungsstrom erstmals aufgezeichnet hat, für nachfolgende Generationen zur „ältesten" historischen Quelle wird, ist selbstverständlich nicht von der Hand zu weisen, geschweige denn abzulehnen; es ist allerdings nötig, sich dieses Sachverhaltes bewußt zu sein. Hinzu kommt, daß in Einrichtungen, wie es die Klöster und in besonderer Weise die Stifte Österreichs sind, die mündlich und schriftlich weitergegebene Tradition zurück bis zu den Gründungsdaten und –fakten von Generation zu Generation lebendig und in Ehren gehalten wird. Manches mag unkontrolliert weitererzählt werden, aber die Einschulung und der Beginn der Einbeziehung eines Klosterneulings (Novizen) in die klösterliche Gemeinschaft und zwar in jene, die an einem bestimmten Ort und ein bestimmtes Haus gebunden ist, beginnt mit der Geschichte und somit mit der Gründung des eigenen Klosters. Wie immer der Noviziatsunterricht – wir hatten täglich ein oder zwei Stunden Ordensgeschichte, Regelinterpretation und Väterlesung – im einzelnen gestaltet sein mag, Anfang, Gründer und Gründungszweck bilden die Motivationen für den Verbleib in einer bestimmten Gemeinschaft, die unter ganz klar zu formulierenden Gesichtspunkten ins Leben gerufen wurde und nicht unwillkürlich an irgendeinem Ort, in einer rein zufällig gewählten Gegend, Landschaft und Bevölkerung entstanden ist. Hier müssen die Überlegungen zur eigenen Vergangenheit einsetzen und werden zugleich als solche tradiert. Ist der Gründungszweck in seiner Ursprünglichkeit allerdings hinfällig geworden, dann können spätere Jahrhunderte oder vielmehr nachfolgende Bewohner und Angehörige eines Klosters einen Mythos schaffen und solcherart die Tatsachen etwas verzeichnen.

Kehren wir nochmals zu unserem Beispiel der Stiftungssage von Kremsmünster zurück! So einleuchtend, so erbaulich die Erzählung von dem Jagdunfall des

Herzogssohnes Gunther klingt, den ein Eber anfiel und dessen Tod sein treuer Hund meldete – beide, Keiler und Hund, liegen deshalb zu Füßen des Gunthergrabmales in Kremsmünster –, so dürfte diese Gunthersage den jungen Novizen doch verhältnismäßig spät als Erklärung für die Klosterstiftung an der Krems gegeben worden sein. Die alljährliche Dankesfeier am Stiftertag, dem 11. Dezember, genügte daher, um für das Seelenheil des längst verewigten Stifters und seiner Familie in geziemender Form zu bitten. Daß am Stiftertag die Kirchenbesucher – die einfachen, frommen Seelen aus dem Ort und der Umgebung – für ihren Kirchenbesuch und wohl auch für ihr Gebet mit einer Fleischspeise bedacht wurden, mochte im Volk das ehrende Gedenken aber auch die Tragik des Stiftungsanlasses nur noch erhöhen. Ähnliche Gaben für den Besuch des Stifterrequiems, wenn auch in einfacherer Form, werden übrigens noch heute – im Gegensatz zu Kremsmünster, wo man die Wohltätigkeit zum Stiftertag schon seit der Josephinischen Zeit eingestellt hat – in Scheyern als „Hazigawecken" (eine Semmel) verabreicht.

Der Jagdunfall des Tassilosohnes Gunther, welchen genau einzuordnen den Gelehrten meines Wissens noch immer einige Schwierigkeiten bereitet, mag vielleicht ein gewisses auslösendes Moment für die Gründung von Kremsmünster an einem ganz bestimmten Platz im Osten des damaligen bayerischen Herzogtums gewesen sein. Doch selbst wenn wir diese Version beibehalten, kann sie keine ausreichende Erklärung dafür sein, weshalb Tassilo III. die Stiftung von Kremsmünster mit solchem Aufwand vornahm. Zur Einweihung der dem göttlichen Erlöser gewidmeten Abtei, am 9. November 777, waren die Bischöfe Virgil von Salzburg, Waltrich von Passau, Sindpercht von Regensburg und fünf Äbte, darunter jene aus Mondsee und aus Niederaltaich, zugegen. Wir wollen dabei nicht unberücksichtigt lassen, daß damals eine solche Anzahl hoher geistlicher Würdenträger in Anbetracht der Entfernungen mehr zählte als in unseren Tagen. Eine weitere Tatsache sticht hervor: Der Bayernherzog setzte in seinem Eigenkloster seinen Kaplan Fater aus dem angesehenen Geschlecht der Preisinger zum ersten Abt ein. In der Person dieses vom Hofkaplan zum Abt avancierten Fater erblickte unser schon genannter Kremsmünsterer Haushistoriker Bernardus Noricus einen Überbringer der monastischen Tradition und ihrer Einrichtungen aus dem Kloster Niederaltaich, was sich auf Grund der Forschungen des Haushistorikers von Kremsmünster, Willibrord Neumüller, nicht mehr vertreten läßt. Ein genauer Vergleich nämlich zwischen dem ältesten Buch der Tassilostiftung, dem berühmten „Codex Millena-

rius", einem Evangeliar, dessen Entstehungszeit um das Jahr 800 angesetzt wird, und zwischen den erhaltenen Handschriften aus der damals bereits sehr bedeutenden Schreibstube von Mondsee ergibt so viele Gleichklänge, daß man heute überzeugt ist, die ersten Mönche für Kremsmünster kamen nicht aus Niederaltaich, wie eben Bernardus Noricus vermutete, sondern aus dem näher gelegenen Mondsee.

Es sei übrigens erlaubt, an dieser Stelle zu vermerken, daß man am gebotenen Beispiel demonstrieren kann, wie sehr oft „spitzfindig" scheinende, vielleicht sogar als belanglos, nebensächlich und kleinlich empfundene und wirkende Einzelfakten unser Wissen um geschichtliche Zusammenhänge bereichern können. Nicht selten ist die Philologie und zwar in ihrer exakten, meinetwegen kleinkrämerischen Akribie die verläßlichste Dienerin und Informantin für die Geschichtsschreibung, vor allem dann, wenn es gilt, zwar einleuchtende, aber nicht minder verdächtige Darstellungen aus einer Zeit zu prüfen, deren Geschichtsbewußtsein und -darstellung sich von der gegenwärtigen Historiographie grundlegend unterscheidet. Das Rüstzeug für ein solches Unternehmen wurde und wird noch in den Klosterschulen, meist auf vorbildliche Weise, den Schülern mit auf den Weg gegeben. Hatte man während der harten Lehrjahre wenig Freude an trockener Grammatik und scheinbar sinnloser Paukerei gefunden, so denkt man spätestens beim Studium der Quellen und Belege unserer Vergangenheit dankbar an Lateinschule und -lehrer zurück.

Im Codex Millenarius jedenfalls führen geringfügige Varianten in der lateinischen Textgestaltung und in der Schreibweise einerseits nach Mondsee, anderseits darüber hinaus auch in den italienischen Raum. Damit sind wir bei jener Urschicht angelangt, die vielfach überlagert, aber im wesentlichen die wahren Ziele, die Tassilo III. zur Stiftung des Klosters an der Krems veranlaßten, enthalten dürfte. Der Herzog war – wie schon andere Mitglieder seiner Familie vor ihm – mit einer Langobardentochter, Liutpirg, verheiratet, womit also die Ausrichtung nach dem Süden sowohl durch familiäre Bande wie auch durch religiöse Verbindungen, die in der Zugehörigkeit dieses Distrikts und des Salzburger Landes zum Patriarchat von Aquileja bestanden, gegeben war. Den Bayernherzog und sein Geschlecht zeichnete ein gewisses Streben nach Unabhängigkeit und Selbständigkeit vor allem gegenüber der immer stärker werdenden Vorherrschaft der Merowinger bzw. der Karolinger im Westen des bayerischen Landes aus. Um einer Abhängigkeit und wohl auch dem zunehmenden Druck aus dem Westen auszuweichen, aber auch um frei zu sein von der Wankelmütigkeit der eigenen Adeligen, die sich in den westlichen Gebieten des bayerischen Herzogtums bereits dem Stärkeren und Mächtigeren zuwandten, dürfte Tassilo III. sein Heil im Osten gesucht haben; dies um so mehr nach seinem Sieg im Jahre 772 in Kärnten. Um seine Position entsprechend ausbauen zu können, war es wichtig, sichere Stützpunkte zu haben. Man wird daher nicht fehlgehen, wenn man alle Vorzüge, die Tassilo III. seiner Stiftung Kremsmünster angedeihen ließ, auf diesem historischen Hintergrund betrachtet. Eine ungewöhnlich reiche Güterausstattung und andere Zuwendungen bildeten die Grundlage für ein Kloster, mit dem der Stifter sicherlich mehr geplant hatte, als nur das Andenken an seinen verunglückten Sohn wachzuhalten. Sollte eines der Gründungsziele auch die Slawenmission gewesen sein, dann läßt sich nicht verbergen, daß Mission in einem weitreichenden Sinne verstanden wurde. Doch darf auch letztlich das Bestreben nach Sicherung der eigenen Einflußsphäre „im karolingerfernen Osten" (Friedrich Prinz) nicht unterschätzt werden. Wenn Tassilo III. schließlich seinen Hochzeitskelch, den berühmten Tassilokelch, der Klostergemeinschaft an der Krems übergab, zu dem vermutlich nach seiner Unterwerfung noch sein Zepter hinzukam, von dem man annimmt, daß es in die sogenannten Tassiloleuchter eingearbeitet ist – diese Gegenstände werden alle ihre Geheimnisse, die als Symbole mehr aussagen denn als historische Beweisstücke, nie mehr preisgeben, zum Glück! –, dann steht doch außer Zweifel, daß dieses Kloster mehr bedeutet als nur eine schlichte Stiftung für das Seelenheil des verunglückten Herzogssohnes Gunther. Mir scheint fast, als hätte es eine bestimmte Zeit gegeben, die Jagdunfälle hochgestellter Persönlichkeiten, wie es etwa in Rottenbuch die Welfen oder in Klosterneuburg die Babenberger waren, gerne zum Anlaß für eine Klostergründung nahm. Oder sollten dadurch zuweilen die eigentlichen Absichten und wahren Hintergründe verdeckt werden? In Kremsmünster zumindest ist die Gründungssage, an die uns das Gunthergrab erinnert, zu vordergründig, zu sagenhaft, um nicht den Verdacht zu erwecken und zu schüren, man habe entweder in späteren Zeiten die Zusammenhänge und historischen Begebenheiten nicht mehr gekannt und deshalb eine Ausschmückung eines Teilbereiches der Gründungsüberlieferung vorgenommen, oder man habe bewußt die Tatsachen durch eine Erzählung überdeckt, damit solcherart die Zugehörigkeit zu einem Herrscherhaus, dessen Andenken im herannahenden Heiligen Römischen Reich Deutscher Nation unter dem „christianissimus imperator" Karl dem Großen ausgelöscht wurde, in den Untergrund versenkt würde. Für letztere Überlegung könnte es in Kremsmünster eine plausible Erklärung geben: Drei Jahre nach der Einverleibung des Herzogtums Bayern in das Frankenreich bestätigt Karl der Große 791 den Fortbestand und Besitz des von Tassilo gestifteten Klosters, während der Stifter selbst in einem unbekannten fränkischen Kloster in Haft gehalten wurde, um dann 794 in einem „makabren Schauprozeß" (Willibrord Neumüller) abgeurteilt zu werden. Es war also nicht mehr opportun, die wahren Gründungsabsichten des in Ungnade gefallenen Tassilo dem neuen Machthaber, von dem man ebenfalls bereits Gunsterweise empfangen hatte, weiterhin aufzutischen und damit in der Öffentlichkeit allzu nachhaltig die wahren Begebenheiten wachzuhalten. Wenn also heute wieder Tassilos Hochzeitskelch beim Stifterrequiem verwendet wird, wenn die Buben die Tassiloleuchter zum Altar tragen, dann werden in Kremsmünster verehrungswürdige Gegenstände als Symbole europäischer Geschichte in die Gegenwart göttlicher Barmherzigkeit einbezogen und sollten nicht nur an die Stifter, sondern auch an ein Kapitel unserer Vergangenheit gemahnen, das Europa verändert und Weichen bis in unsere Tage gestellt hat. Es ist erfreulich, daß die Mönche von Kremsmünster sich dieser Verpflichtung stets aufs neue stellen und auch im Jubiläumsjahr 1977 versuchten, aus Auftrag und Sendung einer Stifung ihre Aufgabe für die Jetztzeit neu abzuleiten und eine Neugründung in Brasilien vornahmen.

Und damit stehe ich wieder bei meiner Frage nach dem Verbindungsstrom zum alten Mönchtum, der anscheinend nur über Umwege, es mag sogar der Eindruck entstehen, über manche Abwege, dorthin führt, wo die reinen Wasser einer Idee fließen, die auch im Jahre 777

**Kremsmünster:** *Benediktiner-Stift. Codex Millenarius mit der Darstellung eines Stiers, Evangelienhandschrift, um 800.*

schon älter als 500 Jahre war und die – wie das Beispiel Kremsmünster nachhaltig zeigt – schon weit von ihrem eigentlichen Ursprung entfernt gewesen sein dürfte, wollte man ihre Reinheit am einfachen Gottsucher messen. Ob Veränderungen, Anpassungen oder tiefgreifende Umgestaltungen mit der Idee des Mönchtums vereinbar sind, ist eine berechtigte Frage, die aber nur vom Ausgangspunkt und vom Konzept her entschieden werden kann. Kontinuität und Tradition geben jedoch keinen hinreichenden Entschuldigungsgrund ab, sich in unserer Zeit mit ihrer veränderten Aufgabenstellung jeder Verantwortlichkeit entziehen zu wollen. Wenn wir ursprünglich der Tradition eine gewisse Bedeutung zuerkannten, dann freilich nicht in einer statistischen, in Einzelfällen geradezu verkrampften Form des Beharrens und des Festhaltens,

*Links:* ***Kremsmünster:*** *Benediktiner-Stift. Tassiloleuchter.*
*Gegenüber:* ***Kremsmünster.*** *Tassilokelch, um 770. Das Stift wurde in der zweiten Hälfte des 17. Jh. barock umgebaut. Im 18. Jh. entstand u.a. die Sternwarte, das älteste erhaltene Hochhaus Europas. Der Tassilokelch gehört zu den Prunkstücken der reichen Sammlungen .*

sondern in ihrer fundierten Weiterbildung, die, wenn auch auf negative Weise, in einer Mystifizierung oder gar Ideologisierung zunächst vorhanden ist, aber dann zum Stillstand, zur Institutionalisierung führt. In der nicht unterbrochenen Tradition der österreichischen Stifte liegt, wie erklärt, der Ansatzpunkt zu meiner Darstellung, sind Beispiele für jegliche Höhe- und Tiefpunkte innerhalb menschlichen Zusammenlebens nachzuweisen, was weder verborgen noch überbewertet sein möge. Für die Wahrheitsfindung aber ist von unschätzbarem Wert, daß in diesen Klöstern die Zeugnisse ihrer Vergangenheit nicht auf dem Scheiterhaufen einer Staatsräson verbrannt wurden, sondern – abgesehen von Elementarereignissen und Kriegswirren – von Generation zu Generation Menschen und somit einer Stiftung und einer Idee Verpflichteten und Verhafteten weitergegeben wurden. Mönchtum – und damit ist unsere Fragestellung wieder aktualisiert – bedeutet keine abgeschlossene Idee noch etwas Festgefahrenes, es ist dynamisch und veränderbar bzw. entfaltbar wie der Mensch, wenn er sich – und das ist für den Mönch allerdings die Voraussetzung – einem göttlichen Eingreifen öffnet und ihm Platz gibt.

Eine so hervorragende Persönlichkeit wie der Mönchsvater Benedictus (gestorben 547 in Montecassino) hat zwar mit seiner Regel den nachfolgenden Generationen von Mönchen, Herrschern und kirchlichen Würdenträgern ein Instrument in die Hand gegeben, das es ermöglichte, im Lauf der Jahrhunderte die Benediktiner zu jener Institution zu entwickeln, die heute mit dem Benediktiner-„orden" gleichzusetzen ist, doch sollten uns dabei zwei Momente besonders zu denken geben:

1. Benedikt selbst steht bereits am Ende oder am Kulminationspunkt einer jahrhundertealten monastischen Entwicklungsgeschichte.
2. Seine Regel, in sich selbst von anderen Quellen und Mönchsvätern abhängig, mag zwar die Voraussetzungen für eine Entfaltung geboten haben und bieten. Der mehr ins Juristische und in die Richtung auf Orden im Sinne von Organisation, Zentralstellen und übergeordneten Verwaltungseinheiten gehende Überbau aber stammt nicht von ihm, sondern setzt zu jenem Zeitpunkt ein, als die fränkischen Erneuerer der römischen Reichsidee die Klöster als wichtigen Faktor zur Durchsetzung und Stabilisierung ihrer Machtentfaltung, die gewiß mit recht positiven Aspekten verbunden war, vor allem im christlichen und noch nicht christlichen Volk entdeckten. Wo im Detail die Anknüpfungspunkte für Karl den Großen und seine Nachfolger liegen, wird später zu beleuchten sein, hier aber mag festgehalten sein: Zwischen einer feierlichen Klostergründung, wie sie uns für Kremsmünster überliefert ist – um nochmals unser Beispiel als eines unter vielen herauszugreifen – und dem alten Mönchtum, das mit St. Benedikt einen sicherlich krönenden Abschluß fand, liegen Unterschiede, die nicht nur mit dem zeitlichen Abstand verglichen und erklärt werden können, sondern als echte Weiterentwicklung, wenn nicht als ein kräftiges Umfunktionieren der ursprünglichen Mönchsidee, auch im Sinne St. Benedikts, verstanden werden müssen.

# III.

# Die Mönchsväter

Wollen wir der Reihe nach wenigstens die Bezugs- und Ansatzpunkte aufzeigen, dann müssen wir für das christliche und abendländische Mönchtum mit dem Neuen Testament beginnen. Dort liegen die Aussagen für eine doch recht radikale Abkehr von der Welt, die nicht im Sinne der Weltverachtung, sondern als Nachfolge des Herrn zu verstehen ist, und die nach dem Tag der Himmelfahrt auf das Wiederkommen und die endgültige Errichtung des Reiches Gottes ausgerichtet ist. Auf die kommende Herrlichkeit also, die „Eschata“, wobei die „letzten Dinge“ nicht in erster Linie die Verurteilung Himmel oder Hölle besagen –, sondern als glänzendes und faszinierendes Ziel fast greifbar vor den Augen der beinahe ungestüm wartenden Gläubigen stehen, die auf dieses Ziel hinleben. Wie anders wäre der Gruß „Maranatha“ der christlichen Gemeinde zu verstehen, der aus der Parusie, dem endzeitlichen Kommen des Herrn interpretiert soviel heißt wie „Unser Herr, komm“? Die im Hinblick auf die Nachfolge des Herrn, in späterer Zeit in der Erwartung des wiederkommenden Herrn Jesus gerechtfertigte Abkehr von der Welt, der Verzicht auf eheliche Gemeinschaft und die Güter dieser Welt sind also die Wurzeln und geistig religiösen Bezugspunkte für jene, die unter solchen Voraussetzungen in die Wüste gingen oder auch – wie etwa die „gottgeweihten Frauen – innerhalb der christlichen Gemeinschaft ein vorbildliches Leben des Verzichtes aber zugleich des Dienens

*Gegenüber:* ***Hl. Severin****. Severinaltar in Neapel, Meiser von San Severino, um 1470. Gemälde im Museum Capodimonte.*

*Oben:* ***Marienberg:*** *Benediktinerkloster in Südtirol. Um 1150 gegr., Fresko des Hl. Petrusin der Krypta der Klosterkirche, um 1160 .*

wagten. Es gibt viele Schriftstellen, die als Grundlage für diese Nachfolge Jesu herangezogen werden können, so etwa die Aufforderung des Herrn an den „reichen Jüngling“, der auf die Frage an Jesus, wie er zum ewigen Leben gelange, zu hören bekommt: „Willst du vollkommen sein, so geh hin, verkaufe, was du hast, und gib es den Armen, und du wirst einen Schatz im Himmel haben; dann komm und folge mir nach.“ Im Matthäusevangelium (19. Kapitel, Vers 22) heißt es darauf: „Als aber der Jüngling dieses Wort vernahm, ging er traurig davon; denn er besaß viele Güter.“ Im gleichen Kapitel (Matth. 19, 11–12) wird auch von der Ehelosigkeit gesprochen. Es geht zunächst um die Auffassung Jesu zur Möglichkeit, wie sie bei Moses gegeben war, in bestimmten Fällen seine Frau entlassen zu können. Christus setzt das Auseinandergehen und sich Wiederverheiraten mit dem Ehebruch gleich, der bei den Juden besonders hart bestraft wurde, worauf die Jünger die Meinung äußerten, es „ist dann nicht gut zu heiraten“. Die Antwort des Herrn ist: „Nicht alle fassen dieses Wort, sondern nur jene, denen es gegeben ist. Denn es gibt Ehelose, die vom Mutterleib so geboren sind, und es gibt Ehelose, die von Menschen eheunfähig gemacht wurden, und es gibt Ehelose, die um des Himmelreiches willen sich der Ehe enthalten. Wer es fassen kann, der fasse es!“

Es versteht sich, daß wir nur einige Schlüsselstellen der Schrift auswählen und wiedergeben können, in denen sich die Forderung der Nachfolge Jesu nachweisen läßt. Uns kann es in diesem Zusammenhang nur um die Ansatzpunkte für das Mönchtum und für die Jungfräulichkeit überhaupt gehen, wie sie bald in den christlichen Gemeinden zu finden sind und wie sie sich als Fundament und Zielsetzung zugleich aus dem Neuen Testament ableiten lassen. Denn die Apostel dürften, wie dem 19. Kapitel bei Matthäus zu entnehmen ist, in diesem Sinne ihre Nachfolge verstanden haben. Merkwürdig ist und nachdenklich stimmt, daß Petrus nach dem Lohn für einen solchen Verzicht fragt; man möchte eher annehmen, daß gerade die engsten Mitarbeiter vorbehaltlos und bedingungslos ihrem Meister anhingen. Bei Matthäus (Matth. 19, 27–30) heißt es: „Darauf entgegnete ihm (Jesus) Petrus: ‚Siehe, wir haben alles verlassen und sind dir nachgefolgt; was wird uns nun zuteil werden?' Jesus antwortete ihnen: ‚Wahrlich, ich sage euch: Ihr, die ihr mir nachgefolgt seid, werdet bei der Welterneuerung, wenn der Menschensohn auf dem Thron seiner Herrlichkeit sitzen wird, auch selbst auf zwölf Thronen sitzen und die zwölf Stämme Israels richten. Und jeder, der Häuser oder Brüder oder Schwestern oder Vater oder Mutter oder Frau oder Kinder oder Äcker um meines Namens willen verlassen hat, wird Hundertfältiges empfangen und ewiges Leben erben. Viele Erste aber werden Letzte sein und Letzte Erste.'"

Es mag tröstlich für uns und ein Stück weit auch eine gute Lehre sein, daß der Verzicht des Verzichts wegen mit der Aufgabe aller irdischen Güter nicht beabsichtigt war.

Schon die zwölf Apostel bildeten eine Art klösterliche Gemeinschaft, in der Terminologie unserer Jugend würde man sie vielleicht als Kommune bezeichnen: Allen war alles gemeinsam, was immer gerne aus der Bibel herausgelesen wird. Geformt, geprägt und geführt jedoch wurden die Apostel von ihrem Meister, der nicht weltliche Ziele verfolgte, sondern dessen Streben auf das Himmelreich und die jenseitige Letztvollendung der Menschen ausgerichtet war. Dabei handelt es sich nicht um eine Ideologie, ein Lehrgebäude, sondern um die Hinführung zu einer Vollendung aus göttlicher Wirkkraft.

Wenn das Wort „Meister" im biblischen Sinn verwendet wird, hat es eine umfassende Bedeutung: Meister war natürlich jeder „Lehrmeister", der Lehrer in der Antike aber war nicht nur einseitig der Wissensvermittler, der den Intellekt Schulende, sondern der Meister war in seiner ganzen Lebensführung Vorbild für seine Schüler, die ihm nachfolgten und um ihn herum geradezu eine Gemeinschaft bildeten. Hier sind also schon im außerchristlichen und außerjüdischen Bereich die Modelle und Vorlagen für die spätere mönchische Gemeinschaftsbildung im Vorzeichen der Nachfolge des höchsten Meisters gegeben. Bei den Juden wäre noch die Mönchsgemeinschaft der Essener zu erwähnen, deren Hinterlassenschaft – wenigstens für eine ihrer Kommunitäten – in den berühmten Qumranfunden zutage gefördert wurde.

Halten wir also fest: Die Wurzeln für das Mönchtum liegen weit gestreut und gehen mit vielen Verzweigungen auch in den außerchristlichen Bereich. Sie erhalten aber ihren Lebenssaft aus dem Glauben an den menschgewordenen Sohn Gottes, der seinen Freunden der eigentliche Meister ist, der die Abkehr oder Umkehr von der Welt predigt und vorlebt und die Wertmaßstäbe dieser Welt geradezu auf den Kopf stellt, was zu einer anderen Wertung der irdischen Güter führt und die Voraussetzung schafft für die vielfältigen Formen der Askese, wie sie dann bei den Mönchen ausgebildet werden. Die Abkehr von der Welt ist folglich keine Weltverachtung, geschweige denn eine Selbstkasteiung aus zweitrangigen Motiven, sondern erhält allein aus der Nachfolge des Herrn und der Ausrichtung auf die Endzeit ihre geistige und religiöse Begründung. Aus dieser Sicht und in Anbetracht dieses Zieles wird die Relativierung vergänglicher Güter gerechtfertigt, ebenso wie die Askese, die als Leben des freiwilligen Verzichtes in den vielfältigsten Formen beim alten Mönchtum und in bestimmteren Formen in der späteren und heutigen Zeit aus dem Bewußtsein der eigenen Sündhaftigkeit und im Bußgedanken eine weitere Grundlegung und Sinndeutung bezieht.

Hier sollte doch ein Wort des Apostels und Theologen Paulus angeführt werden, das, obwohl in einem anderen Zusammenhang gesagt, ebenfalls zur geistigen Grundlage jener wurde, die sich abwandten von ihrer Umwelt, ja sogar von der kirchlichen Gemeinde, um ganz frei zu werden: „Für die Freiheit hat Christus uns befreit; steht also fest, und laßt euch nicht wieder unter das Joch einer Knechtschaft bringen!" Wenn Paulus in dieser Aufforderung, die er an die Galater richtet (Gal.

5,1), auch die Auseinandersetzung zwischen Judentum und christlicher Lehre, vor allem was die Beschneidung anbelangt, im Auge hat, so dürfte das noch keineswegs einseitig aufgefaßt werden. Ein weiteres Wort aus demselben Kapitel könnte geradezu als Leitmotiv für die Entwicklung bis zu den eigentlichen Einrichtungen späterer Jahrhunderte ausgewählt werden: „Ja, ihr seid zur Freiheit ausgerufen, Brüder; nur laßt die Freiheit nicht zum Anreiz werden für das Fleisch, sondern dient einander in Liebe!" (Gal. 5, 13)

Stellt man diese Worte des Feuergeistes Paulus einfach in den Raum, wäre es nicht verwunderlich, wenn eine Mißdeutung die Verbindung zum heutigen Hippietum herstellte. Die Freiheit, das Freiwerden von den irdischen Gelüsten und Sehnsüchten, die Beherrschtheit und Beherrschung seiner eigenen Person, und in ihrer positiven Ausformung das Freisein für einen höheren, jenseitig orientierten Inhalt stand aber sicherlich Pate bei jener Bewegung, die in den ersten Jahrhunderten einsetzte und zunächst nicht etwa zu klostermäßigen, ja nicht einmal zu klosterähnlichen Einrichtungen führte, sondern Einzelpersönlichkeiten jenen Idealen zuführte, die, wie in der Schrift verankert, für eine spätere Ausformung des Monastischen geeignet waren. Dabei erhalten solche Erscheinungen in der Gesellschaft der ersten christlichen Gemeinde durchaus eine Verstärkung durch ähnliche, zu damaliger Zeit von den Philosophen vorgebrachten Lehren, die zur erlösenden Erkenntnis führen sollten, meist aber einem unausgewogenen Verhältnis zwischen Geist und Materie entsprangen. Eine gewisse Beeinflussung durch solche Ideen ist nicht ganz von der Hand zu weisen, und der verstärkte Hang zum Asketentum, der manchmal zum Asketizismus führte und sogar Gefahr lief, zum asketischen Wildwuchs auszuarten, mußte in christlicher Schau durch die Orientierung auf den Nächsten auf eine ausgeglichenere Beziehung zwischen eigenem Seelenheil, Erlösungsglaube mit Zielrichtung Eschatologie und zwischen Weltflucht und Verachtung, nicht zuletzt auch Körperverachtung (Materie) nivelliert werden.

So könnte man die Wanderapostel, wie sie uns in der Didache (= Zwölfapostellehre, älteste erhaltene christliche Kirchenordnung aus der 1. Hälfte des 2. Jahrhunderts) begegnen, in ihrer ersten Zeit vielleicht als Missionare bezeichnen, dem Christen wiederum, der sich als Pneumatiker, als Geistbegabter verstand, wurde von Origines (gestorben 258) seine Aufgabe und sein Platz im Dienste der Gemeinde angewiesen. Mit voranschreitender Etablierung der christlichen Gemeinde wird der Asket mehr zur Isolation und damit auch zur Loslösung von der christlichen Gemeinde gedrängt. So bilden sich immer deutlicher der „monos", der Einsiedler, und der „monachos", der Mönch aus, jene also, die sich absonderten. Aus dieser Zeit sind uns viele Wüstenväter bekannt, die in der Einsamkeit die Ideale der Vollkommenheit zu verwirklichen versuchten; es sind aber immer noch einzeln Lebende, Einsiedler, wahre „Monachoi". Was sie bei der Verfolgung ihrer Ideale erlitten haben, wie sehr sie fern einer verführerischen Umgebung und Nachbarschaft, abseits vom sündhaften Treiben einer dekadenten antiken Welt um die Reinheit ihrer Ziele rangen, ist uns in etlichen Berichten überliefert und sollte nicht einmal als Märchen belächelt werden. Der Maler Matthias Grünewald hat versucht, uns eine Vision dessen zu vermitteln, was der Einsiedler Antonius (gestorben 356), der als Großer in die Geschichte des Mönchtums eingehen sollte, in der Einsamkeit der Wüste an Versuchungen und inneren Auseinandersetzungen durchzustehen hatte. Antonius war einer jener Mönche, die in die Wüste zogen, um dort zwischen Himmel und Hölle sozusagen bestehen zu können. Die Anachorese, der Auszug aus der menschlichen Gesellschaft in die Einsamkeit abgelegener Orte, nahm natürlich verschiedene Formen an und kannte auch mehrere große Zentren. Oft erwähnt sind die ägyptischen Mönchssiedlungen, weniger bekannt ist das Mönchtum im syrischen Raum, das ebenfalls nicht ohne Einfluß auf das spätere Mönchtum blieb. Als Beispiel für die Säulensteher wird gerne Symeon der Ältere (in der Zeit von 390 bis 439) angeführt, der mehr als dreißig Jahre auf einer neun Meter hohen Säule ununterbrochen stand. Pesönlichkeiten wie Hieronymus stehen in unserem Blickpunkt, St. Benedikt nennt Basilius den Großen (gest. 379) „unseren Vater" im Schlußkapitel seiner Regel. St. Martin ist im gallischen Raum durch seine Klöster bekannt. Vom Ägypter Pachomius (gestorben 346) wissen wir weniger, obwohl auf ihn die zönobitische Form des Mönchtums zurückgeht, nämlich das Leben der Mönche in einer Gemeinschaft und die Verwirklichung aller Ideale in einer Art Kloster, wie wir es heute nennen würden. Pachomius gründet seine erste Mönchsgemeinschaft in der Thebais, gibt den Mönchen eine einheitliche Lebensweise und unterstellt alles der ordnenden Hand eines Klosteroberen. Das Leben in der Gemeinschaft ist danach bereits ein Teil der Askese, die Unterordnung unter eine Autorität gleichzeitig die Gewähr, ein Leben im Sinne der Schrift verwirklichen zu können.

Zu all diesen Namen hervorragender Mönchspersönlichkeiten könnten viele andere hinzugefügt werden, was allerdings diesem Rahmen nicht möglich ist. Es genügt uns, damit angedeutet zu haben, daß der Weg von den ersten Ansätzen mönchischen Lebens bis zur bereits sehr entwickelten und geordneten Form, wie sie uns in der Regel Benedikts schriftlich überliefert wird, ein langwieriger und recht bunter gewesen ist. Eines jedoch sollten wir nicht übersehen: Am Anfang dieser Entwicklung steht der Einsiedler, steht der Mönch, der sich absondert, der sich vielleicht einem Altmönch in einem Einsiedlerverband anschließt. Am Anfang steht folglich nicht eine Einrichtung, noch weniger eine Organisation, geschweige denn eine kirchliche Ordnung, sondern am Anfang sind es gewisse Menschen, die als Individuen eine Letztvollendung im Geiste der Schrift, aber nicht weniger im Wehen des Heiligen Geistes erreichen wollen und anstreben. Am Anfang steht also die Motivation, das Vorbild, die Persönlichkeit und nicht die Institution. Je mehr allerdings Gruppen und Gemeinschaften entstanden, die das Heil zu verwirklichen suchten, um so mehr kristallisierte sich der Führer solcher Kommunitäten heraus. Um es genauer zu formulieren, muß man umgekehrt beginnen: Gemeinschaften bildeten sich dort, wo ein vorbildlicher Führer, ein erfahrener, in der Einsamkeit erprobter Wüstenvater durch sein Beispiel Jünger anzog, die in seiner Schule die Vollkommenheit anstrebten. Hier ist es nochmals der Meister, der im Mittelpunkt der weiteren Entwicklung und Entfaltung dessen steht, was, immer noch in der Nähe des alles wärmenden und bewegenden, einem Golfstrom vergleichbaren Urchristentums befindlich, die freie Gestaltung des mönchischen Lebens oder, anders besehen, der ganzheitlichen Nachfolge des Herrn ermöglichte. Wie vielfältig und zugleich wie zahlreich die Frühformen des christlichen Mönchtums waren, die damals nebeneinander bestanden, wird uns in einem Bericht überliefert, der als „Historia Monachorum", als „Geschichte der Mönche" bekannt geworden ist und dem Kirchenschriftsteller Rufinus (geboren 345 in Concordia bei Aquileja, gestorben in Messina 410/11) zugeschrieben wurde. Rufinus schloß sich in Aquileja einer asketischen Gruppe an, reiste 372 nach Alexandrien und besuchte von da aus die Wüstenväter in Oberägypten und in Palästina. Seit 380 war er selbst Leiter eines Klosters auf dem Ölberg in Jerusalem und stand als solcher in freundschaftlichen Beziehungen zu Hieronymus, der seit 386 als Mönch in Bethlehem lebte. Rufinus machte sich vor allem als Übersetzer einen Namen, ist aber auch Verfasser eigener Werke. Bei dem als „Historia Monachorum" bezeichneten Reisebericht zu den verschiedenen Mönchssiedlungen in der Wüste von Ägypten wird die Verfasserschaft des Rufinus in Zweifel gezogen, seitdem ein deutscher Gelehrter Ende des 19. Jahrhunderts für die lateinische Textüberlieferung eine wahrscheinlich noch ältere griechische entdeckte. Mit philologischer Genauigkeit wurden in den letzten Jahrzehnten beide Textüberlieferungen verglichen, wobei man feststellte, daß sie sich sehr ähnlich sind, aber doch merkliche Unterschiede bestehen, so daß die Lösung nur darin zu suchen ist, daß man eine gemeinsame, demnach dritte Textform annimmt, die wir bis jetzt nicht kennen, die aber aller Wahrscheinlichkeit nach aus dem syrischen Mönchtum stammen dürfte. Ich erwähne diese Textgeschichte deswegen, um einerseits noch einmal die Wichtigkeit der sauberen Textüberlieferung und -gestaltung zu betonen und um anderseits an Hand dieser rein textlichen Abhängigkeit den allgemeinen Zusammenhang innerhalb der Mönchsgeschichte zu dokumentieren. Interessant ist aber auch der Inhalt dieser als Reisebericht wertvollen Erzählungen, wenngleich sie sicherlich der Zeit angemessene Ausschmückungen enthalten: Wie es in der Einleitung unter anderem heißt, unternahmen sieben Mönche aus Jerusalem eine Reise in das Mönchsland am Nil, um aus dem Beispiel der Mönche dort zu lernen und es nachahmen zu können. Diese Bemerkung mag wohl unter anderem Anlaß dazu gewesen sein, daß man Rufinus, der einige Zeit in Jerusalem lebte, als Verfasser annahm. Wie immer die Verfasserfrage geklärt werden wird, aus dem Inhalt dieser „Mönchgeschichten" erfahren wir nicht nur die vielfältigen Formen der Abgeschiedenheit einzelner Mönche, sondern hören auch von großen Gemeinschaften, die man geradezu als Mönchskolonien bezeichnen könnte. Während manche Mönchsväter in Höhlen völlig abgeschnitten von der Umwelt lebten und sich, ohne ein Wort zu sprechen, nur durch eine schmale Öffnung zeigten, wurden die sieben reisenden Mönche in anderen Gemeinschaften freundlich aufgenommen und bewirtet und konnten mit ihren „Kollegen" ins Gespräch kommen. Von Bedeutung für uns ist die besondere Stellung jenes Mannes, den wir heute als Oberen eines Klosters bezeichnen würden und der in der „Historia Monachorum" als „pater" bzw. „pater spiritualis", „Vater" und zwar als „geistiger Vater", als eine Art Seelenführer dargestellt wird. Der Mönchsvater, der geistige Führer ist die Grundlage und Voraussetzung für jede mönchische Gemeinschaft. Er wird über die „heiligen Männer" und jene Brüder gestellt, die „Propheten" genannt werden. Der „pater" ist der Vater einer, besser noch seiner Mönchsgemeinschaft, er trägt die Verantwortung für das Seelenheil seiner Brüder, die die Priesterweihe empfangen haben, wobei festzustellen ist, daß der zum Priester geweihte Mönch durchaus die Ausnahme war. Angezogen von einer solchen Führerpersönlichkeit, deren Qualitäten natürlich im Geistig-Geistlichen lagen, kamen Schüler, die sich bewußt in die Abhängigkeit eines solchen Meisters begaben. Im Schutze einer solchen geistigen Vaterschaft erhielten die Schüler sowohl das zum täglichen Lebensunterhalt Notwendige, als auch das „Rüstzeug" für das Ringen um die Vollkommenheit. Nach einer gewissen Zeit der Einschulung und der Erprobung konnte sich der Mönch in der näheren oder weiteren Umgebung eines solchen Klosters ansiedeln und kam an den Sonntagen zum gemeinsamen Gottesdienst, oder aber er verblieb unmittelbar in der dem geistigen Vater unterstellten Gemeinschaft. Die Behausungen waren einfach, für unsere Verhältnisse geradezu primitiv. Meist genügte eine Hütte, die aus Hölzern und Blättern zusammengefügt war. Ebenso bescheiden waren Kleidung und Speisen. Die Mönche lebten von ihrer Hände Arbeit und wurden darüber hinaus vom Mönchsvater angehalten, vom Ertrag ihrer Arbeit an die Armen weiterzugeben. So erfahren wir aus einer der Erzählungen der „Historia Monachorum", daß die Mönche große Felder bestellten und den Ertrag der Ernte an die Armen verteilten, womit manchmal bis zu 5000 Menschen eine Linderung ihrer Not erfuhren. Solche und ähnliche Beispiele beweisen uns neuerdings: Die Mönche kämpften unter Anleitung eines geistig-geistlichen Führers, eines „pater spiritualis", um ihre eigene Vollkommenheit, waren aber nicht in einem egoistischen Sinn auf sich selbst konzentriert, sondern erreichten im Dienste am Nächsten, der im „Mitbruder", aber noch mehr im notleidenden Mitmenschen gesehen wurde, die Krönung ihres Strebens nach Vollendung. Dieser Reisebericht aus dem 4. Jahrhundert zu den Mönchsvätern und den Mönchen vermittelt uns ein lebendiges Bild des Ringens vieler Menschen nach Vollendung im Lichte des Neuen Testamentes. In dieser Zeit wurde die klösterliche Gemeinschaft von einem geistigen Vater begründet, genährt und geleitet, und die Brüder lebten zwar in der Abgeschlossenheit eines klosterähnlichen Bezirkes, manche sogar in der Einsamkeit als Eremiten, aber diese Zurückgezogenheit bedeutete immer zugleich eine Bezogenheit auf den Nächsten, den Mitmenschen, in einer umfangreichen, eigentlich recht praktischen Hilfeleistung. Dies sollte man berücksichtigen, wenn man die weiterentwickelten Formen des Mönchtums betrachtet, auch in den bereits ausgeprägteren und zum Teil heute noch gültigen Texten, wie den verschiedenen schriftlich festgelegten Klosterregeln. An etwas anderes muß nochmals erinnert werden: Die mönchische Bewegung war eine breit gestreute und langanhaltende und beeinflußte nicht nur das Leben der Kirche, sondern war vermutlich auch aus dem Alltag nicht wegzudenken, wie wir verschiedenen Bemerkungen entnehmen werden, die St. Benedikt am Anfang seiner Regel macht.

Bevor wir uns allerdings der Regel St. Benedikts, ihrer Bedeutung und weiteren Ausbildung zuwenden, möge eine Persönlichkeit des alten Mönchtums in unser Blickfeld gerückt werden, die nur auf diesem Hintergrund verständlich wird und an der sich zugleich beweisen läßt, daß auch in unserem Raum, dem heutigen Österreich, das Mönchtum bereits zur Zeit der Römer eine gewisse Rolle gespielt hat: der heilige Severin.

Über Leben und Wirken des als „Apostel von Noricum" bezeichneten Heiligen erhalten wir Auskunft durch die 511 von Eugippius verfaßte „Vita Severini", in welcher uns, wie schon bei Rupert, eine zwar wertvolle, aber doch ausgeschmückte, unter einem besonderen Gesichtspunkt geschriebene Darstellung seines Lebens erhalten geblieben ist. In dieser „Vita" stellt Eugippius, der Schüler des Heiligen, in erster Linie Leben und Wirken Severins im Zeichen der Heiligkeit dar, informiert aber gleichzeitig über kirchliche und weltliche Zustände in jenem Gebiet, das damals noch die römische Provinz Noricum ausmachte, heute einen Großteil des österreichischen Bundesgebietes umfaßt – von Tirol bis Wien, mit Kärnten, Salzburg, der Steiermark und jenen Teilen Ober- und Niederösterreichs, die südlich der Donau bzw. westlich des Wienerwaldes liegen. Ohne auf Details einzugehen, sei doch festgehalten, daß gerade durch die neuesten Forschungen fast alle nur zufällig und nebensächlich gemachten Angaben in diesem für die allgemeine Geschichtsschreibung so wichtigen Werk bestätigt wurden. Wenn man sich nämlich der Zielsetzung des Schreibers bewußt ist, die darin besteht, St. Severin als Heiligen zu glorifizieren, dann wird man zwar jene Stellen, die die Heiligkeit St. Severins bekräftigen wollen, sehr behutsam untersuchen, wird aber gerade jene Mitteilungen, in denen es nicht um eine zielorientierte Ausschmückung geht, als nahezu selbstverständliche Informationsquelle betrachten und auswerten. Eugippius beschreibt im ersten Kapitel seines Buches den heiligen Severin als einen „Diener Gottes, der aus dem Osten“ zuwanderte, fürs erste in einer kleinen Stadt, dem heutigen Klosterneuburg, Wohnung nahm und dort nach der Lehre der Apostel und des Evangeliums einige Zeit verlebte. Übergehen wir alle Wunderberichte, die zum Bild eines Heiligen gehören und die wir grundsätzlich nicht ablehnen, jedoch absichtlich für unsere Darstellung unberücksichtigt lassen wollen, dann ist von Interesse, daß Severin überall als der Gottesmann oder hilfreiche und ebenso demütige, aber zugleich geisterfüllte und heiligmäßige Mann geschildert wird.

Als solcher wird er eingeführt, ohne daß ein näherer Bezug auf seine Abstammung, Ausbildung und Tätigkeit vor dem Erscheinen in jener römischen Provinz genommen würde, deren Bewohnern er hilfreich mit Rat und Tat zur Seite stand in einer Zeit, da der Abzug der Römer unmittelbar bevorstand. Severin verhandelt mit den Mächtigen des Landes und den benachbarten Rugiern; er genießt ein besonderes Ansehen, und man kann mit Berechtigung fragen, wie dies innerhalb so kurzer Zeit möglich wurde. Die Feststellung, er sei aus östlichen Gegenden gekommen, könnte, so wird vermutet, auf eine Ausbildung bei den Mönchen und Einsiedlern entweder in Syrien oder im Mönchsland am Nil, insbesondere in der Thebais, dem Hauptsiedlungsgebiet der Eremiten und Mönchsväter um Theben, hinweisen. Das wäre zugleich eine Erklärung für sein Auftreten als „doctor piissimus“ und als „doctor humilis“, als frommer und demütiger Gelehrter, womit freilich nicht die gewandte und geschliffene Gelehrsamkeit angesprochen wird, sondern die Weisheit des Gottesmannes, des „Pneumatikers“, des Geistbegabten im Sinne des vom Geist Gottes Erfaßten gemeint ist. Schon aus diesem Vokabular läßt sich ableiten, daß Severin und sein Schüler und Nachfolger als Vorsteher einer Mönchsgemeinschaft durchaus die Tradition jenes Mönchtums fortsetzen, das wir bis jetzt skizziert haben. Es ist also nicht allein der Hinweis auf die Ankunft des Heiligen aus dem Osten, sondern die gesamte Darstellung des Eugippius, sowohl im Wortschatz wie auch im Inhalt, die Severin und seine Mönche in jenen großen Überlieferungsstrom des frühen Mönchtums einreiht, das im Mönchsvater nicht so sehr den Führer auf Grund der ihm übertragenen und zugesprochenen Rechte und Pflichten erblickt, als vielmehr seine Vorrangstellung von seiner charismatischen Begabung, seiner von Gott kommenden Berufung und seiner Ertüchtigung und Bewährung in der Einsamkeit ableitet. Dabei war es gleichgültig, aus welcher Familie einer abstammte und welche Ämter er bekleidete. Bei Severin ergaben die neuesten Forschungen, daß er Lateiner war und als „illustrissimus vir“ bezeichnet wird, mit einem unserer „Exzellenz“ vergleichbaren Rangtitel also. Dieser Titel wurde seit der Mitte des 5. Jahrhunderts nur mehr Trägern höchster ziviler und militärischer Staatsämter zugesprochen, wonach Severin die Stellung eines Präfekten oder eines Heermeisters oder eines der höchsten Hofämter innegehabt haben mußte. In einer anderen „Vita“, der Lebensbeschreibung des Eremiten und Mönchs Antonius von Lérins – einer damals berühmten, gegenüber dem heutigen Cannes gelegenen Mönchsinsel –, wird tatsächlich ein „Flavius Severinus“ als „illustrissimus vir“ angeführt, womit der Nachweis für die ehedem hohe Stellung des später als einfacher Mönch auftretenden Severin gegeben erscheint. Somit wäre auch das Ansehen und das machtvolle Auftreten des Mönchs Severin erklärbar und unter Umständen auch die Tatsache, daß Eugipp seine Herkunft verschweigt und nur Wert darauf legt, ihn als Mönch vorzustellen und zu legitimieren. Dabei ist bezeichnend, daß dieses öffentliche

Wirken Severins nicht im Gegensatz zu seiner Zugehörigkeit zu einer Mönchsgemeinschaft steht. Dürfen wir hierin wieder die doppelte Zielsetzung der Mönchsväter sehen: Selbstverwirklichung und -heiligung und Einsatz für die Armen? Es wäre eine neuerliche Bestätigung dafür, daß das Heil auch und gerade im Leben eines Mönchs nur dann zu finden ist, wenn es nicht als Selbstzweck verstanden, sondern im Wirken für die Mitmenschen seine Krönung sähe – eine Erkenntnis, die manches in ein anderes Licht rückt und auch heute nicht von der Hand zu weisen wäre.

In den Lebensbildern, wie sie Eugipp zum Gedenken an Severin zeichnet, werden zahlreiche Kirchen erwähnt; es kommt auch der Bischof Mamertinus von Favianae – das heutige Mautern bei Krems – vor, sowie Priester, Diakone, Subdiakone, Lektoren, ein Kantor und andere Träger eines in den Gemeinden üblichen Amtes. Es zeigt sich also, daß Severin nicht in ein Missionsgebiet kam, sondern in ein Land mit einer abgeschlossenen Missionierung und einem gut ausgebildeten kirchlichen Aufbau, in ein durchaus christliches Land. Er wird daher nicht ganz zu Recht der „Apostel Noricums" genannt, wenngleich sein Einfluß außer Zweifel steht, der freilich mehr seinen eigenen Landsleuten, den Römern, galt, denen er einen geordneten und wohl auch ehrenhaften Abzug nach Italien vorbereiten und sichern half. Bei Eugipp erhalten wir eine andere sehr wichtige Auskunft: Severin ist Mönch und lebt in einem oder in mehreren Mönchsverbänden, die man sich aber ebenfalls nicht als nach einer festen Regel lebend vorstellen darf. Severin wird als geistig-geistlicher Führer einer Brüderschar gezeigt, die er formt und ermahnt, nach dem Vorbild der alten Mönchsväter zu leben. Hier wird deutlich, daß zu dieser Zeit noch nicht die geschriebene Regel die Voraussetzung für das gemeinschaftliche Leben in einem Kloster war, sondern der geistig-geistliche Vater.

Er war die lebendige Regel, auf ihm ruhte die Gemeinschaft, wie sie gleichzeitig von ihm eine ganzheitliche Formung im Geiste des Evangeliums und der alten Väter erhielt. Die Mönche waren daher immer beweglich, sie traten bei aller Abgeschiedenheit und Weltflucht immer dort in Einsatz, wo sie gefordert waren. Daß ein Severinus im vollen vielseitigen Einsatz sich bewährt hat, steht außer Zweifel, ja ein Geistlicher würde heute kaum mehr wagen, so nachhaltig das Geschehen einer Zeit zu beeinflussen, wie das Severin getan zu haben scheint. In der Beschreibung des Eugipp wird auch vom Aufenthalt des hl. Severin in Mautern berichtet. Dort lebte eine Mönchsgemeinschaft, noch interessanter ist aber, daß dieses Kloster in Mautern an einer Stelle als „monasterium antiquum", als „altes Kloster", und in einem anderen Zusammenhang als „altes und unter allen größtes Kloster" geschildert wird. In einem anderen Kapitel erfahren wir, daß Severin außerhalb von Passau – in Boiotro, das man nicht mehr lokalisieren kann – eine Zelle für Mönche gegründet hat. In der Nähe der Stadt Salzburg betrat er eine Basilika und wirkte in Gegenwart dreier Geisterfüllter ein Wunder. Die von Eugipp verwendeten Ausdrücke lassen durchaus auf ein Kloster schließen, und es ist deshalb anzunehmen, daß auch in der Nähe von Salzburg, dem damaligen Juvavum, ein Kloster bestand, wobei für die Bestimmung der Lage dieses Klosters außerhalb der Stadt wichtig ist, wie man Salzburg selbst lokalisiert. Um die als „Katakomben" bezeichneten Felsenhöhlen in der Nähe des jetzigen St. Peter kann es sich bei diesem Kloster nicht gehandelt haben. Es genügt aber zu wissen, daß es schon zur Zeit des heiligen Severin, der 482 starb, und vielleicht vor ihm, wie man der Bezeichnung für Mautern entnehmen könnte, in dem Gebiet des jetzigen Österreich Klöster gegeben hat, von denen – gerade was Salzburg anbelangt – manche Forscher annehmen, sie hätten wahrscheinlich bis zum Neubeginn der Klosterbesiedlung im 8. Jahrhundert fortbestanden. Es sei nur der Hinweis gegeben, daß sowohl in den ersten Mönchslisten von St. Peter in Salzburg (gegründet 700) wie auch in jenen von Mondsee (gegründet 748) verhältnismäßig viele romanische Namen aufscheinen. Daraus läßt sich zumindest ableiten, daß bei ihrem Abzug im Jahre 488 bei weitem nicht alle Römer das Land verlassen hatten, sondern viele in dem Gebiet zurückgeblieben waren, das ihnen vermutlich zu einer zweiten Heimat geworden war. Solcherart wäre die Fortdauer des christlichen Lebens im Gebiet der ehemals römischen Provinz Noricum nicht nur denkbar, sondern auch belegbar. Ähnliches könnte man sich auch für die klösterliche Überlieferung vorstellen, wobei festzuhalten ist, daß sich die Historiker darüber noch keineswegs einig sind. Immerhin war Österreich schon Jahrhunderte vor den großen Klostergründungen – die alle bereits in Jubiläen gefeiert und uns damit in Erinnerung sind – schon einmal ein Klösterreich.

*Oben:* ***Ebrach:*** *Zisterzienserkloster im Steigerwald, Oberfranken. 1127 gegr., Engelfiguren in der Klosterkirche.*
*Gegenüber:* ***Birnau:*** *Zisterzienserkloster bei Salem am Bodensee. „Der Honigschlecker", Engelskulptur in der Stiftskirche. Rokoko. Birnau gehört heute als Priorat zur Zisterzienserkloster Mehrerau, früher wurde es von den Zisterziensern des Klosters Salem betreut.*

S.

# IV.

# Benedikt und sein Werk

In Österreich gab es Mönchssiedlungen bereits zu einer Zeit, da St. Benedikt, der „Vater des abendländischen Mönchtums", noch gar nicht lebte; denn als sein Geburtsjahr wird 480 angenommen, während sein Tod mit dem Jahr 547 angegeben wird. Nun könnte man meinen, daß die bis jetzt aufgezeigte monastische Entwicklung mit dem Auftreten und Eingreifen des ersten Abtes von Montecassino eine völlig veränderte und neue Richtung eingeschlagen hat. Denn so viel ist allgemein bekannt, daß Benedikt eine Regel schriftlich niedergelegt hat, nach der von den Mönchen ein Abt gewählt wird und die Mönche sich darüber hinaus durch ein feierliches Versprechen und eine zum Altar gebrachte Niederschrift zur Bekehrung ihrer Sitten und zur Zugehörigkeit zu einem ganz bestimmten Kloster verpflichten. Nun scheint das Kloster plötzlich mit hohen Klostermauern umgeben zu sein, es schließt sich die Pforte, und man vermeint die kalte, dumpfe Luft fast eines Gefängnisses zu riechen. Dieser Eindruck wird noch verstärkt, wenn in den vielen Veröffentlichungen über St. Benedikt immer wieder hervorgehoben wird, daß er als Römer das diesem Volk eigene Geschick für juristische Festlegungen und Formulierungen in die Welt des Klosters einbezogen und dessen bewegliche Gefolgschaft in eine festgefügte umgewandelt habe. Ähnlich verhält es sich mit der oft wiederholten Erläuterung, der benediktinische Abt habe seine Vorlage vom „pater familias", vom Begriff des Vaters bei den Römern und dessen Stellung innerhalb eines Familienverbandes bezogen. Derartige Verbindungen zwischen der römischen Überlieferung bzw. ihren gesellschaftlichen Strukturen und St. Benedikt als dem „Schöpfer des Mönchtums" auf dem Hintergrund eben des römischen Erbes herzustellen heißt, die mönchische Vorgeschichte zu ignorieren und gleichzeitig zu vergessen, daß sich das Mönchtum zur Zeit des heiligen Benedikt bereits in seiner ersten Spätphase befand. Nur aus diesem entwicklungsgeschichtlichen Zusammenhang wird die benediktinische Neuerung verständlich und lassen sich zugleich alle jetzt plötzlich fixierten und angeblich klar umrissenen Grundlagen für das Leben in einer klösterlichen Gemeinschaft in die allgemeine Geschichte des Mönchtums integrieren. Benedikt selbst stellt den Bezug zum alten Mönchtum keineswegs in Abrede; im Gegenteil, er widmet ihm das letzte Kapitel seiner Regel, die er nur als einen „Anfang im klösterlichen Leben" bezeichnet, wenn er schreibt: „Wer aber im klösterlichen Leben rasch zur Vollkommenheit gelangen will, den verweisen wir auf die Lehren der heiligen Väter, deren Beobachtung den Menschen bis zur Höhe der Vollkommenheit führt." Nach dem Verweis auf die Schriften des Alten und des Neuen Testaments fragt er dann: „Oder welches Buch der heiligen katholischen Väter redet nicht laut davon, wie wir geradeaus zu unserem

*Gegenüber:* ***Zwettl:*** *Zisterzienserstift. Chorgestühl der Stiftskirche, Detail: Figur des hl. Benedikt von Matthias Markh, um 1728.*
*Oben:* ***Zwettl:*** *Zisterzienserstift. Bernhardi-Altar in der Stiftskirche, Schreinfiguren „Maria mit dem Kind, hl. Benedikt (rechts) und hl. Bernhard", um 1500.*

Schöpfer gelangen können? Aber auch die ‚Unterredungen' der Väter, ihre ‚Einrichtungen' und ‚Lebensbeschreibungen' sowie die ‚Regel' unseres heiligen Vaters Basilius sind doch nichts anderes als Anweisungen für gute und gehorsame Mönche. Wir aber sind träge, schlechte und nachlässige Mönche und müssen vor Scham erröten.“ Benedikt leugnet an keiner Stelle seiner Regel seine Abhängigkeit von der monastischen Tradition, die ihm vorausging. Untersucht man textkritisch und quellenmäßig seine Regel, dann schöpft er im besonderen aus der Heiligen Schrift, den Schriften des heiligen Augustinus, in denen er vor allem den Bezug zur Urkirche gefunden haben dürfte, und zitiert aus Cyprian von Karthago (gest. 258), Hieronymus (gest. um 420), Papst Leo dem Großen (gestorben 461) und anderen Vätern. Anklänge an verschiedene mönchische Vorgänger und an die ganze monastische Literatur der damaligen Zeit sind an zahlreichen Stellen der Regel Benedikts zu finden, womit nochmals deutlich wird, daß Benedikt keineswegs als völliger Neuerer auftreten wollte. Er war vielmehr ein Erneuerer; denn die vorhin als Spätphase des Mönchtums der ersten fünfhundert Jahre bezeichnete Epoche war zugleich eine Zeit des Niedergangs und zeitigte verschiedene Degenerationserscheinungen, auf die St. Benedikt im I. Kapitel seiner Regel eingeht:

## Die Arten der Mönche

Bekanntlich gibt es vier Arten von Mönchen. Die erste Art ist die der Cönobiten. Diese leben im Kloster und dienen unter Regel und Abt. Dann gibt es eine zweite Art, die der Anachoreten oder Eremiten: Diese nehmen das Mönchsleben nicht im ersten Eifer des Anfängers auf sich, sondern haben eine lange Zeit der Prüfung und Bewährung im Kloster verbracht. Durch die Hilfe vieler Brüder geschult, haben sie gelernt, gegen den Teufel zu kämpfen. Wohlgerüstet treten sie aus der Reihe der Brüder heraus und nehmen den Einzelkampf in der Wüste auf. Mit der Hilfe Gottes sind sie nun imstande, furchtlos, ohne den Beistand anderer, allein und aus eigener Kraft gegen die Verderbnis des Fleisches und der Gedanken zu kämpfen.

Eine dritte, ganz abscheuliche Art von Mönchen ist die der Sarabaiten. Diesen fehlt die Schule der Erfahrung; sie haben sich nicht in der Zucht einer Regel bewährt wie das Gold im Feuerofen, sondern sind weich wie Blei. Durch ihre Taten halten sie immer noch der Welt die Treue und belügen offenkundig Gott mit ihrer Tonsur. Zu zweit oder zu dritt oder auch allein leben sie ohne Hirten; statt in den Hürden des Herrn, sind sie in sich selbst eingesperrt und betrachten ihr eigenes Begehren und Behagen als ihr Gesetz. Sie nennen all das heilig, was sie selbst für gut und wichtig halten; was sie aber ablehnen, das gilt ihnen als verboten.

Eine vierte Art von Mönchen ist die der sogenannten Gyrovagen. Diese treiben sich ihr Leben lang in den verschiedenen Gegenden herum und halten sich in den Zellen einzelner Mönche drei oder vier Tage auf; immer unstet, nie beständig, sind sie Sklaven ihrer Launen und der Gaumenlust und sind in jeder Hinsicht noch verkommener als die Sarabaiten.

Es ist besser, vom erbärmlichen Leben all dieser Mönche zu schweigen als davon zu reden. Lassen wir sie also beiseite und gehen wir daran, der tüchtigsten Art, nämlich den Cönobiten, mit Gottes Hilfe eine feste Ordnung zu geben.

Deutlicher könnte man die Verkommenheit einzelner Mönche wie auch die Situation des Mönchtums der damaligen Zeit nicht darstellen. Dabei ist diese Textstelle noch unter einem anderen Gesichtspunkt bedeutsam: Eine wortwörtliche Übernahme nämlich dieses Textes in eine andere Regel, deren Urheber man namentlich nicht kennt und die heute allgemein als Regel des Meisters (Regula Magistri) bezeichnet wird, läßt sich nachweisen, wobei der Gelehrtenstreit noch nicht beendet ist, ob Benedikt von der Meisterregel oder der Verfasser dieses Textes von St. Benedikt abgeschrieben hat. Für unsere Betrachtung mag es zweitrangig sein, wie die einzelnen Texte zueinander stehen oder voneinander abhängen, es erweist sich nur nochmals, und deutlicher als bisher, daß die Regel Benedikts aus der Gesamttradition des Mönchtums schöpft und nur unter diesem Aspekt richtig verstanden und eingeordnet werden kann. Der Vollständigkeit halber sei noch angeführt, daß die Regel Benedikts und die Regula Magistri in einigen Kapiteln fast gänzlich übereinstimmen, vor allem in jenen, die zum Anfang der Regula Benedicti gehören. Das entdeckt man schon im Prolog nach der kurzen Einführung,

***Nonnberg:*** *Benediktinerinnen-Stift. Romanische Fresken aus der Mitte des 12. Jh. unter dem heutigen Nonnenchor, den hl. Benedikt darstellend.*

der berühmten „Obsculta, o fili, praecepta magistri ... Höre, mein Sohn, auf die Lehren des Meisters...", die gerne in jene hölzernen Bücher eingeschrieben ist, die Benedictus-Statuen aufgeschlagen dem Betrachter entgegenhalten. Gleich am Anfang also sind beide Texte identisch bis auf wenige Retuschen, die Benedikt vornimmt. Fast wörtlich decken sich die Kapitel 1–2 und 4–7 der Regel Benedikts mit jener des Meisters, wogegen bei den übrigen Kapiteln bis zum 66. von insgesamt 73 nur mehr wenige direkte Gleichklänge festzustellen sind, aber der Aufbau als solcher wiederum mit der Meisterregel übereinstimmt. Obwohl fast ein Drittel der Regel St. Benedikts als wörtliche Übernahme eines Textes, der nach vorherrschender Lehrmeinung doch früher liegt als jener des Abtes von Montecassino, zu bestimmen ist, dürfte man keineswegs von einem Plagiat sprechen. Es geht dabei nicht nur darum, daß in der Antike Textübernahmen, Kopien oder Zitate, auch wenn sie als solche nicht erkenntlich waren, keineswegs als „Diebstahl geistigen Eigentums" geahndet wurden, sondern Benedikt versteht es, mit wenigen und geradezu geringfügigen, aber dennoch das Wesentliche treffenden Eingriffen die Regel des Meisters seinem Konzept unterzuordnen. Allein durch den Einschub des dritten Kapitels, das die Handschrift Benedikts verrät, kommt es zu einer Akzentverschiebung zu Gunsten der Autorität der Regel im Verhältnis zur „lebendigen Regel", dem Abt. In diesem dritten Kapitel heißt es zwar, daß der Abt bei wichtigen Angelegenheiten die ganze Klostergemeinde zusammenzurufen, den Rat der Brüder einzuholen, aber am Schluß nach reiflicher Überlegung selbst die Entscheidung zu fällen hat. Die Begründung, weshalb man alle Brüder zur Beratung einlädt, wird aus der Überlegung abgeleitet, daß „der Herr oft einem Jüngeren offenbart, was das Bessere ist". Beratung also in einer demokratischen Form, aber letztlich zeichnet der Abt verantwortlich und bestimmt, was er für gut und nützlich hält. Eine andere Bemerkung erinnert an die Stellung der Mönchsväter, wenn es heißt: „Aber wie es sich für den Jüngeren schickt, dem Meister zu gehorchen, so ist es die Pflicht des Abtes, alles umsichtig und gerecht anzuordnen." Doch dann kommen die Kapitelpassagen, die insofern Veränderungen darstellen, als sie die Wichtigkeit der Regel herausheben und betonen und damit den Abt in die Abhängigkeit der Regel bringen: „Alle sollen daher in allem der Weisung der Regel folgen, und niemand darf leichtfertig von ihr abweichen", oder „Der Abt jedoch handle immer in Gottesfurcht nach der Vorschrift der Regel. Er soll wissen, daß er ohne jeden Zweifel vor Gott, dem gerechten Richter, über alle seine Entscheidungen Rechenschaft ablegen muß." Mit dieser vom heiligen Benedikt persönlich gestellten Forderung, die in der Meisterregel nicht zu finden ist, rückt der Abt in die Abhängigkeit von der Regel und – wollte man jetzt übertrieben formulieren – wird somit geradezu angekettet, wodurch das Charismatische in feste Bahnen gelenkt zu sein scheint, was in sich wohl zum Widerspruch führen muß, wenn nicht eine weitere Ausformung dieses verändernden Prinzips ergänzend in Betracht gezogen wird. Vorausblickend auf die spätere Entwicklung der Position des Abtes zur Institution des Abtes war in diesen und ähnlichen Anweisungen ein kräftiger Schritt nach vorne gemacht, rückblickend war diese Maßnahme vielleicht eine Notwendigkeit, um Mönchsgemeinschaften nicht einem Führer auszuliefern, der weder durch eine übergeordnete Instanz noch durch eine Regel geleitet und kontrolliert werden konnte. Man könnte hierin eine gewisse Absicherung gegen aufgetretene Mißstände erblicken, wie ja jede freie Entwicklung – im frühen Mönchtum wurde sie von der Persönlichkeit des geistig-geistlichen Vaters und des Pneumatikers, des Geistbegabten geprägt – der Gefahr einer Dekadenz unterliegt. Schon Mittelmäßigkeit genügt, um die Ausrichtung auf ein hohes Ideal in Gefahr zu bringen. Benedikt wollte ganz gewiß nur das Bestehende reformieren, retten und absichern, in Wirklichkeit aber veränderte er sehr nachhaltig, wovon die ganze spätere Geschichte des abendländischen Mönchtums zeugt.

Man könnte diese Umgestaltung unter Umständen auf dem Hintergrund eigenen Erlebens erklären, sofern die Darstellung Papst Gregors des Großen ein ungefähres Tatsachenbild widerspiegelt. Nach dem 2. Buch der Dialoge von Papst Gregor soll Benedikt, noch bevor er nach Montecassino zog und ehe er seine

*Gegenüber: **Hartmann Schedels „Weltchronik"**: Seite mit Darstellung eines Benediktinermönchs und des Klosters Montecassino, das 529 von Benedikt von Nursia in Latium, Italien, gegründet wurde.*

Benedictus ein abbt.

BEnedictus der abbt ein walch vnnd vater aller cloſterlewt hat zu diſer zeit die zerſtrewten cloſterlewt zuſamen geſamelt vnd inen auß erleüchtung des heilligen gaiſts ein ordelichs leben geſetzt. Diſer Benedictus iſt gepoꝛn auß edelm geſchlecht in dem land der ſtatt nurſie. die dañ an freyheit vnd zuuoꝛan von diſem heilligen Benedicto hohberümbt vnnd namhaftig iſt. daſelbſt hat er ſein leben in gůtten ſittẽ ſchickẽde ſein gemůet zu keiner wolluſtperkeit gegeben. Darnach ward er gein rom zu der lernung freyer kunſt vnd ſchꝛift geſendet. Als er abeꝛ mercket dz vil menſchen in denſelben könſten zů verlaytung vnd irrthumb wanderten. do zohe er den fůeß den er ſchier in die werlt geſetzt het pald herwider. alſo nach veracht ter lernung der ſchꝛift vnd nach verlaſſung vaterlichs hawß. habe vnd gůtter in begirde allain gott zegefallen wonet er etliche zeit vnbekanter an wůeſten ayndden öꝛtern. Diſer Benedictus ein man gottes kom an ein ende. xl$^{m}$. ſchꝛit von rom gelegen vnd enthielt ſich in einer engen höln drey iar das weſt kein menſch dann allain ein münch genant romanus. daſelbſt fůeret er ein faſt geſtrengs vnd harts leben in mancherlay anfechtung. das alles blib von ime vnuerſchwigen. Diſer allerheilligſt man was vnder andern gaben ſeiner tugẽt mit eim weiſſagẽdẽ gaiſt erleüchtet auß dem er vil kunftiger vnd verboꝛgner ding offenbaret. Do totila der könig oſtrogothoꝛum von diſs mans tugent vnd craft höret ſagen do wolt er ſein heilligkeit erfarñ vnd tet knechtßklaider an vnd klaidet ſeinẽ knecht mit konigclichem klaid. Aber Benedictus erkennet auß ſeiner weißheit den konig in knechts klaydern vnd forderet denſelben konig zu ime in das cloſter vnd verkundet ime wz ime kunftig was. vnd ſpꝛach du wirdſt newn iar regiren vnd in dem zehenden ſterbẽ. darumb het ine der könig in hoher erewirdigkeit. Benedict⁹ hat auch ſunſt vil andere zaichen der heiligkeit bewiſen. ſunderlich mit eim glaß darein ime die brůder gift gemiſcht hetten. darüber machet er das zaichen des creützs vnd das glas zerbꝛach. Zu letſt ſtarb er ſeligclich im iar des hayls. v$^{c}$. xxxvi.

Das cloſter caſſinum

DEr oꝛden ſant Benedicten brůeder hat ſeinen vrſpꝛung gehabt mit verr von aquino abrucij der ſtate auff dem berg caſſino da ettwen die ſtatt caſſina geweſen was. vnnd darnach in der gantzen werlt das berümbtſt cloſter caſſinuz gepawt woꝛden iſt. Der heillig benedictus hat nach auffrichtung diſs cloſters den cloſterlewten erſter ein regel grund foꝛm vnd weiße zeleben gegebẽ. wiewol vil abgeſchaidner lewt voꝛ ime geweſen ſind. Dañ als diſer heillig man langzeit in der aynöde an tugenten vnd zaichen leüchtet do verſamelten ſich vil lewt von götlichs dienſts wegen zu ime. alſo das er fůran. xij. cloſter pawet vnd mit clöſterlewten beſetzet. Darnach ſamelet er vil iunger. mit derſelben hilff erobꝛet er ſchier die gãtzẽ werlt. Auß diſs heilligen mans hohſcheynpern oꝛden ſind vil heilliger vnd hohgelerter mann entſtanden. vnd wiewol er diſe regel erſtlich den ſchwartzen cloſterlewten gegeben hat. ſo habẽ doch darnach ettlich ander dieſelben regel auch angenomen. Auß diſs allerheilligſtẽ mans oꝛdẽ ſollen hergefloßẽ ſein. xxiiij. bebſt. c. lxxxiij. cardinal. tawſent. iiij$^{c}$. lxiiij. ertzbiſchoff vnd biſchoff. xv$^{m}$. vñ. lxx. treffenlich abbt. vnd (als babſt iohannes der. xxij. ſchꝛeibt) v$^{m}$. v$^{c}$. lv. canoniſirter vñ erhebter münch.

Scolaſtica

SColaſtica ſannt Benedicten ſchweſter was von kintheit auff got ergebẽ. Jr brůder beſuchet ſie gewönlich iñ iar ein mal. als ſie bede eins tags in gotes lob vñ heilligem geköſe die zeit bis an die nacht verzogẽ hettẽ. vñ er nach empfangner ſpeiß wid' zů cloſter wolte do bate ine ſein ſchweſter die heillig cloſterfraw lenger bey ir zebleiben vnd von frewden des himliſchẽ lebens mit ir zereden. vnd do er ſpꝛach das er auß der zell nit bleiben wolt. do kom auß erwerbung ſcolaſtice ein ſolcher regen vñ vngewitter das er mit ſeinẽ brůdern die fůeß auß der lettigen erden nit ziehen mocht. Alſo verzereten ſie die gantzen nacht vngeſchlaffen mit heilligem geköße von geiſtlichem leben. An dem nachfolgendẽ tag zohe er heym in ſein cloſter. Alſo nach dreyẽ tagẽ als er in ſeiner zell ſeine awgẽ aufhůb do ſahe er ſeiner ſchweſter ſele vom leib in geſtalt einer tawben auff in die himel farñ.

*Gegenüber:* ***Zwettl:*** *Zisterzienserstift. Infula maior (Mitra) des Abtes Wolfgang I. (1474–1490). Ursprünglich mit Flußperlen aus dem Kamp besetzt.*
*Rechts:* ***Admont:*** *Benediktiner-Stift. Abtstab aus der Zeit von Abt Adalbert Heuffler, als Schaft ein Narwalzahn, von großer Seltenheit.*

Regel niederschrieb, von einer freien Mönchsgemeinschaft zum geistigen Führer erwählt worden sein. Er nahm an und bemühte sich, diesen seinen Brüdern das Leben im Sinne des Evangeliums vorzuleben, wie er gleiches auch von ihnen forderte. Noch heute sind in der Nähe des Ortes Vicovaro, zwischen Tivoli und Subiaco, Höhlen zu besichtigen, die mit dieser Erzählung in Verbindung gebracht werden. Örtlichkeit, Lage und Alter könnten durchaus in die Zeit des hl. Benedikt passen. Das Leben in solchen Höhlen muß hart und karg gewesen sein. Benedikt zog sich auf Grund seiner Strenge bald den Unmut der Mönche von Vicovaro zu, deshalb trachteten sie, ihn zu beseitigen. Es klingt unglaubwürdig, könnte aber als Illustration zu dem gelten, was Benedikt über die verschiedenen Arten der Mönche gesagt hat: Diese Mönche wollten Benedikt vergiften, indem sie dem Wein, der zur Mahlzeit gereicht wurde, Gift beimischten. Nach dem Bericht des hl. Gregor segnete der Heilige das Glas Wein, und sogleich entsprang ihm eine Schlange. Benedikt verließ daraufhin die so gefährliche und gefallene Brüderschar von Vicovaro.

Dieser Erzählung verdanken die Statuen und Bilder des heiligen Benedikt ein weiteres Erkennungszeichen: das Weinglas, das er meist in der linken Hand hält und über dessen Rand eine Schlange hervorlugt. Aus Vorsicht und zum Gedenken an diese Begebenheit ist es bei vielen Benediktinern noch heute Sitte, vor dem stärkenden Schluck über dem Weinglas oder dem Bierkrug ein Kreuzzeichen zu machen. Benedikt erlaubte seinen Mönchen den Weingenuß und verschrieb ihnen sogar ein gewisses Maß, allerdings nicht ohne folgende Feststellung hinzuzufügen: „Zwar lesen wir, der Wein sei überhaupt nichts für Mönche; da man aber die Mönche unserer Zeit davon nicht überzeugen kann, sollten wir uns wenigstens dazu verstehen, nicht bis zur Sättigung zu trinken, sondern weniger; denn der Wein bringt sogar die Weisen zum Abfall.“ (Kap. 40, 6–7). Schon im 4. Kapitel, das allerdings wieder mit der Regula Magistri größtenteils

*Oben:* ***Admont:*** *Benediktiner-Stift. Elfenbeinkrümme des „Gebhard-Stabes", nach 1200.*
*Unten:* ***Geras:*** *Prämonstratenserstift. Elfenbeinkrümme. Darstellung auf einem Porträt der Äbtegalerie.*
*Gegenüber:* ***Zwettl:*** *Zisterzienserstift. Ältester Abtstab des Klosters. Stab und Krümme aus Elfenbein, 1. Hälfte des 13. Jh.*

gleichlautend ist, schreibt Benedikt vor, „kein Trinker und kein großer Esser sein". Auch diese Ermahnungen könnten sich auf eine vorgegebene Situation beziehen, was das Einschreiten Benedikts erklärt und seine Bemühungen, den Bestand des wahren Mönchtums abzusichern, auch unter Zuhilfenahme institutioneller und juristischer Hilfsmittel, verständlich macht. Kehren wir nochmals zu den zwei Merkmalen zurück, die uns den Vater aller Benediktiner auf Bildern und Skulpturen erkennen lassen: Da ist einmal die aufgeschlagene Regel mit den ersten Worten des Prologs; im 19. Jahrhundert – und das dürfte charakteristisch für die Auffassung des Benediktinischen sein – wurde von den Nazarenern und ihren Kunstfreunden vom Kloster Beuron jene Seite aus dem 58. Kapitel aufgeschlagen, auf der zu lesen ist: „Das ist das Gesetz, unter dem du dienen willst." Als zweites Symbol wurde St. Benedikt der Giftbecher in die Hand gedrückt, der unter seinem Segen zerbrach und die Schlange freigab. Benedikt wird immer in der Kleidung der Benediktiner, in Habit und Skapulier oder der faltenreichen, langwallenden Kukulle, die beides verdeckt, dargestellt. Freilich haben es weder die Zisterzienser noch andere abgespaltene Mönchsfamilien, die sich alle auf die Regel Benedikts stützen, verabsäumt, ihren Mönchsvater in ihrer Tracht auf die Altäre zu stellen. Ob er nun einen schwarzen oder einen schwarz-weißen Habit trägt, immer werden wir dank der beiden geschilderten Merkmale den Mönchsvater Benedictus identifizieren können. Damit ist zugleich eine klare Unterscheidung zu anderen Heiligen des Benediktiner- und des Zisterzienserordens gegeben – und deren gibt es so viele, daß man ganze barocke Himmelsgewölbe allein mit dem Triumph St. Benedikts und seiner Söhne füllen könnte. In einem allerdings irren viele Künstler, dann nämlich, wenn sie – die Vorlage für ihren Benedikt aus ihrer Schaffenszeit nehmend und sie in die Vergangenheit projizierend – den Heiligen mit Stab und Mitra darstellen, den Insignien der späteren Äbte, die diesen auf Grund ihrer kirchlichen Weihe und päpstlichen Gunst der betreffenden Abtei gegenüber zugeteilt wurden. Benedikt war kein Abt in unserem heutigen Sinn, er war mit großer Wahrscheinlichkeit nicht einmal Priester. Diese Feststellung dürfte aus dem von uns geschilderten Zusammenhang durchaus verständlich sein. Die

Mönche waren selbst zur Zeit der Entstehung der Regel Benedikts noch einfache Menschen, die zum Teil nicht einmal des Schreibens und Lesens kundig waren, wie der Bemerkung im Kapitel 58 zu entnehmen ist, das von der endgültigen Aufnahme in die klösterliche Gemeinschaft handelt, die durch eine Urkunde bekräftigt wird. Hier heißt es: „Diese Urkunde schreibe er eigenhändig; oder wenn er nicht schreiben kann, schreibe sie auf ein Ersuchen hin ein anderer, und der Novize setze sein Zeichen dazu und lege sie eigenhändig auf den Altar.“ Priester bildeten in einem Kloster durchaus die Ausnahme, im Gegensatz zu den meisten heutigen klösterlichen Kommunitäten. Benedikt sieht zwar die Aufnahme eines Priesters oder eines Klerikers in sein Kloster im 60. Kapitel vor, aber man kann sich des Eindrucks nicht ganz erwehren, als wäre es ihm fast lieber, würde er mit dieser Situation nicht konfrontiert. Er leitet dieses Kapitel folgendermaßen ein: „Wenn einer aus dem Priesterstand um Aufnahme ins Kloster bittet, soll man ihm nicht schnell zusagen. Besteht er jedoch durchaus auf seiner Bitte, so muß er wissen, daß er die Regel in ihrer ganzen Strenge zu halten hat und daß ihm nichts erlassen wird.“ Der einzige Vorzug, der einem Priester zustand, war ein bevorzugter Platz im Chorgestühl unmittelbar nach dem Abt, während die Reihung aller übrigen Mitbrüder nach dem Zeitpunkt ihres Klostereintritts erfolgte. Heute bezeichnet man einen Priester im Kloster als „Pater“, bei Benedikt war das anders. Die Brüder durften sich nicht mit bloßem Namen anreden, „vielmehr sollen die älteren Brüder die jüngeren ‚Bruder', die jüngeren die älteren ‚Nonnus' nennen, was ‚ehrwürdiger Vater' bedeutet“. (Kap. 63, 12) Mit Erlaubnis des Abtes, der übrigens nach der Regel „Herr“ und „Abt“ genannt wird, kann der Priester auch den Schlußsegen erteilen und das Schlußgebet sprechen.

In allen diesen Details kann man eine ordnende Hand wahrnehmen, die mit Liebe, Umsicht und „discretio“ jener als benediktinisch gepriesenen Gabe der Ausgewogenheit das Leben im Kloster dirigiert, ohne es dabei zu ersticken, zu uniformieren und die Persönlichkeit des einzelnen zu zerstören. Bei aller Regelung der Details gewährt St. Benedikt doch viel Raum für die freie Entfaltung der Lebensgewohnheiten in einer klösterlichen Gemeinschaft und zugleich für die Anpassung an die jeweiligen Verhältnisse des Ortes und des Klimas. Sein Kloster soll allen offenstehen, die wahrhaft Gott suchen, wobei ich mich wieder an jenen alten Pater erinnere, der mich auf diese grundsätzliche Forderung aufmerksam gemacht hat: „Man achte sorgfältig, ob der Novize wirklich Gott sucht, ob er Eifer hat für den Gottesdienst, für den Gehorsam, für Verdemütigungen. Im voraus sage man ihm offen, wie rauh und schwierig der Weg ist, der zu Gott führt.“ (Kap. 58) Dabei wollte Benedikt, wie er ebenfalls selbst sagt, seine Brüder nicht mit Schwerem und Hartem belasten, was vermutlich nur für das alltägliche Zusammenleben und nicht im Hinblick auf das Ziel gemeint ist. Die zentrale Gestalt einer Mönchsgemeinschaft bleibt auch nach St. Benedikt – und trotz der Autorität seiner Regel – der Abt; wobei das Wort selbst – in ihm steckt die Bedeutung „Vater“ – wiederum den Kontakt zu den alten Mönchsvätern herstellt. Der Abt nach St. Benedikt, der Regel und natürlich Gott als dem höchsten Richter verpflichtet, ist immer noch die lebendige Lehrautorität. Er entscheidet, setzt die richtigen Maßstäbe, ist Vorbild und in letzter Konsequenz auch der Stellvertreter Christi. Damit ist ihm ein weiter Bereich zugestanden, den er mit seiner Persönlichkeit zum Nutzen und in Verantwortung für die Seelen seiner Brüder ausfüllen kann. Damit es aber über gewisse grundlegende „Spielregeln“, die das Zusammenleben in einer Kommunität überhaupt erst erträglich machen, nicht ständige Diskussionen geben muß, ist dem Abt in der Regula ein Instrument anvertraut, durch das er nicht eingeengt, sondern lediglich unterstützt werden soll. Gleichzeitig wird der Abt selbst bei genauester Befolgung der Regel nicht von Eigeninitiative und Eigenverantwortung dispensiert. Aus dieser Sicht setzt der Abt St. Benedikts die alte Mönchsüberlieferung fort und verfügt zugleich über einen weiten Spielraum für Neuentwicklungen. Diese Feststellung ist wichtig, will man die weitere Entwicklung des sogenannten abendländischen Mönchtums verstehen.

Die Regel selbst beruht in ihrer Gesamtkomposition ebenfalls auf den mündlich und schriftlich tradierten Anweisungen und Erfahrungen der Mönche vor Benedikt. Was erstmalig in der Regel St. Benedikts gelungen zu sein scheint, ist eine das ganze Leben im Kloster umfassende Ordnung, die nicht engmaschig ist, sondern – aus dem Geist des alten Mönchtums entsprungen – eine wertvolle Hilfe für Abt und Mönche in ihrem Bemühen um Letztvollendung in einer Gemeinschaft bildet. Dabei gibt es einige Neuentwicklungen, die wahrscheinlich gerade jene Voraussetzungen schufen, die der Regel St. Benedikts, allerdings erst einige Jahrhunderte nach ihrem Entstehen, zum Siegeszug durch Europa verhalfen. Ein ausschlaggebendes Moment der Neuerung ist das Gelübde der „stabilitas loci", die ewige Bindung an ein einziges, ganz bestimmtes Kloster; die Eingliederung in eine konkrete Gemeinschaft also, die bei aller Unterschiedlichkeit der Charaktere und der Begabungen ihrer Mitglieder unter der Führung eines Abtes ein „corpus monasticum", eine klösterliche Einheit bildet. Durch ihre klare Ausrichtung auf ein transzendentes Ziel hebt sich eine solche Klostergemeinschaft von anderen ähnlichen Einrichtungen – so viele Gleichklänge selbst in der Jetztzeit bestehen mögen – eindeutig ab. Neu bei Benedikt ist auch das schriftlich eingegangene Gelübde der Zugehörigkeit zu einem bestimmten Kloster, der Abkehr vom Treiben der Welt (conversatio morum) und des Gehorsams „vor Gott und seinen Heiligen". (Kapitel 58, 17–18) Im früheren Mönchtum kannte man nur ein Versprechen der Ehelosigkeit, das bei Benedikt, wie auch jenes der Armut, im Gelübde des klösterlichen Lebenswandels, der Abkehr von der Welt also, enthalten ist. Die Einteilung des Tagesablaufes, die Einführung der Handarbeit in das früher recht einseitig auf Gebet und Lesung ausgerichtete Tagewerk des Benediktiners und schließlich die klare Ordnung, Vereinfachung und Beschränkung des Chorgebetes sind weitere Gründe dafür, daß spätere Mönche und Reformatoren diese Regel als Richtschnur für ihr Leben und das ihrer Gemeinschaften übernahmen. St. Benedikt ist also ein echter Reformator des Mönchtums, weil er die Grundlagen des Mönchtums weder verändert noch verleugnet, sondern nur in jene Bahnen gelenkt hat, die einen Verfall und Niedergang aufhalten sollten, womit er zugleich einer großartigen Weiterbildung die Tore geöffnet hat, deren Früchte bis in unsere Tage wirksam sind.

Benedikt durch jenes im 19. Jahrhundert geschliffene Prisma zu betrachten, durch das ein Heiliger zu erschauen ist, den man zum „Ordensgründer" und Vater aller Mönche und vieler Orden, zum Erblasser römischer Administration und antiker Kultur deklariert hat, mag freilich aus der Sicht jener Benediktiner verständlich sein, die aus der Zeit der Restaurationsbewegung der Orden stammen, verfälscht jedoch die Tatsachen in einem Maße, daß alles Nachfolgende in ein falsches Licht zu geraten droht. Deshalb habe ich versucht, jenes Bild vom Mönchtum und St. Benedikt zu geben, wie es die Forschung erarbeitet hat, und zugleich den Nachweis zu erbringen, daß „Klösterreich" eine Eigenentwicklung darstellt, die nicht geplant, vielleicht nicht einmal beabsichtigt war. Verständlich, wenn daher manche Mitbrüder nicht glücklich sind, daß dieser Begriff – meist nur mehr eine Wortspielerei, ich gestehe, mir bereitet sie Spaß! – hier wieder verwendet wurde; denn sie kennen wohl die Geschichte ihrer Kommunitäten, leben in den Häusern, die Zeugnisse ebendieses Klösterreichs sind, können sich aber mit dem Geist, der dahinterstand, nicht mehr identifizieren, sondern suchen wieder die klaren Quellen des Mönchtums, die auch uns neue Kraft zu spenden imstande wären.

*Geras: Prämonstratenserstift. Ziervase von J. Chr. Schletterer am barocken Neugebäude, 1736–40 nach Plänen Josef Munggenasts erbaut.*

# V.

# Observanz und Leben im Kloster

Benedikt starb, wie heute übereinstimmend festgehalten wird, im Jahre 547. Nur wenige Jahrzehnte später liegen die nicht ganz exakten, aber immerhin möglichen Gründungsdaten verschiedener Klöster; wobei freilich immer zu berücksichtigen ist, daß die schriftliche Überlieferung sehr lückenhaft und der Historiker gezwungen ist, jeder, wenn auch noch so spärlichen Spur nachzugehen. Da gibt es Heiligtümer wie das berühmte St. Maurice im Wallis, das um 380 erbaut und bei dem für den Ansturm der Wallfahrer bereits 515 ein Kloster eingerichtet wurde. Auf dem Umweg über den auffallenden Kult des heiligen Mauritius, der gemeinsam mit einer nur aus Christen rekrutierten römischen Legion um 302 im damaligen Acaunum, dem heutigen St. Maurice, das Martyrium erlitt, versucht man – auch unter dem Gesichtspunkt klösterlicher Abhängigkeit oder Zusammengehörigkeit – Beziehungen herzustellen zwischen St. Maurice und anderen Kirchen, in denen Mauritiusreliquien verehrt wurden oder die den Titel dieses Märtyrers tragen. Für St. Maurice selbst haben Grabungen den Beweis erbracht, daß es mit dem ältesten Bericht, der von Bischof Eucherius von Lyon (2. Viertel des 5. Jahrhunderts) stammt, zumindest was die Beschreibung der ersten Kirche zu Ehren des hl. Mauritius betrifft, in Einklang gebracht werden kann. Bei den Mauritiuspatrozinien lassen sich, sofern sie nicht durch Fakten belegt sind, zwingende Beweise für die Existenz eines Klosters an einem Mauritiusheiligtum nicht erbringen. Über die Kommunität von St. Maurice wurde ein Brauch in das abendländische Mönchtum eingeführt, der einer Erwähnung bedarf: die „laus perennis". Dieser Begriff, das „fortwährende Lob", eigentlich „das ewige, das stetige Lob", wird im Zusammenhang mit Chorgebet und Verpflichtung der Mönche zum gemeinsamen Gebet häufig verwendet, meist ohne Bedacht auf den wahren Sachverhalt. Sehr wahrscheinlich wurde diese Art des ununterbrochenen Stundengebets aus dem Orient eingeführt, wo nachweislich jene Mönche, die entsprechend dieser Gebetsauffassung die „Nicht-Schlafenden", die „Akoimeten", genannt wurden, zuerst in Konstantinopel, später auf der asiatischen Seite des Bosporus ihr Kloster hatten. Der ewige Psalmengesang war in den Klöstern des Westens bis zu seiner Einführung in St. Maurice unbekannt; diese läßt sich jedoch durch die Kontakte des zuständigen weltlichen Herrn, König Sigismund, erklären, der sich als eine Art „Vasall Ostroms" fühlte. Diese Gebetspraxis, die aber eher einem Mißverständnis der Aufforderung bei Lukas „man müsse allezeit beten und dürfe nicht nachlassen" (18,1) entsprang, wurde noch in einigen Klöstern des 6. und 7. Jahrhunderts ausgeübt, womit natürlich eine Beziehung zu St. Maurice hergestellt werden kann, hatte aber auf lange Sicht keine Auswirkung in den Klöstern der späteren Jahrhunderte. Wenn

*Gegenüber:* ***Rein:*** *Zisterzienserstift nordwestlich von Graz, Steiermark. 1129 durch Markgraf Leopold I. gegr., ist das Stift seit seiner Gründung ununterbrochen besiedelt und somit das älteste der noch aktiven Zisterzienserstifte. Chorgestühl, um 1750.*

*Oben:* ***Rein:*** *Zisterzienserstift. Geschnitztes Holzgitter.*

also heute von der „laus perennis“ als der vornehmsten Aufgabe der Mönche die Rede ist, dann ist nur die allgemein übliche Form des Stundengebetes und nicht eine ununterbrochene „ewige Anbetung“ gemeint; letztere wurde bis vor wenigen Jahren in manchen Diözesen von Ort zu Ort abwechselnd in den Pfarrkirchen, des Nachts in den Klöstern, vor ausgesetzter Monstranz gehalten.
Die Hilfsmittel, die dem Forscher zur Verfügung stehen, wenn er bemüht ist, die Frühgeschichte der Klöster aufzuklären, sind also im allgemeinen recht spärlich. Und unsere Kenntnisse gerade jener Jahrhunderte, in welche die ersten Klostergründungen in unserem Bereich fallen, stützen sich nicht selten auf Überlieferungen oder Untersuchungen, die an sich lobenswert und verdienstvoll sind, aber einfach Stückwerk bleiben müssen. Trotzdem dürfen wir kein noch so kleines Steinchen verachten, aus dem man letztlich das Mosaik unseres Wissens über die Vergangenheit im allgemeinen und hier über die Geschichte der Klosterentwicklung im besonderen zusammensetzen kann. Mit dieser Bemerkung wollen wir uns zugleich gegen vorschnelle und wie selbstverständlich klingende Angaben in manchen Veröffentlichungen schützen, durch die der Eindruck entstehen könnte, unser Wissen über viele Dinge wäre ein durchaus gesichertes, was nicht zuletzt bei der Geschichte des abendländischen Mönchtums nur in gewissen Grenzen zutrifft. Allen Hinweisen, die wir historischen Quellen entnehmen können, kommt freilich nicht ein stets gleich zu bemessender Wert zu, und oft können nur mehrere Bausteinchen weiterhelfen, um die ungefähre Zeit beispielsweise einer Klostergründung angeben zu können. Welche Bedeutung dem Gründungstitel Mauritius beigemessen wurde, ist am Beispiel der Kirche in Niederaltaich ersichtlich, wo das Mauritiuspatrozinium sowohl für die Frühzeit ihres Bestands, wie auch durch das ganze Mittelalter bis in unsere Tage belegt ist, und dies, obwohl Niederaltaich einen heiligen Godehard oder einen heiligen Günther, der in Rinchach später als Einsiedler lebte, als Heilige des eigenen Klosters rühmen darf. Wie sehr übrigens historische Quellen verzeichnen können, wird am traurigen Ende des Gründers von Kremsmünster, Tassilo III., offenbar, für dessen Beurteilung uns nur fränkische und somit „höchst parteiische“ Aufzeichnungen zur Verfügung stehen. Mit Recht fragt daher Willibrord Neumüller bei der Beurteilung Karls des Großen und Tassilo III., wobei ersterer als Heiliger, letzterer als Seliger verehrt wird: „Der eine der Große, der andere Feigling und Verräter?“ Und er stellt fest: „Es wird höchste Zeit, die Akzente wieder richtig zu setzen.“
Um eine Akzentverschiebung handelt es sich auch, wenn man die Klöstergeschichte generell als einen Triumphzug der Regel St. Benedikts zeichnet. Dieser Versuchung unterlagen lange die Söhne St. Benedikts, was ihnen nicht zu verargen ist; denn mit Benedikt und seiner Regel ist sicherlich ein Meilenstein auf dem Wege zu jenem Europa gesetzt worden, dem 1964 bei der Weihe der wiedererrichten, im letzten Weltkrieg zerstörten Klosterkirche von Montecassino Papst Paul VI. St. Benedikt als Schutzpatron voranstellte. Dieser Meilenstein lenkte freilich erst sehr viel später in jene Richtung, die wir unter Europa und Abendland verstehen, beim Tode Benedikts war davon noch nichts ersichtlich. 577 zerstörten und plünderten die Langobarden Montecassino, das damals noch lange nicht die „Metropole des Ordens“ war. Eine solche Bezeichnung traf im übrigen nie für Montecassino zu, auch wenn es wie Subiaco, der zweite Ort, der durch die Anwesenheit St. Benedikts ausgezeichnet ist, zu allen Zeiten eine gewisse Vorrangstellung unter den Klöstern der Benediktiner einnahm. Wie wir schon sahen, wurde der Benediktinerorden als solcher nie gestiftet, deswegen ist es besonders wichtig, die Zeit nach der Niederschrift der Regel St. Benedikts im Lichte der weiteren Klösterentwicklung zu untersuchen.
Hat St. Benedikt nun seine Regel für viele Klöster oder eigentlich nur für seine Gemeinschaft geschrieben, oder hat er sie einfach als einen „Anfang im klösterlichen Leben“ konzipiert, wie es im letzten Kapitel (73,1) zum Ausdruck kommt? Dieses Kapitel leitet Benedikt mit Worten ein, die als Begründung für die Niederschrift angesehen werden könnten: „Diese Regel haben wir geschrieben, damit wir durch ihre Beobachtung im Kloster eine gewisse unserem Stand entsprechende Tugend bekunden und einen Anfang im klösterlichen Leben machen.“ Im lateinischen Original freilich steht „in monasteriis“, also „in den Klöstern“. Verschiedene andere Bemerkungen könnten darauf hindeuten, daß Benedikt die Möglichkeit einer größeren Verbreitung seiner Regel wenn auch nicht anstreb-

*Rein: Zisterzienserstift. Chorgestühl um 1750.*

te, so doch im Bereich des Möglichen sah. Immer wenn es darum geht, Kleidung, Schlaf oder Speise der Mönche einer Umgebung anzupassen, liegt nach St. Benedikt die Entscheidung beim jeweiligen Abt, womit bestätigt wird, daß die Regel als Handreichung gedacht ist, aber nicht als Gesetzestext, auf dem nun ein „Orden" aufgebaut werden soll. Die organisatorischen Fragen und die Zielsetzung, einen Klosterverband zu schaffen, werden bei Benedikt nicht einmal berührt. Seine Regel ist nur so weise und offen konzipiert, daß man sie im Laufe der Jahrhunderte als Grundlage für eine solche Entwicklung benutzen konnte. Die lebende Auslegung der Regel ist aber der Abt.
Weshalb ich das so sehr betone? Weil es gerade in einer Zeit wie der unsrigen wichtig erscheint, über festgefahrene Meinungen hinaus zum Wesentlichen vorzudringen, und wenn man schon die organisierten, juristisch festgelegten Nachkommen dieser Bewegung ablehnt, dann sollte man wenigstens wissen, daß am Anfang eine flexible, für eine Adaption geeignete Basis gelegt wurde, die selbst in wesentlichen Dingen aus dem freien Entscheid der Oberen ihre Vitalität bezog. Im Fortbestand einer Gemeinschaft spielte natürlich die Tradition, die Auslegung in dem Sinne, wie sie früher und zwar in dem konkreten Kloster üblich war, eine der Person des Abtes nahezu gleichwertige Rolle. Vielleicht war und ist oder sollte die Hausgewohnheit gleichsam ein Regulativ sein für eine ausgewogene Lebensweise in einer klösterlichen Gemeinschaft, womit auch eine Führungspersönlichkeit, wie sie ein Abt nach der Vorstellung St. Benedikts sein sollte, in einem Zuviel zurückgehalten und in einem Zuwenig vorangetrieben würde.

Gleichzeitig muß festgehalten werden, daß weder die Regel St. Benedikts noch die nach ihr lebenden klösterlichen Gemeinschaften eine Vorrangstellung beanspruchten. Im Gegenteil! Es war sogar möglich, daß Vorsteher klösterlicher Kommunitäten mehrere schriftliche Regelaufzeichnungen nebeneinander legten und daraus nach ihren Vorstellungen auswählten, was sie befolgen wollten und konnten. Diese Vorgangsweise, in der Fachsprache „Mischregel", wird vor allem durch den im späten 6. Jahrhundert von Irland nach Gallien eingewanderten Kolumban bei uns bekannt. Zur Besonderheit der irischen Mönche, deren Heimat als „Insel der Heiligen" und als „Insel der Gelehrten" bezeichnet wurde, gehörte die Heimatlosigkeit aus religiösen Motiven. So gründete Kolumban um 590 in den Vogesen das Kloster Luxeuil, das bald ein Zentrum für viele andere Klöster wurde. Ein Kolumbanschüler war auch Gallus, der sich nach längerem Aufenthalt, den Kolumban und seine Brüder in Bregenz nahmen, in die Einsamkeit des Arboner Forstes zurückzog und dort eine Zelle baute, aus der später das Kloster St. Gallen entstand. Kolumban zog nach Italien weiter, gründete das später berühmt gewordene Bobbio und starb dort 612. Die Mischregelobservanz bleibt weit über den Tod des heiligen Kolumban hinaus erhalten. Es gibt einige Gründungsurkunden, in

*Gegenüber:* ***Ettal:*** *Benediktiner-Kloster in Oberbayern. 1330 von Kaiser Ludwig dem Bayern als Kloster und Ritterstift gegr., 1803 säkularisiert, 1900 von Scheyern aus neu besiedelt.*
*Oben:* ***St. Gallen:*** *Ehem. Benediktiner-Kloster in der Schweiz. Mitte d. 8. Jh aus einer Einsiedlerzelle des hl. Gallus gegr., die heutige barocke ehem. Klosterkirche schufen P. Thumb, C. Mossbrugger u.a.*

denen die Mönche eines neuen Klosters verpflichtet werden, die Regel der „seligen Väter Benedikt und Kolumban" einzuhalten. Vorbild war das Leben der Mönche von Luxeuil. Für St. Gallen wird zwar betont, daß bereits 718 der Priester Otmar das Kloster nach der Regel St. Benedikts einrichtete, aber bei den meisten anderen Klostergründungen dieser Zeit steht nicht eindeutig fest, ob sie alle als Benediktinerklöster eingestuft werden können. Auch hier tat der sonst so schätzenswerte und bewunderungswürdige Fleiß mancher Historiker aus den Reihen der Benediktiner zuviel des Guten. Beispielsweise kann nicht ohne weiteres angenommen werden, daß die ersten Mönche von Kremsmünster, Mondsee oder Niederaltaich Benediktiner waren. Auch hier könnte eine bewußte und gezielte Überlagerung eines anderen historischen Hintergrundes stattgefunden haben. Bei der Abtei Weltenburg wieder, deren älteste Spuren bis 600 zurückreichen, scheint von Anfang an die Abhängigkeit von den Iren sicher. Wie weit die Iren nun unseren Raum beeinflußten und ihre monastische Tradition in die ab etwa 700 zahlreich entstehenden Klöster verpflanzten, wird zwar im einzelnen nicht mehr zu belegen oder genau zu rekonstruieren sein, jedoch dürften sie tüchtige Lehrmeister gewesen sein. Wie sonst könnte man den Niederschlag ihrer Tätigkeit noch zu einer Zeit finden, da fast alle Klöster bereits der späteren benediktinischen Einheitsnorm unterstellt waren, wie etwa in der Buchkunst, die uns im Salzburger Cutberchtkodex erhalten geblieben ist. Mit den Mönchen des Iren Kolumban werden die ersten Klostergründungen in Verbindung gebracht, dank der allmählich von Westen her der alpenländische Raum dem Mönchtum weiter und nachhaltiger erschlossen wird. Während nämlich in der Zeit zwischen 590 und 730 als Siedlungen der Kolumbaner nur Granfelden und St. Gallen in der heutigen Schweiz, Bregenz am Bodensee und das schon erwähnte Weltenburg zu belegen sind, überziehen einige Jahrzehnte später schon zahlreiche Klöster die Landkarte. Unterschiedliche Kräfte sind am Werk und lassen Klöster entstehen: Die Herrscher, in Bayern die Herzöge, und sehr häufig die Adeligen und Begüterten. An den Bischofssitzen – wie etwa in Salzburg, Regensburg und Freising – setzten sich die Domkapitel bis in die Zeit Karls des Großen aus Mönchen und Kanonikern zusammen. Dieses Faktum zeigt, wie vielschichtig der Begriff Kloster zu dieser Zeit war. Es gab natürlich auch reine Priestergemeinschaften. Ihr Vorbild war zu einem Gutteil die Gemeinschaft, wie sie St. Augustin mit seinem Klerus pflegte. Neben diesen Regularkanonikern bestanden jene Kanonikate, die sich weder einer Regel noch einem Bischof verpflichtet fühlten, sondern recht eigenwillig und selbständig von ihren Pfründen lebten, die Weltleute mit unterschiedlichen Vorstellungen gestiftet hatten. Ihre Lebensformen waren andere und freiere als jene der Mönche. Es ist daher als ein Zeichen des Verfalls und des Niedergangs zu werten, wenn im 8. Jahrhundert im gallischen Mönchtum einst angesehene Mönchsgemeinschaften in Kanonikate umgewandelt wurden. Trotz dieser eher an Verweltlichung gemahnenden Erscheinung sind aber für diesen Zeitraum im rechtsrheinischen Gebiet des Frankenreiches über 60 Neugründungen zu zählen, die gerne als Benediktinerklöster hingestellt werden, was freilich kaum zu belegen ist. Man kann jedenfalls einen gewissen Eifer auf dem Gebiet der Stiftungen und Neugründungen kaum übersehen und fragt daher nach den Ursachen solcher Aktivitäten. Sind es die Erfolge eines Bonifatius und seiner Gefährten, von denen man weiß, daß sie in den Klöstern Zentren ihrer

*Links unten:* ***St. Florian:*** *Augustiner-Chorherrenstift. Reich geschnitztes Chorgestühl von A. Franz, 1690/91, in der Nische links Plastik des hl. Ambrosius, J. Auer, 1702.*

*Unten:* ***Waldsassen:*** *Zisterzienserinnenkloster in Waldsassen in der Oberpfalz. 1153 als Zisterzienserkloster (das 100. des Ordens) gegründet, 1571 aufgehoben, 1669 neu besiedelt, 1803 säkularisiert und 1863 von den Zisterzienserinnen von Seligenthal (Landshut) zurückerworben. Chorgestühl in der barocken Klosterkirche.*

*Gegenüber:* ***Ottobeuren:*** *Benediktiner-Kloster. Chorgestühl in der Klosterkirche.*

kirchlichen Unions- und Organisationsbestrebungen erblickten? Bonifatius, der „Apostel Deutschlands“, verlangt gewiß auf dem sogenannten deutschen Nationalkonzil, das am 21. April 743 tagte – der Ort der Zusammenkunft ist unbekannt –, daß in Hinkunft den Mönchen und Nonnen die Regel St. Benedikts als verbindliche Richtschnur vorzuschreiben ist; aber hier klingt doch eher die Sorge um die richtige und reguläre Observanz in den schon bestehenden Klöstern an, ein Grund für zusätzliche Stiftungen scheint damit nicht gegeben zu sein. Wenn man schließlich in der Niederschrift einer im darauffolgenden Jahr abgehaltenen Synode liest: „Die Äbte und Mönche haben die Regel des hl. Benedikt angenommen, um das geregelte klösterliche Leben wieder zu erneuern“, dann steht doch außer Zweifel, daß Bonifatius mehr die Reform als eine Vermehrung der Klöster verfolgte, ja vielleicht sogar verfolgen mußte. Denn die eigentlichen Klostergründer waren tatsächlich die Reichen und Mächtigen, und es zeigte sich sehr bald, daß ihre Absichten nicht immer mit jenen übereinstimmten, die für die Klöster von den geistig-geistlichen Vätern oder Regelvätern vorgelebt und vorgegeben wurden. Im 8. Jahrhundert

*Oben:* ***Kastl:*** *Ehem. Benediktiner-Kloster. Chorgestühl in der Stiftskirche.*
*Gegenüber links:* ***Zwettl:*** *Zisterzienserstift. Chorgestühl. Intarsia von Ladislaus Maleg, Skulpturen von Matthias Markh, um 1728.*
*Gegenüber rechts:* ***Engelszell:*** *Trappistenkloster. Chorgestühl.*

entwickelte sich nämlich immer mehr jene Form des Klosters, die unter dem Begriff „Eigenkloster" in die Geschichte einging. Wenn es zwar begrüßenswert war, daß auf Eigeninitiative weltlicher Herren Klöster angesiedelt wurden, denen man ein bestimmtes Land zuwies und die mit Höfen, Weinbergen und Wäldern ausgestattet wurden, so zeitigte doch die Beschränkung verschiedener Rechte, die die Kehrseite manch großherziger Stiftung ausmachte, sehr nachteilige Folgen. Die Stifter dieser Eigenklöster behielten sich meist gewisse Eigentumsrechte zurück, sie schenkten „ihre" Klöster weiter oder traten ihre Eigentumsrechte ab, unterstellten sie laut offizieller Version dem „Schutz" etwa des Königs oder einer anderen Persönlichkeit – vielleicht war es sogar der Bischof – und degradierten somit die Klöster zu Tauschobjekten, mit denen sie sich die Gunst des Beschenkten erwerben wollten. Schlimmer wirkte sich diese Entwicklung auf das Leben im Kloster selbst aus: Der „Eigentümer" reservierte sich ein Mitspracherecht bei der Wahl des Abtes, von dessen Amtsführung und Verwaltung schließlich der aus den gestifteten Gütern zu ziehende Nutzen abhing. Obwohl das einmal gestiftete Kloster Kirchengut wurde, konnte man sich sogar auf Papst Pelagius I. berufen, der schon im Jahre 560 verordnete, daß „derjenige zum Abt geweiht werden soll, den das Kloster und sein Besitzer aus der Brüdergemeinde erwählt". Über die Abtwahl hatte man schon im alten Mönchtum und zu Zeiten St. Benedikts, wie dann noch mehr in den Eigenklöstern versucht, auf die Klöster und die Mönchsgemeinschaften einen gewissen Einfluß auszuüben. Für den Stifter eines Eigenklosters war es selbstverständlich, daß er bei der Verwaltung des Klostergutes – so sehr es auch als Kirchengut betrachtet werden mochte und jeder Mißbrauch und jede Entwendung als Kirchenraub angesehen wurde – sich nicht nur ein Mitspracherecht einräumen ließ, sondern gleichzeitig als Nutznießer auftrat. Solange eine solche Einkommensteilung dem Kloster die nötigen Lebensgrundlagen ließ, konnte man dafür ganz sicher eine gut klingende Begründung finden. Es blieb aber nicht immer dabei; oft kam es zu regelrechten Plünderungen des Klostergutes, wobei der Eigenherr selbst zum Plünderer wurde. Die vorhin angedeutete Möglichkeit, ein Eigenkloster dem Schutz eines Höheren anzuvertrauen, besagt im Klartext natürlich nichts anderes als eine Überstellung eines Eigenklosters in das Gut eines anderen. Auf solche Weise konnten Klöster geradezu „gehortet" werden, womit nicht nur Besitz und Einkünfte daraus vermehrt wurden, sondern zugleich Macht und Einfluß stiegen. Dazu kamen andere Vorteile für den Eigentümer, wie das Quartierrecht für ihn und sein Gefolge – das in veränderter Form in manchen Klöstern bis ins 18. Jahrhundert hinein erhalten blieb –, freiwillige Abgaben und die Bezahlung für eine Anzahl von Soldaten.

Auf diesem Hintergrund ist die ganze weitere Entwicklung des Mönchtums zu betrachten. In aller Deutlichkeit zeigt sich hier, welche Ziele man mit einer Einrichtung verfolgen konnte, die aus der Überliefe-

rung und Tradition aus dem alten Mönchtum auf einen geistigen Führer abgestimmt war. Während am Anfang des Mönchtums, das sich bald als Gemeinschaftsform, als Zönobitentum verstand, der geistbegabte Gründer, der Mönchsvater stand, um den sich Schüler und Jünger scharten, womit eine sehr pluralistische und unabhängige Form des Mönchtums begründet wurde, war an diesem Punkt der Entwicklung folgendes zu beobachten: Der „pater spiritualis", der geistig-geistliche Vater, der bei Benedikt zum Abt wurde und sich einer Regel verpflichtet wußte, ohne davon in seinem väterlichen Führungsstil letztlich behindert oder eingeschränkt zu sein, konnte ersetzt werden. An seine Stelle konnte, vor allem dann, wenn schon eine Kommunität bestand, im Extremfall ein Günstling gestellt werden, der anderen hörig war. Man konnte sich, wie wir sahen, als Stifter und Eigenherr sogar selbst in diese Position emporheben, brachte damit eine Klostergemeinschaft in seine Abhängigkeit und gewann an Macht und Einfluß. Und Machtausübung verfolgt doch in den meisten Fällen politische Ziele. Unter solchen Gesichtspunkten konnte man Klöster, die schon allein durch Zugriff von außen ihrem Ideal entfremdet wurden, sehr wohl auch in Pläne und Zielstrebungen verwickeln, die wir heute als imperialistisch bezeichnen würden. Dies hatte zwangsläufig auch eine Demoralisierung der Bewohner dieser Klöster zur Folge. Auch ist zu bedenken, daß für eine Veränderung und Verbesserung dieser Zustände die einzelne, nur auf sich gestellte, unabhängige Kommunität eines Klosters nichts vermochte. Denn es gab keine übergeordnete Instanz, an die man hätte appellieren können, und die bewußte Eigenständigkeit der Klöster wirkte sich in diesem Fall gegen sie selbst aus. Deshalb war es für weltliche Mächte ein leichtes, sich in die zunächst auf rein transzendente Ziele ausgerichteten Angelegenheiten der Klöster einzumischen; und je zentralistischer eine Verwaltung ausgerichtet, je größer und mächtiger die Herrscherpersönlichkeit war, desto mehr mußte sie sich mit einer Entwicklung auseinandersetzen, die durch Mißbrauch zur Gefahr werden konnte.

Bei der Schilderung der Klostergründung von Kremsmünster war bereits angeklungen, daß Tassilo III. seinen Einflußbereich nach Osten ausdehnen mußte, um sich gegen die Unterwanderung der Karolinger im Westen seines Herzogtums abzusichern. Es ist nicht auszuschließen, daß in solche Machtkämpfe gerade auch die Eigenklöster miteinbezogen wurden. Manche Bemerkung in den Aufzeichnungen einzelner Klöster wird erst dann ins rechte Licht gerückt, wenn man die oben erwähnten Zusammenhänge bedenkt. Wenn beispielsweise in der Einleitung des Kirchenführers für das Kloster Metten zu lesen ist, daß das Kloster 766 von dem „seligen Gamelbert, Priester und Grundherr im nahen Michaelsbuch" gegründet wurde und der „geistige Sohn" des Gründers, „der selige Utto", als erster Abt dem Kloster vorstand, dann wird man dieser Feststellung mehr Bedeutung zumessen als die lediglich Tatsache der Stiftung. Hier ist der Tatbestand eines Eigenklosters gegeben. Beachtenswert ist auch das folgende: „Das spätere Mittelalter nennt Karl den Großen als Gründer, der daher in Metten bis zur Gegenwart liturgische Verehrung genießt. Die Gründe, warum die Persönlichkeit dieses im Mittelalter hochverehrten Herrschers in den Mittelpunkt der Gründungslegende rückte, können hier nicht erörtert werden." Umschreibt hier der Verfasser die Überstellung des Eigenklosters Metten in den Besitz Karls des Großen? Es ist anzunehmen, ohne im einzelnen die Belege hiefür in der Hand zu haben; denn Karl der Große gründete selbst kein einziges Kloster, sondern nahm jenes Gut, das ihm freiwillig oder auch von Rechts wegen zufiel, ganz einfach entgegen. Welche Gründe jeweils maßgeblich waren, um ein Eigenkloster dem Herrscher zu überantworten, ist nicht immer leicht festzustellen. Manche Klöster waren auf längere Zeit beispielsweise nicht lebensfähig, und der Stifter entledigte sich durch eine Schenkung an den Herrscher seiner Verpflichtungen; andere wurden dem Schutz des Königs anvertraut, weil es personelle Schwierigkeiten gab. Die Möglichkeit, ein Kloster dem Herrscher zu übereignen, bestand jedenfalls und Karl der Große, wie immer er in Zusammenhang mit einer Klostergründung gebracht werden mag – beispielsweise in Neustadt am Main, Amorbach, Ansbach, Herrieden, Gunzenhausen, Kempten, Ottobeuren, Tegernsee, Chiemsee oder Feuchtwangen –, war nicht der tatsächliche Stifter, sondern nahm in den meisten Fällen ein bestehendes Kloster in seinen „Schutz", wobei auch andere Gründe als rein pietätvolle mitspielten. Unter all diesen Gesichtspunkten betrachtet, können natürlich auch die Bemühungen eines hl. Bonifatius, die Regel des heiligen Benedikt gleichermaßen in allen Klöstern einzuführen, anders interpretiert werden. Vielleicht wird die Anhänglichkeit des als Winfrid bei den Benediktinern seiner Heimat, dem Königreich Wessex, Ausgebildeten an seine Lehrmeister überschätzt, wenn man annimmt, daß Bonifaz nur ihretwegen überall der Benediktinerregel den Vorzug einräumte. Sah er hierin nicht vielmehr eine günstige Voraussetzung für die Reform der Klostergemeinschaften, die im Zeichen der „Mischregelobservanz" und unter dem Einfluß der Eigenherren nur mehr eine Verzerrung des Ideals waren, das den charismatischen Führer oder den heiligmäßigen Pneumatiker als Grundpfeiler hatte? In seinen Gründungen – unter denen an erster Stelle Fulda zu nennen ist, und dann auf bayerischem Gebiet Eichstätt, Tauberbischofsheim, Ochsenfurt und Kitzingen – war vom Anfang an die Regel Benedikts die Grundlage des monastischen Alltags, in einer Ausrichtung freilich, die sich vom Urkloster, wie es St. Benedikt in Montecassino verwirklicht hatte, bereits entfernte.

Bonifatius gründete Missionsklöster, die gewiß schon in dieser Form Vorgänger hatten, nicht zuletzt in der Heimat des Heiligen, die aber doch für die weitere Entfaltung der Benediktinerabtei zumindest im Frankenreich maßgeblich waren. Wenn nämlich später Karl der Große in einer allgemeinen Vorschrift im Jahre 789 anordnete, in jedem Kloster solle eine Schule eingerichtet werden, in welcher der klerikale Nachwuchs in einer soliden, wissenschaftlichen Form auszubilden sei, dann konnte man das Kloster, wie Bonifatius es konzipiert hatte, als Modell heranziehen. Bonifaz und Karl der Große haben noch etwas anderes gemeinsam, wenn es um die Funktion der Klöster geht: Durch die Einführung der Benediktinerregel konnte nicht nur eine Anhebung des sittlichen Niveaus der Klosterbewohner erreicht werden, sondern zugleich eine Einheitlichkeit, die für die Absichten eines Kaisers wichtiger sein mochte als für einen Bischof. Bedenkt man außerdem, daß Bonifatius die Ausrichtung der Klosterpolitik auf Rom durchzuführen auf sich genommen hatte, dann sind auch hier die Gleichklänge mit dem weltlichen Herrscher unverkennbar. Bei Karl dem Großen werden die Klöster einer Reichsidee untergeordnet, in der natürlich Rom ein Polarisationspunkt ist. So wird nicht nur die Uniformität in der Liturgie angestrebt. Man geht gründlich zu Werk und fordert ein Urexemplar der Regel Benedikts an, beschafft sich die Unterlagen für die Liturgiereform, und wenn den Berichten zu glauben ist, kam in diesem Zusammenhang mit einer Abschrift der Consuetudines, der Lebensgewohnheiten, aus Montecassino auch das Trinkmaß für die Hemina Wein, das Benedikt erlaubte, über die Alpen in den Norden.

Parallel zu dieser Gründlichkeit bei der Beschaffung der Vorlagen für das monastische Leben verlief das Bemühen Karls des Großen, bei allen Gelegenheiten die Fehler der Mönche und Kleriker anzuprangern und die Vorzüge der Beachtung jener Grundsätze, die neu eingeführt wurden, anzupreisen. Karl der Große hatte vor Augen, die Klöster zu Kulturzentren umzuwandeln und als „Musterfarmen" einzurichten. Gleichzeitig beschränkt er den Nachwuchs für die Klöster; denn jeder Klostereintritt, vor allem wenn es sich um einen Freien handelte, verringerte die Zahl seiner Soldaten. So darf der Freie nur mit Zustimmung des Herrschers die „Kutte" mit der Kriegsrüstung vertauschen, und selbst die Zahl der Kandidaten aus den Reihen der Hörigen wird beschränkt. Im übrigen unterstützt der Herrscher offensichtlich nur jene Klöster, denen eine wichtige Funktion zufällt. Dort wo heidnische Stämme zu bekehren sind, entstehen mit Hilfe des Kaisers neben den Bistümern auch neue Abteien. Hierin erhalten die Gunsterweise an St. Emmeram in Regensburg und Niederaltaich, die mit der Awarenmission beauftragt sind, ihre Begründung, wie auch die Vorrangstellung Salzburgs beleuchtet wird, dem die Pannonische Mark als Missionsgebiet zugeteilt wird. Nicht übersehen sei, daß Mondsee, Kremsmünster, Metten und Moosburg ebenfalls mit Besitzungen in Pannonien verankert waren und daher anzunehmen ist, daß sie dort für die Mission tätig wurden. Tegernsee wiederum könnte schon um 800 eine Mönchskolonie nach St. Pölten entsandt haben. Die Mönche von Innichen schließlich, das schon 769 der Bayernherzog gegründet hatte, wurden ausersehen, den Alpenslawen das Evangelium zu verkünden. Die Aktivitäten Karls des Großen auf dem Gebiet der Klöster wären an vielen Details darzustellen, man kann sich des Eindrucks nicht erwehren, daß er seine Klosterpolitik nach einem überlegten Plan betrieb. Er hatte allerdings nicht primär das Wohl der Klöster als geistliche Institutionen im Auge, als vielmehr deren Beiträge zur Verwirklichung seiner eigenen

Machtbestrebungen. Wenn er also die Kanoniker anhielt, als Regularkanoniker nach Satzungen zu leben, und den Mönchen – erstmals wird klar zwischen Kanonikern und Mönchen unterschieden – die Regel Benedikts als alleinige Norm gab, dann ging es um Staatsinteressen und um Anhebung des disziplinären Niveaus im Dienste seines Imperiums.

Vom Gesichtspunkt des mönchischen Ideals aus betrachtet ist Karl der Große eher jener Herrscher, der sich dieses Ideal botmäßig machte und es zur Institution werden ließ, indem er dem rein transzendenten Ziel christlicher Vollkommenheit die Aktivität eines solchen Einsatzes von seiner Reichsidee abhängig machte. Zugleich bemächtigte sich der Herrscher vieler Klöster, machte sie zu königlichen Eigenklöstern und ließ sie sogar zu einem Bestandteil des Krongutes werden. Während der Vakanz einer Abtei fielen deren Einkünfte dem Herrscher zu, und somit gerieten die Äbte in Gefahr, zu Staatsbeamten zu werden.

An dieser Stelle dürfte endgültig deutlich geworden sein, daß die Gleichschaltung der Klöster – früher gerne als endgültiger Sieg der Regel Benedikts gefeiert –, die Abkehr von der Mischregelobservanz, vom Pluralismus also als letztem Ausläufer jener vitalen mönchischen Frühform, die im Mönchsvater und im Abt ihren Urgrund hatte, eine echte Verarmung eines Überlieferungsstromes darstellte, der – ursprünglich breit angelegt – nun zu einem Rinnsal zusammenschmolz.

So einschneidend die Maßnahmen unter Karl dem Großen erscheinen mögen, tiefgreifender waren die Veränderungen, zumindest für die Benediktiner, die unter seinem Nachfolger, Ludwig dem Frommen, vorgenommen wurden. Bis jetzt war es um die Abschaffung von Mißständen, um die Vereinheitlichung in Regel und Liturgie im Hinblick auf einen schlagkräftigen und zweckdienlichen Einsatz der Klöster im Interesse des Staates gegangen. Unter Ludwig dem Frommen veränderten sich die Dinge insofern, als mit der Durchführung der Reformen ein benediktinischer Abt betraut wurde, der die Hand an die Verfassung der Regel selbst anlegte. Es war der nachmals berühmt gewordene Benedikt von Aniane, ein geborener Witiza aus dem Geschlecht der Grafen von Maguelone. Sein Geburtsjahr kann nicht genau angegeben werden, dürfte aber vor 750 liegen. 774 trat er in die Abtei Saint-Seine bei Dijon ein und gründete 780 auf dem väterlichen Besitz in Aniane, in der Nähe des heutigen Montpellier, ein eigenes Kloster. Hier mußte er nach einigen Versuchen, die auf den Nachvollzug des alten Mönchtums abzielten, einsehen, daß seine Zeit und ihre Menschen mit einem solchen Rückschritt in die Vergangenheit nicht mehr zurechtkommen konnten. Er richtete sich daher nach der Regel Benedikts und brachte innerhalb kurzer Zeit nicht nur sein eigenes Kloster zu hohem Stand und Ansehen, sondern sein Einfluß dehnte sich bald auf zahlreiche andere Abteien aus, die er visitierte und denen er seine Verbesserungsvorschläge im Lichte der Regel Benedikts vortrug. Erstmals begegnet uns in Benedikt von Aniane ein Reformator, der eine Veränderung zum Besseren in den einzelnen Abteien in Verbindung brachte mit den Lebensgewohnheiten. Wie wir sahen, ließ St. Benedikt in seiner Regel der Autorität des Abtes einen weiten Spielraum der Eigenentscheidung. Stand an der Spitze eines Klosters ein fähiger, verantwortungsbewußter Vater, dann konnte die ganze Lebensweise in diesem Kloster, die Observanz nur eine gute sein, weil sie nach der Regelinterpreta-

*Links:* ***Niederaltaich:*** *Benediktiner-Kloster in Niederbayern. Mitte des 8. Jh. gegr., von der Reichenau aus besiedelt. Im 10. Jh. durch die Ungarnkriege verarmt, kurze Zeit Kanonikerstift, unter dem hl. Godehard benediktinisches Reformzentrum. 1803 säkularisiert, 1918 neu besetzt, seit 1930 Benediktiner-Kloster.*

*Gegenüber:* ***St. Emmeram:*** *Ehem. Benediktiner-Kloster in Regensburg, Oberpfalz. Vor 739 Sitz einer Mönchsgemeinschaft, Benediktiner-Kloster bis 1810. Gotischer Kreuzgang.*

tion und dem Vorbild des Abtes ausgerichtet war. Versagte der Abt, dann konnte es auch zu einem Verfall des mönchischen Ideals und damit der Observanz kommen. Deshalb – und vermutlich auch auf Grund unterschiedlicher Erfahrungen während seiner Tätigkeit im Dienste der Reform – forderte Benedikt von Aniane die Festsetzung des Grundsatzes, es dürfe in allen Klöstern nur ein und dieselbe Gewohnheit, „una consuetudo" geben. Benedikt von Aniane selbst kam die Aufgabe eines „Generalabtes" über alle Klöster des Reiches zu, und Ludwig der Fromme baute ihm in der Nähe seiner Aachener Residenz, in Inden, ein eigenes Kloster: das spätere Kornelimünster.

Vom Herrscher wurde auf dem Reichstag des Jahres 816 in Aachen auch die Einrichtung und Reform der Kanoniker proklamiert, die eine gewisse Angleichung an die Mönche erfuhren – das wesentliche Unterscheidungsmerkmal bestand letztlich nur mehr in der Besitzlosigkeit der Benediktiner. 817 lag in 75 Kapiteln das Reformwerk der Benediktiner vor, das vom Herrscher gutgeheißen wurde. Die Regel Benedikts mußte nun in den Klöstern wortwörtlich durchgeführt werden. Es ging nicht mehr um eine allgemeine Ausrichtung nach ihrem Geiste, sondern um ihre buchstabengetreue Befolgung.

Die Mönche hatten diese Regel sogar auswendig zu lernen. Auf Benedikt von Aniane führen neuere Forschungen auch die Bemühungen um das Urexemplar der Regel aus Montecassino zurück, was meist Karl dem Großen als besonderes Verdienst angerechnet wird. Über die Maßnahmen des zweiten großen Benedikt gibt es einen Bericht von zwei Mönchen aus der Reichenau, die eine Abschrift jenes Regelkodex aus Montecassino, der dann in Aachen aufbewahrt wurde, gemacht haben sollen. Diese Abschrift glauben manche Forscher im Kodex 914 von St. Gallen überliefert zu haben, was nicht zu beweisen ist, auch wenn er für die Textüberlieferung selbst einer der ältesten und wichtigsten Zeugen ist.

Die verschiedenen Bemühungen Benedikts von Aniane – wie etwa die Bestimmung, daß jedes Kloster zwei seiner Mönche zur Einschulung in das Kloster Inden zu schicken hatte, oder die Privilegisierung der freien Abtwahl in den königlichen Eigenklöstern – zielten alle auf eine Sicherung des Bestandes der monastischen Observanz in den Klöstern ab. So lobenswert die Tätigkeit dieses gewiß überragenden Abtes – man ist fast versucht, „Reichsabtes" zu sagen – war, so bleibt doch der Eindruck einer grundsätzlichen Veränderung des Ideals von St. Benedikt zurück. Modern ausgedrückt, wollte der Abt von Inden eine Ideologisierung des Benediktinischen und war bereit, dafür die Eigenständigkeit und Unabhängigkeit der einzelnen Abteien zu opfern aus der Sorge, die durch das Gesetz und eine Art Verbandszugehörigkeit gewonnene gute und reguläre Observanz wieder zu verlieren. Hatte Karl der Große die Mönche als Bestandteil seiner Reichskirche gesehen, so rang Benedikt von Aniane um das Mönchtum als solches, um seinen ehrenvollen Bestand und seine Anpassung an veränderte Zeitverhältnisse. Hier liegen die Ansatzpunkte zu jener Entwicklung, die später in den Augen vieler zum „Benediktinerorden" führte.

Die Institutionalisierung des Mönchtums, die mit dessen Klerikalisierung Hand in Hand ging, Übergriffe aus dem weltlichen Bereich, wie die Einrichtung der Eigenklöster, mögen eine Vereinheitlichung des Klosterwesens bedingt haben; andererseits ist diese Vereinheitlichung zugleich das Eingeständnis, daß mit der Vermehrung der Klöster die Mittelmäßigkeit auch hinter Klostermauern Einzug hielt. Auf solche Weise mußte das Ideal des Mönchtums verblassen, will man nicht annehmen, daß mit den Aufgaben, die ihm im neuen Reich zuwuchsen, die erwähnten konstitutionellen Veränderungen ihre Berechtigung erfuhren. Vielleicht ist es ein Kennzeichen abendländischer Kultur oder menschlicher Gesellschaft überhaupt – und das Mönchtum könnte als Spiegel der Erkenntnis dienen – daß Einrichtungen, selbst solche mit göttlicher Urheberschaft wie die Kirche, nur dann Bestand haben, wenn das Wehen des Geistes durch den Kodex abgesichert und juristisch gezügelt ist. Es spricht für das Mönchtum, daß sich die Vereinheitlichung der Lebensgewohnheiten durch Benedikt von Aniane auf Dauer nicht halten ließ. Man mag zwar die straffe und ebenfalls verabsolutierte Form des cluniazensischen Mönchtums als eine Folge der anianischen Reform sehen, es überlebte weder die eine noch die andere Form, schon gar nicht im alpenländischen Bereich.

Wenn nun, wie schon erwähnt, der Versuch, durch uniformierte und festgelegte Lebensgewohnheiten die Benediktiner zu einem Orden umzufunktionieren, keinen dauerhaften Erfolg zeigte, dann deswegen, weil die administrativen Einrichtungen dafür ganz einfach noch nicht geschaffen waren. Jedes Kloster blieb vorerst unabhängig und selbständig. Es war noch ein weiter Weg bis zum Tag des Zusammenschlusses aller benediktinischen Klöster, Observanzen und Verbände, der erst im Jahre 1893 anbrach. Die Fundamente wurden in der Zeit der Karolinger gelegt. Man könnte dies in vielen Details nachvollziehen, begnügen wir uns mit einigen Beispielen:

Für die Absicherung in wirtschaftlichen Belangen, in welche die Gemeinschaften derjenigen immer mehr verwickelt wurden, die zunächst nur im Zeichen der „evangelischen Räte" (so werden die Aufforderungen des Herrn genannt, die wir aus dem Neuen Testament angeführt haben) ihr Leben gestalten wollen, führte Karl der Große im Jahre 790 den Vogtzwang ein. Aus zahlreichen Berichten und Erzählungen ist der Klostervogt in schlechter Erinnerung. Ursprünglich sollte er in weltlichen und rechtlichen Geschäften die Interessen eines Klosters wahrnehmen, damit es den Brüdern oder Schwestern einer klösterlichen Kommunität erspart bliebe, in eigener Person für solche Angelegenheiten aufzutreten und die Abgeschiedenheit und Stille des Klosters mit der rauhen Welt geschäftlicher Betätigung zu vertauschen. Sein eingedeutschter Name „Vogt" läßt sich von „advocatus" ableiten. In den Frankfurter Kapitularien des Jahres 802 lesen wir die Verordnung des kaiserlichen Herrn, daß „Bischöfe, Äbte und Äbtissinnen advocati haben sollen." Was anfänglich als segensreiche, rechtlich abgesicherte Neueinführung eines christlichen Herrschers gelten mochte, wandte sich im Laufe der Jahre und Jahrhunderte gegen die Beschützten und Vertretenen selbst; denn die

Vögte mißbrauchten ihr Vertretungsrecht, erhoben sich zu den eigentlichen Herren und fühlten sich nicht mehr als bloße Beauftragte der Klöster. Wenn sie ursprünglich mit der Waffe umgürtet Rechtshandlungen für das zu beschützende Kloster wahrnahmen, dann standen sie als Freie – und nur der Freie konnte bewaffnet auftreten – für die Mönche oder Kleriker in der Öffentlichkeit, denen von jeher das Waffentragen untersagt war. Waffenschutz, gerichtliche Vertretung und Verwaltung eines stiftlichen Amtsbezirkes, der die Niedergerichtsbarkeit miteinschloß, boten schließlich Anreiz, eine solche Stellung ins Erbrecht für die eigene Familie überzuführen und den Adeligen vorzubehalten. Nicht selten also – und von daher, aus dem Mißbrauch einer an sich guten Einrichtung der schlechte Ruf der Vögte – erhoben sich Beamte eines bevogteten Klosters zu den eigentlichen Herren oder Beherrschern ihrer Herren, und aus „den Rechtswahrern wurden nur zu oft gefürchtete Rechtsunterdrücker" (Romuald Bauerreiss). Solcherart wird die immer engere Verstrickung der Klöster in die feudalen Machtstrukturen des Mittelalters erklärlich. Was anfänglich zum Nutzen, zum Schutz der „Gottgeweihten" gedacht und eingerichtet war, konnte später in das Gegenteil ausarten und bedurfte langer Gegenaktionen der gelegentlich allzu schlecht und abwegig „Beschützten" um eine Freistellung von ihren Vögten. Bei den Benediktinern gelang es erst über den Einfluß und das Bemühen der Hirsauer – und damit der Reform von Cluny, die klösterliche Vogtfreiheit zu erwirken. Die Zisterzienser unterstellten sich von Anfang an der königlichen Schutzherrschaft und entkamen somit den örtlichen Vögten. Der Klostervogt ist, wie immer man über dieses Amt und seine Träger denken mag, zugleich ein Zeichen dafür, wie sehr die Klöster bereits von festem Bestand waren und ihre weltliche Macht ausgebaut hatten. Es mag aufreizend klingen, wenn man die notgedrungene Ausweitung der Aufgabenbereiche und der Werkstätten als Machtzuwachs bezeichnet, aber aus jedem Eingreifen in die Alltäglichkeiten dieser Welt – zum Wohle der Mitmenschen – konnte sich allmählich eine gewisse Machtposition entwickeln. Zu der „familia" eines Klosters, die sich aus all jenen Bediensteten und Beamten zusammensetzte, die durch ihre Dienstleistung (famulatus) zur Gemeinschaft gehörten, kam später die Gruppe der Hörigen und Tributpflichtigen hinzu, die den „famulatus servilis" zu leisten hatten. Sosehr im Begriff „Familie" die Zusammengehörigkeit, das Miteinandersein für ein höheres Ziel anklingt, hören wir heute aus dem Wort „Höriger" die Unfreiheit, die Unterwürfigkeit und den Machtmißbrauch heraus. Vergessen wir aber nicht, daß wir damit unser Denkmodell und unsere Vorstellungen einer anderen Zeit oktroyieren, in der die Formen des menschlichen Zusammenlebens erst ausgebildet werden mußten und die kirchlichen Institutionen der phantastischen Vision einer möglichen Einheit zwischen Kirche und Staat unterlagen. Es steht fest, daß beim Aufbau dieses Reiches, das sich heilig, römisch und deutsch zugleich titulierte, den Klöstern eine Rolle zukam, die sie auf dem Gebiet des Schulwesens, der Administration, der Bildung und nicht zuletzt des religiösen Lebens zu Bollwerken in erster Reihe des Fortschritts werden ließ; zugleich wurden sie aber durch dieses sicherlich ehrlich gemeinte Bemühen zu Gunsten ihrer Mitmenschen in Gefahr gebracht, der eigentlichen und inneren Werte beraubt zu werden. Es sei nicht übersehen, daß im „Strahlenden" und „Erhabenen" schon ein geringes Abweichen vom Ideal als Verfall gesehen wird; andererseits bewahrheitet sich nicht selten das Dichterwort: „Es liebt die Welt das Strahlende zu schwärzen und das Erhabene in den Staub zu ziehen." Es wäre angebracht, den so häufig verwendeten Begriff des Eigenverständnisses auch auf die Vergangenheit zu beziehen und auch die kirchlichen und klösterlichen Belange aus ihrem Weltbild und ihrer Sicht zu betrachten. Weiterbildung und Festigung eines geistigen Inhalts können nicht selten zu seiner Einengung führen; aus der schlichten Spontaneität kann Erstarrung erwachsen, wenn man Leben und Lebendigkeit durch Verbriefung absichern will. Festgefügte Formen können aber auch das Gerippe abgeben, das einem Gebilde wie dem „corpus monasticum", einer gestaffelt gegliederten Klostergemeinschaft, Halt und Bestand verleiht und die Letztvollendung aller Beteiligten gewährleistet. Zu solchen Überlegungen gelangt man, wenn man die Entwicklung der Klöster überblickt. Und war schon die bisherige Geschichte des Mönchtums ein dauernder Anpassungsprozeß an veränderte Umweltbedingungen, so scheint ihm die Ausbildung des Einzelklosters zum Klosterverband in nichts nachzustehen.

Ad montem S. Petri translata
Eisenhove

# VI.

# Frühformen der Klosterverbände

Lassen wir die schon geschilderte Situation der Klöster unter Benedikt von Aniane außer acht und wenden wir uns jenen Anzeichen zu, die einen kommenden Zusammenschluß der Klöster erahnen helfen, dann wäre an erster Stelle an die Frühform der Gebetsverbrüderungen zu erinnern. Die lexikale Begriffsbestimmung lautet: „Gebetsverbrüderung (fraternitas, familiaritas, foedus, societas) ist eine vertragliche Vereinbarung geistlicher Gemeinschaften untereinander bzw. mit Weltpriestern oder Laien, um sich gegenseitig durch Gebete, Meßopfer und gute Werke geistliche Hilfe im Leben und nach dem Tod zuzuwenden. Die Gebetsverbrüderung wurzelt im Gedanken der christlichen Nächstenliebe und in der Lehre von der Gemeinschaft der Heiligen." (Lexikon für Theologie und Kirche.) Hinter dieser Formulierung steckt nichts anderes als jene Praxis, die schon für die Karolingerzeit belegbar ist, nämlich daß klösterliche Kommunitäten untereinander für ihre Verstorbenen gewisse Gebetsverpflichtungen eingingen oder auch für das Seelenheil jener Verstorbenen beteten, die zwar nicht zu einem befreundeten Kloster gehörten, aber sich in diese Fraternität einschreiben ließen. Wurde der Tod eines Mönchs oder eines aus dem Laienstand Assoziierten mitgeteilt, dann rezitierte entweder die ganze Kommunität etliche Tage oder Wochen hindurch den Psalter, also alle 150 Psalmen für den Verstorbenen, oder die einzelnen Angehörigen eines Klosters taten das gleiche, nur eben nicht gemeinschaftlich, sondern jeder für sich. Priestermönche hatten ein Meßopfer für die Seelenruhe des Verstorbenen zu feiern, und später wurde das Totenoffizium meist sogar gesungen. Im Laufe der Jahrhunderte entwickelten sich aus einem eher bescheidenen Beginn vielerlei Formen der sogenannten Suffragien, jener Liebeswerke, die den Verstorbenen durch Gebetsverbrüderung mit einem Kloster erwiesen wurden. Aus einfachen Urkunden, durch die man den Tod eines Mitglieds der Fraternität anzeigte, wurden später die berühmten Totenroteln; sie sind für uns wertvollste Zeitdokumente und zugleich übersichtliche Aufstellungen über die Klöster eines ganzen Distrikts. Die Eintragungen im Nekrolog eines Klosters, dem Verzeichnis aller Verstorbenen des eigenen Hauses, wie eben auch der durch Fraternität – manche sehen darin eine Art „genossenschaftlicher Zusammengehörigkeit" – angeschlossenen Gemeinschaften, bieten sich ebenfalls dem Forscher als

*Gegenüber:* ***Scheyern:*** *Benediktiner-Kloster.* ***Totenrotel:*** *Für die Benachrichtigung über den Tod eines Mitbruders der in Gebetsverbrüderung stehenden Klöster gab man den Boten Roteln mit, durch die nicht nur der Tod angezeigt, sondern zugleich das Kloster bildlich vorgestellt wurde. Darstellung von wandernden Mönchen, im Hintergrund das Kloster.*

*Oben:* ***Scheyern:*** *Rotelbuch. Gründungsgeschichte samt Kreuzreliquie des Wallfahrtsklosters Scheyern in Oberbayern. Totenrotel aus der Barockzeit (Aufbewahrungsort Scheyern).*

historische Quelle an. In einigen österreichischen Stiften sind nicht nur solche Totenbücher erhalten, sondern es werden auch aus ihnen noch wie seit ihrer Einführung für jeden Tag die Toten vorgelesen und in das Gebet der Brüder eingeschlossen. Wie weit verbreitet solche Gebetsverbrüderungen sein konnten, zeigt schon im 9. Jahrhundert die Tatsache, daß mit dem Kloster Reichenau 100 Klöster verbrüdert waren und darüber hinaus sich fast 40.000 Mitglieder in die Listen eintragen ließen, aus denen dann ganze Bücher, die „Libri confraternitatum" wurden. Ein solches, einem Bruderschaftsverzeichnis gleichkommendes Buch der Gebetsverbrüderungen ist uns für St. Gallen erhalten geblieben. In Rottenbuch sind die Namen der assoziierten Klöster auf einer Tafel im linksseitigen Chorgestühl der jetzigen Pfarrkirche aufgezeichnet.

Die schöne Sitte des vereinten Gebets für die Seelenruhe einer verbrüderten Persönlichkeit oder eines verstorbenen Bruders aus einer verbrüderten Klostergemeinschaft weist noch auf etwas anderes hin: Die ursprünglich völlig unabhängigen Klöster treten zueinander in Beziehung. Die Mönche der verschiedenen Klöster werden zu Mitbrüdern, und es zeigt sich ein gewisses Gefühl der Zusammengehörigkeit. Beachtlich ist freilich, wie sehr sich damit die Benediktiner bereits über ihre Regel hinaus weiterentwickelt hatten. Bei Benedikt selbst findet man kaum eine Angabe über die Bestattung der Toten oder das Gedächtnis für die Verstorbenen. Lediglich im 4. Kapitel seiner Regel, das aber fast gleichlautend mit der Magisterregel ist und allgemein die „Instrumente der guten Werke" behandelt, heißt es schlicht und einfach: „Die Toten begraben." Ich denke dabei unwillkürlich an die schmucklosen, ärmlichen, wenn nicht sogar verwahrlosten Klosterfriedhöfe der Mönche auf dem Athos, an ein Holzkreuz, auf das mit ungelenker Hand schlicht „Mönch Athanasios, 104 Jahre alt" geschrieben ist. Dem folgt das Sterbedatum, das zugleich als Geburtsdatum für jene andere Welt gilt, deretwegen man auf alles verzichtet hat. Unwichtig also, wenn die Stätte der Beerdigung, die der Gläubige schon vertauscht hat mit himmlicher Herrlichkeit, vergessen und zertreten wird. Ähnliches empfindet man bei der Anweisung Benedikts. Später aber werden nun im Zeichen des Fortschritts Urkunden ausgestellt, in denen man sich für das Fürbittgebet verpflichtet, Boten ziehen von Kloster zu Kloster und melden den Tod eines Mitbruders. Schließlich liegt hier auch der Ansatzpunkt für die liturgische Weiterbildung des Totenkultes, der in Cluny einen ersten Höhepunkt erreichte. Das Zusammenrücken der Klöster schafft also auch eine Basis für strukturelle Querverbindungen, auf denen man weiterbauen konnte. Später zwangen materielle Zuwendungen die Mönche zum Gebet für bestimmte Verstorbene, und somit ist, wie so oft, der Grundstock zu Abwegigkeit und Ärgernis gegeben. In den Totenbüchern sind gelegentlich solche „fromme" Stiftungen vermerkt, und die Vermehrung des Besitzstandes der Klöster ist in einem gewissen Grad auch dieser Entlohnung für das Gebet zum ewigen Seelenheil mancher Verstorbenen zu verdanken. Selbstverständlich ist man versucht, in diesem Zusammenhang an vielerlei Mißbrauch zu denken, dem schließlich Luther entgegentrat, aber dem steht gerade in den Klöstern das durchaus ehrli-

*Oben:* ***Scheyern:*** *Benediktiner-Kloster. Rotelbuch, die Stifter des Klosters.*
*Gegenüber:* ***Scheyern:*** *Darstellung des Klosters im Rotelbuch Scheyern aus der Barockzeit.*

che Bedürfnis gegenüber, den Totenkult auszugestalten. Im 12. und 13. Jahrhundert übernehmen dann manche Brüderschaften die Aufgabe, der Sterbenden und Verstorbenen sich anzunehmen. In Italien haben sich solche oft merkwürdige, in Kleidung und Ritual auffallende Vereinigungen bis in unsere Tage gerettet, wie ich mich selbst überzeugen konnte. Einen gewissen Abschluß und Höhepunkt zugleich erreicht die Sorge für die Toten in der Einführung des Allerseelentages durch Abt Odilo von Cluny (gestorben 1048), jener Klosterstadt, die in ihren Ruinen, die nur mehr einen geringen Teil des ehemaligen Klosters repräsentieren, selbst heutige große Klöster noch übertrifft. Obwohl nur ein Drittel der Kirche übriggeblieben ist, die uns bis in das 19. Jahrhundert und bruchstückhaft noch heute eine Vorstellung vom alten St. Peter in Rom vermittelt, läßt sich daraus die Bedeutung dieser burgundischen Abtei ableiten. Ihre Gründung (910) fällt in jene Jahre, in denen das Mönchtum benediktinischer Prägung, das zugleich auf das karolingische Reich ausgerichtet war, in die Krise dieses Machtbereichs hineingerät. Cluny stellt gewissermaßen einen neuen Beginn, einen Neuansatz für die Benediktiner dar. Die Cluniazenser berufen sich zunächst auf Benedikt von Aniane, der mittels einer einheitlich vorgeschriebenen Lebensgewohnheit nach der Regel St. Benedikts die bis zu diesem Zeitpunkt unabhängigen, selbständigen und durchaus unterschiedlichen Klöster in einer Art Verband zusammenschließen wollte. Über den Einfluß von außen mag es zeitweise gelungen sein, diese Einheitlichkeit durchzusetzen; ihr folgte allerdings dann ein fast katastrophaler Verfall und Niedergang. Betrachtet man die Gründungsdaten unserer Klöster und Stifte, dann wird aus der zweiten Hälfte des 9. und aus dem 10. Jahrhundert kaum eine Klostergründung bekannt sein, was als Zeichen einer Krise gelten mag. Erst um die Jahrtausendwende und im 11. Jahrhundert setzen neuerliche Bemühungen ein, die in vielen Fällen zu Neugründungen führen. In der Zwischenzeit war in Cluny eine Form des benediktinischen Mönchtums geschaffen worden, die zwar die Tradition des kulturellen Engagements der karolingischen Reichsabteien fortsetzte, die aber zugleich eine ganz andere, letztlich einer Verzeichnung gleichkommende Ausrichtung erfuhr: Die Überbetonung des liturgischen Bereichs. Handarbeit und sonstige praktische Betätigungen, wie sie die Regel Benedikts vorsah, wurden aus dem Tagesprogramm genommen oder so sehr reduziert, daß die für St. Benedikt und seine Söhne typische Ausgewogenheit des mönchischen Lebens verlorenging. Seit dieser Zeit werden die Benediktiner mit feierlicher Liturgie in Verbindung gebracht. Man hat sie gleichsam zu den Hütern des sogenannten „gregorianischen" Chorals gemacht, wofür in unseren Tagen andere Mönche des französischen Sprachraums, nämlich die Patres von Solesmes, verantwortlich zeichnen; das fruchtbare Wirken der Cluniazenser ist aber immer noch unverkennbar. Für die damalige Zeit einschneidend – wenn auch für die weitere Ausgestaltung der benediktinischen Verbände und späteren Verfassung von geringerer Bedeutung – war das Prinzip der Unterstellung der Klöster unter die Zentralverwaltung von Cluny. Alle Klöster und klösterlichen Gemeinschaften, die in Cluny ihr Vorbild sahen unterstanden dem Abt von Cluny, so daß es nur ein Oberhaupt gab, was keineswegs im Sinne von St. Benedikt war. Die Mönche abhängiger Priorate und Zellen hatten ihre Profeß auf Cluny abzulegen, was spätere Ordensver-

bände vorwegnahm und in der damaligen Zeit eine nicht zu übersehende Machtkonzentration bedeutete. Cluny bestand darüber hinaus auf Unabhängigkeit von weltlicher Obrigkeit und richtete sich nach Rom aus, wo ebenfalls sein Einfluß nicht zu übersehen ist. Es wurde zu einem einzigen, großen „Organismus", der ohne feudale Gesellschaftsordnung nicht zu verstehen wäre. Cluny erbrachte eine Vereinheitlichung und damit zugleich eine Sicherung des benediktinischen Mönchtums seiner Einflußsphäre und machte ebendiesen seinen Einfluß mittelbar oder unmittelbar in vielen Klöstern geltend. Im heutigen Bayern und Österreich wirkte Cluny durch Vermittlerklöster, während auf Schweizer Gebiet beispielsweise Romainmotier, Payerne, St. Viktor in Genf, Rüggisberg, Münchenwiller (Villars-les Moines) und St. Alban in Basel von Cluny abhängige bzw. ihm unterstellte Priorate waren.

Außer Cluny gab es zur gleichen Zeit noch andere Reformzentren, deren wichtigstes Gorze bei Metz war. In dem kleinen lothringischen Ort Gorze erinnert heute kaum mehr etwas an die große Vergangenheit seines Klosters, von dem nicht einmal eine Kirche übriggeblieben ist. Gorze wirkte aber über St. Maximin in Trier und insbesondere über St. Emmeram in Regensburg in den süddeutschen Raum, während die cluniazensischen Gewohnheiten und Auffassungen über die Vermittlerklöster Hirsau, St. Blasien im Schwarzwald und über Siegburg in die bayerischen und österreichischen Klöster gelangten. Die Observanzen überschnitten sich, und gelegentlich lösten sich in ein und demselben Kloster die verschiedenen Lebensauffassungen sogar ab. Wenn man die Consuetudines, also die schriftlichen Zeugnisse der Lebensgewohnheiten, in den Klosterbibliotheken studiert, ist es daher gelegentlich wirklich nicht einfach zu entscheiden, nach welcher Form die Mönche gelebt haben. Die Unterschiede mögen oft nebensächlich erscheinen, aber sie sind doch in vieler Hinsicht für uns von Interesse, weil sie unter anderem in der Bauweise der Klöster und in den liturgischen Eigenheiten ihren Niederschlag fanden. Im 11. und 12. Jahrhundert entwickelten die Klöster große Aktivitäten. Die einen wurden reformiert, andere gegründet, wieder andere richteten Parallelklöster ein. Über die vorhin erwähnten und unter dem Sammelbegriff Jungcluniazenser zusammengefaßten Reformbestrebungen kam eine Einrichtung wieder zu Ehren, die zwar auf eine alte Tradition zurückblicken konnte, bei uns allerdings erst in dieser Zeit eine gewisse Bedeutung erlangte: die Doppelklöster. Neben einem Männerkloster wurde ein Frauenkloster angesiedelt, und zwischen beiden bestanden Beziehungen einer gewissen Abhängigkeit und Zugehörigkeit. Über diese Einrichtung erzählt man sich noch heute die merkwürdigsten Geschichten von unterirdischen Geheimgängen, von Kinderskeletten und anderen Kuriositäten. Es sei nicht in Abrede gestellt, daß nicht alles frei erfunden sein mag. Zur Zeit ihrer Gründung waren es aber sicherlich andere Motive, die den Benediktinerinnen den Schutz ihrer Mitbrüder angedeihen ließen. Viel mehr als die Zeit und der Geist der „Frauenminne" spielten Beweggründe praktischer wie auch religiöser Natur eine Rolle. Zu Beginn des 12. Jahrhunderts wurden jedenfalls gegen vierzig Doppelklöster in den deutschen Landen eingerichtet, von denen sich nur wenige auf Dauer halten konnten. Bis in das 15. und 16. Jahrhundert blieben nur folgende Doppelklöster im süddeutschen Raum bestehen, um dann in Vergessenheit zu geraten: Ossiach (bis zum Brand von 1484), Biburg (bis 1549), Admont (bis Mitte des 16. Jahrhunderts ), Göttweig (bis 1557) und St. Peter in Salzburg (bis 1583). In Salzburg bestand das Doppelkloster nicht etwa aus dem Männerkloster von St. Peter und dem Frauenkonvent am Nonnberg, sondern die Petersfrauen wohnten in dem heutigen Franziskanerkloster. Franziskanerkloster und -kirche gehörten einstens als Kloster der Petersfrauen zu St. Peter. Doppelklöster gab es auch bei den regulierten Chorherren, die im 11. und 12. Jahrhundert zahlreiche Stiftungen erhielten. Doppelklöster bestanden in Klosterneuburg, St. Florian, St. Pölten, Herzogenburg, Reichersberg, Suben, Waldhausen, Gurk, Ranshofen und beim Domkloster in Salzburg. Während es Beispiele einer solchen Zuordnung von Chorherren und Chorfrauen auch für die Prämonstratenser gibt – z. B. Marchthal bei Ulm und auch Geras und Pernegg könnten als Doppelkloster verstanden werden –, ist uns für die Zisterzienser nichts derartiges überliefert. In späterer Zeit war es der Birgittenorden, der an dieser Einrichtung festhielt, woran in Bayern Altomünster erinnert. Obzwar in den meisten Fällen der Abt des Männerklosters über den Nonnen und Chorfrauen stand, die ohne Äbtissin blieben, gab es einige wenige Klöster, in

*Odem Leben des hl. Bernhard, Tafelbild von J. Breu d. Ä.: „Ankunft in Citeaux und Einkleidung".*

denen die Männer einer Äbtissin unterstellt waren. Gurk war von der heiligen Hemma für 70 Nonnen unter der Leitung einer Äbtissin gestiftet worden, zu denen 20 Kanoniker hinzukamen, die ebenfalls von der Äbtissin abhängig waren. Ähnliches ist uns aus dem Jahre 1160 für das Kloster Bergen (Diözese Eichstätt) und aus späterer Zeit für das Kloster Holzen bei Augsburg überliefert. In all diesen Klostergemeinschaften, die sich meist auf eine Regel, nämlich die des heiligen Benedikt stützten – bei den später hinzugekommenen Chorherren und -frauen war es eine der Regelvorlagen des heiligen Augustinus –, gab es bis zu diesem Zeitpunkt zwar unterschiedliche Observanzen, d. h. unterschiedliche Beobachtungsweisen der eingeführten Regel, aber es fehlte immer noch das Ordnungsprinzip, das zu einer Vereinheitlichung geführt und auf Dauer ein hohes ethisches und geistiges Niveau in diesen Klöstern gewährleistet hätte. Die verabsolutierte Einseitigkeit des Benediktinischen in Cluny einerseits, wie die Vielfältigkeit der Observanzen der benediktinischen Regel anderseits bedeuteten eine Stütze, aber keine Lösung für die Benediktiner in jenem Prozeß, der zu einer Zusammenfassung der Klöster bei Wahrung der Unabhängigkeit in einem föderalistischen Sinne geradezu drängte. Als Reaktion und Antwort auf Cluny mit seinen Folgen entstand ein neuer Orden, der erste Orden im jetzt verstandenen Wortsinn überhaupt: die Zisterzienser. Ihnen ist die Weiterführung und damit auch die Neugestaltung, verbunden mit einer großartigen Bereicherung, der abendländischen Mönchslandschaft zu verdanken.

# VII.
# Die „Alten Orden“

Diese Bezeichnung, die auf dem Hintergrund der bisher geschilderten Geschichte des abendländischen Mönchtums absurd klingen mag, hat sich nicht in bezug auf die Entwicklungsgeschichte des Mönchtums eingebürgert, sondern als Kontrast zu den „neuen Orden“, die mit den „Bettelorden“ ihren Anfang nehmen und bis heute immer neue „Ableger“ und Nebenlinien in die Welt, besser gesagt in eine bestimmte Zeit mit bestimmten Aufgaben stellen. Unter der Sammelbezeichnung „alte Orden“ versteht man zumeist die Benediktiner, die Zisterzienser, die Kartäuser, die Augustiner-Chorherren und die Prämonstratenser. Auf diesen Säulen bauen jene andersartig ausgerichteten und zusammengefaßten recht vielfältigen Orden, die das Bild der katholischen Kirche so bunt machen. Ohne die sich über Jahrhunderte ausdehnende Entwicklung des Mönchtums im allgemeinen, das durch Benedikt, die Benediktiner und die unterschiedlichsten Einflüsse in jene Bahnen gelenkt wurde, die zu unseren Stiften und Abteien führen, wäre der Alltag in den Klöstern aller Orden und Abarten bis zu den modernen sogenannten Kongregationen kaum denkbar. Nicht nur die Gebetsform und die Tageseinteilung, sondern auch das Ritual des alltäglichen Zusammenlebens setzt in allen neueren Orden die Entwicklung und Erfahrung der sogenannten alten Orden voraus. Wir beschäftigen uns mit den alten Orden deswegen eingehender, weil diese aus unserer Welt und Landschaft immer noch nicht wegzudenkenden Einrichtungen ein gutes Stück Kulturgeschichte unseres Lebensraumes darstellen. Um Mißverständnisse zu vermeiden, sei gleich eingangs betont, daß das Wort „Orden“ nur im Zusammenhang von „alten Orden“ verwendet werden sollte, da Benediktiner und Augustiner-Chorherren heute in einer jeweils eigenen Konföderation zusammengeschlossen sind; in Wirklichkeit kann also nur bei den Zisterziensern und Prämonstratensern die Rede von „Ordensgemeinschaften“ sein. Freilich, zwischen einem Benediktinerpater und einem Augustiner-Chorherren gibt es trotz dieser verfassungsmäßigen Gemeinsamkeit viel mehr Unterschiede als zwischen einem Benediktiner und einem Zisterzienser. Beginnen wir, um diese Unterschiede verständlich zu machen, mit den Äußerlichkeiten:
Zisterzienser und Benediktiner leben nach der gleichen Regel, nämlich der des heiligen Benedikt. Sie sind Mönche. Die Benediktiner die schwarzen, weil Habit, Skapulier, Kapuze und Zingulum aus schwarzem Stoff sind, während die Zisterzienser über dem weißen Habit ein schwarzes Skapulier tragen, das durch ein schwarzes Zingulum – einen breiten Stoff-

*Gegenüber:* ***Kremsmünster:*** *Benediktiner-Stift. Klosteranlage des 17. Jh. wurde von C.A. Carlone und J. Prandtauer 1680–1729 in eine barocke Stiftsanlage umgebaut. Schmiedeeisernes Abschlußgitter beim Kaisersaal.*
*Oben:* ***Kremsmünster.*** *Konventgang mit Mönchen.*

gürtel mit langem Überhang nach links – zusammengehalten wird. Auch die Kukulle ist bei den Benediktinern schwarz, bei den Zisterziensern hingegen weiß. Der Priestermönch wird sowohl bei den schwarzen als auch bei den weißen Nachfahren – oder wie es in der Mönchsliteratur heißt, bei den „Söhnen" – Sankt Benedikts als „Pater" angesprochen. Augustiner und Prämonstratenser sind „Chorherren", und der einzelne Chorherr heißt daher nicht „Pater" sondern „Herr". Auch das eingedeutschte „Herr" vor dem Klosternamen kommt wie das „Pater" bei den Mönchsorden aus dem Lateinischen; es steht für das ursprüngliche „Dominus", das die Italiener in „Don" und die Franzosen in „Dom" abgewandelt haben. Die Zusätze hinter dem Namen eines Klosterangehörigen, wie das O.S.B. (ordinis sancti Benedicti – vom Orden Sankt Benedikts) und das O.Cist. (ordinis cisterciensium – vom Orden der Cistercienser bzw. Zisterzienser) sind nicht annähernd so alt wie die Orden selbst. Sie gelten aber überall im deutschen Sprachraum und in den kirchlichen Veröffentlichungen und Aussendungen der Kurie, jener päpstlichen Verwaltungsbehörde, der wir das O.S.B. – und zwar aus dem 17. Jahrhundert – verdanken. Wie die Zisterzienser ihre Ordens- und Namensbezeichnung vom Ort ihrer Gründung Cistertium (in historischen Berichten begegnet man manchmal dem Ausdruck „Zisterze" für eine frühe Siedlung der Zisterzienser), dem französischen Citeaux ableiten, so führen die Prämonstratenser (O. Praem. = ordinis praemonstratensium – Orden der Prämonstratenser) ihre auf Prémontré, das erste Kloster der „Norbertiner", wie sie in anderen Ländern heißen, zurück. Bei den Prämonstratensern gibt es Chorherren, die den Akzent weniger auf „Orden" als auf „Kanoniker" legen und dementsprechend ihre Zugehörigkeit zu einem Stift wie die Augustiner-Chorherren mit „Can.Reg." als Kanoniker angeben. Diese leben nach der regulierten Observanz, die nach einer der Regeln St. Augustins Tagesablauf und Ordnung in ihren Klöstern gestaltet. In diesen geringfügigen Unterschieden kommt schon zum Ausdruck, daß die Klöster und Stifte der alten Orden sich doch recht wesentlich voneinander unterscheiden und ihre Mitglieder darauf auch Wert zu legen scheinen. Nicht umsonst fühlt man sich zu einem bestimmten Orden, einer konkreten Lebensweise in einem seiner Klöster berufen. Ebenso vielfältig wie die Begabungen und Charaktere sind die Lebensformen in den Klosterfamilien der verschiedenen Orden. Die Eigenständigkeit beginnt im Gründungszweck, im Gründungsort und der Zeit der Gründung. Ein Kloster trägt die Spuren der Jahrhunderte, und der reziproke Einfluß von Gebäude und Landschaft haben oft einen „genius loci" geprägt, dessen Harmonie und Vollkommenheit jeden Betrachter in seinen Bann zieht. Es ist eine eigene Welt, die Menschen anzieht, die sich nur in ihr wohl fühlen und nicht zuletzt auch in ihr die eigentliche Vollendung erlangen. Manch durchschnittliches Talent trat im Rahmen einer solchen Welt mit ihrem vielseitigen kulturellen und künstlerischen Hintergrund, der ihm zur Heimat wurde, einen Höhenflug an, der ihm aus dem nackten Hinterhof nicht gelungen wäre. Das Wort von Thomas Mann dürfte sich hier bestätigen, der meinte, Bildung atme man geradezu ein.

Doch kehren wir zurück zu den „alten Orden", um festzustellen, daß es zu fast allen Zeiten Absplitterungen von diesen Klostergemeinschaften und ihren Formationen gegeben hat. Jede Zeit zeugte und zeugt neue Ideale, jede Generation wächst aber auch in neue Zusammenhänge hinein und wird somit vor neue Aufgaben gestellt. Ob nicht ein Stillstand in dem Bemühen, der eigenen Zeit gerecht zu werden, aus Angst, man könnte vom Vorgezeichneten abweichen, die Klosterzellen leerstehen läßt? Beim Rückblick in das Mittelalter stößt man jedenfalls auf immer neue Versuche, das Mönchtum auf der Höhe der Zeit zu halten. Es konnte umgekehrt natürlich auch in die Tiefen und Untiefen einer Epoche geraten, was zwar an sich bedauerlich war, aber letztlich doch auch als ein Zeichen des Mitgehens und der aufgeschlossenen Haltung der Mönche im Rahmen ihrer Zeit gewertet werden kann.

Im 11. Jahrhundert, der Zeit der Blüte und des Verfalls zugleich der Großklöster, machte sich eine Bewegung bemerkbar, die den Auszug aus solchen Klosterstädten verursachte, indem sie ein Zurück zum alten Mönchtum predigte und den Weg in die Einsamkeit antrat. Ihr Urheber war der italienische Herzogssohn Romuald (950–1027) aus Ravenna, der in dem Kloster seiner Heimat, Sant' Apollinare in Classe, das auf die Observanz von Cluny ausgerichtet war, in der Verwirklichung seiner Vorstellungen enttäuscht wurde und in die Einsamkeit ging. Nach längerem Aufenthalt in un-

wirtlichen Gegenden bei Venedig und in den Pyrenäen fand Romuald in der Nähe von Arezzo den Ort und die Umgebung für seine endgültige Klostersiedlung: Camaldoli. Wie schon Cistertium und Prémontré namensgebend für die dort gegründeten Orden waren, so wurden auch aus Camaldoli die Kamaldulenser, die

*Oben:* **Zwettl:** *Zisterzienserstift. Ein Kartäusermönch im Jahre 1577. Darstellung aus dem Codex 420a der Stiftsbibliothek.*
*Seite 112/113:* **Gaming:** *Ehem. Kartäuserkloster in Niederösterreich. Schmiedeeisernes Tor, Prälatenhof der Kartause Gaming, Eingang zur Bibliothek / Klosterplan: Den Kartäuserorden kennzeichnet auch dessen Klosteranlage, eigene Häuschen mit Schlafraum, Gärtchen und Umfassungsmauer.*

neben einem regulären Kloster und allen seinen Einrichtungen Zellen und Häuschen für Eremiten erbauten. Außer in Camaldoli ist eine solche Klostereremitage im Schatten von Tusculum bei Frascati, dem berühmten Weinort von Rom, zu bewundern. Sogar in Wien auf dem Kahlenberg gibt es noch bescheidene Überreste eines Kamaldulenserklosters zu sehen, das Kaiser Ferdinand II. 1628 den Mönchen von Camaldoli in der Nähe seiner Metropole erbauen ließ und das dann 1782 dem neuen Zeitgeist zum Opfer fiel. Die Kamaldulenser, wie eine andere „Neuentwicklung" aus dem 11. Jahrhundert, die in Vallumbrosa bei Florenz von Johannes Gualbertus (990–1073) angesiedelten Vallumbrosaner Mönche, beriefen sich – jede in ihrer Art – auf die Regel des heiligen Benedikt. Bei den Benediktinern können also nicht nur unterschiedliche Observanzen und Auslegungen ein und derselben Klosterregel festgestellt werden, es gibt auch Abspaltungen, die nicht allein der Vollständigkeit halber angeführt seien, sondern weil sie wie die Vallumbrosaner seit einigen Jahrzehnten zur Großfamilie der Benediktiner, zur benediktinischen Konföderation gehören.

Eine andere große Neugründung im 11. Jahrhundert durch Bruno von Köln (geboren um 1032, gestorben 1101) fand in Chartreuse bei Grenoble ihren Sitz: Die Kartäuser, benannt ebenfalls nach der lateinischen Version ihres Gründungsortes, nämlich „Cartusia". Bruno zog sich nach Chartreuse zurück nach einem Leben im geistlichen Dienst, in dem er sich schon profiliert hatte: Er war zunächst Weltpriester, 1056 Leiter der Domschule in Reims, 1075 Kanzler des Erzbistums und wurde 1081 sogar zum Erzbischof von Reims gewählt, mußte aber dem Kandidaten des Königs den Vortritt geben; 1083 zog er zu Robert von Molesme, der ihn als Zisterziensermönch aufnahm, und 1084 gründete er Chartreuse. Der Wunsch nach Abgeschiedenheit und die dadurch unmittelbare Gottbezogenheit ließ jene Klöster entstehen, die charakterisiert sind durch die um eine herausragende Kirche gruppierten Einzelhäuser mit den notwendigen Gemeinschaftsräumen, wobei die Häuser untereinander aber durch einen Gang, den „Kreuzgang", verbunden oder wenigstens von einer auffallenden Klostermauer umgeben sind. Diese Weltflucht und ausschließliche Hingabe an ein beschauliches Leben und das Gebet wurde den Kartäusern nach einer langen Zeit der gleichbleibenden, stets guten und vorbildlichen Lebensweise – seit 1360 bis zur Französischen Revolution 1789 gab es im ganzen circa 170 Kartäuserklöster – zum Verhängnis. In der Zeit der Aufklärung, die nach Sinn und Nützlichkeit fragte, sah man die Existenz von Menschen, die nur in der Hingabe an Gott und der totalen Abkehr von der Welt ihren Lebensinhalt erblickten, als nicht gerechtfertigt an. Während der Französischen Revolution wurden in Frankreich alle Niederlassungen gewaltsam aufgelöst. Die österreichischen Kartausen, wie Mauerbach im Wienerwald (gegründet 1316), Gaming (1330) und das am Fuße der heutigen Ruine Aggstein in der Wachau gelegene Aggsbach (1380) überstanden das Jahr 1782 nicht, fielen also dem Josephinismus zum Opfer. Die Säkularisation in Deutschland ließ alle Kartäuserklöster verschwinden, und 1848 wurden schließlich die schweizerischen Klöster Ittingen im Thurgau und Part-Dieu im Kanton Fribourg aufgehoben. Ein trauriges Resultat einer Entwicklung, die im Zeichen der Ratio nur Werte gelten ließ, die materiell meßbar waren, und alle anderen als weltfremd und unnütz zerstörte. Im Mittelalter zollten auch die Mönche anderer Klöster den Kartäusern Hochachtung und Bewunderung; man erblickte in ihnen Vorbilder und beteiligte sie an Reformen und Visitationen, wie sie denn überhaupt in liturgischen Fragen lange Zeit führend waren. Ihre Klosteranlagen zeichnen sich dadurch aus, daß sie, obwohl schlicht und eher ärmlich, dennoch funktionell gebaut waren. Der kleine Garten um die einzelne Mönchsbehausung gehört genauso in dieses Bild wie die direkte Konfrontation mit dem Tod als Ausdrucksmittel einer geistig-geistlichen Haltung, was aber nicht hieß, daß man im eigenen Sarg schlafen mußte. Heute sind die Kartausen zweckentfremdet, manche Gebäude sind in Privatbesitz, andere in Depots umgewandelt wie Mauerbach, strahlen aber merkwürdigerweise immer noch etwas von jenem geheimnisvollen Geist aus, den man hinter einer so strengen Verachtung aller irdischen Dinge im Zeichen des absoluten Schweigens vermutet. Dem heldenhaften Ausgeliefertsein in der schweigsamen Einsamkeit entsprach das Aufgehen in einer anderen Dimension, die zugleich Rechtfertigung und Begründung einer solchen Haltung war.

Eine eigene Kartäuserregel hinterließ der Gründer selbst nicht. Erst Guigo (gestorben 1137), der 5. Prior der Grande Chartreuse, zeichnete die Gewohnheiten und Bräuche, die sich seit Bestehen der Kartäuser in einem Zeitraum von fast 40 Jahren ausgebildet hatten, als „Consuetudines Cartusiae", als Lebensgewohnheiten somit und nicht in Form einer Regel auf. In diesen Kartäuser-Statuten ist eine so große Ähnlichkeit mit dem Leben und dem praktischen Alltag bei den Benediktinern enthalten, daß man auf den ersten Blick mehr das Verbindende denn das Trennende sieht. Der Aufbau des Chorgebetes, die Aufnahme und Probezeit der Neulinge (Profeßordnung), aber auch die neuerliche Wertschätzung der Handarbeit oder das Gebot des dauernden Stillschweigens – bei den Kartäusern gibt es nur an Sonn- und Feiertagen eine sogenannte gemeinsame Rekreation, eine Erholungszeit in gemeinschaftlichem Gespräch und Gedankenaustausch gehen auf die Regel Benedikts und die Benediktiner zurück. Als wichtigste Neuerung kann die Unterteilung einer Kartäuserkommunität in Profeßreligiosen (Patres) und in Laienbrüder (Fratres) insofern gewertet werden, als die Laienbrüder aus dem Besitz des Klosters – der wie ein geschlossenes Ganzes um Kirche und Wohnungen der Kartäuser liegen sollte und nach außenhin durch die „Klosterschranke" gekennzeichnet war – den Lebensunterhalt für die gesamte Gemeinschaft mit eigener Hände Arbeit erbringen sollten. Den Profeßreligiosen war der Bereich innerhalb der „Mönchsschranken" vorbehalten, in dem sich normalerweise nur die Kirche, die Gemeinschaftsräume und die Behausungen der einzelnen Mitglieder einer Kartause befanden. Einen Eindruck von dieser geschlossenen und zugleich abgeschlossenen Welt gewinnt man unwillkürlich, wenn man sich einer der jetzt aufgelassenen Kartausen nähert.

Es zeigt sich am Beispiel der Kartäuser nochmals sehr deutlich, daß bis ins 11. und 12. Jahrhundert alle Neugründungen in irgendeinem Zusammenhang zur Regel Benedikts stehen und die eigentliche Revolution im Klosterwesen erst durch den heiligen Franz von Assisi (1182–1226) eingetreten ist. Er hat die Klosterlandschaft Europas und der ganzen Welt durch ein völlig verändertes Armutskonzept neugestaltet und gleichzeitig den Erfordernissen seiner Zeit gemäß bereichert. Wenn auch schon bis zu diesem Zeitpunkt von

*Oben:* **Gaming:** *Ehem. Kartäuserkloster. Größte Kartause der dt. Ordensprovinz, 1330 durch Herzog Albrecht II. gestiftet, nach Mauerbach (1316) und vor Aggsbach (1377/80). Prälatenhof der Kartause Gaming.*

*Unten:* **Gaming:** *Blick von der Höhe des Grubberges auf die Kirche der Kartause Gaming.*

*Gegenüber:* **Nonnberg:** *Benediktinerinnen-Stift. Romanische Fresken aus der Mitte des 12. Jh., den Papst Gregor darstellend.*

einer bemerkenswerten Vielzahl und Vielfalt der Klöster und religiösen Gemeinschaften gesprochen werden kann, so bleibt doch im Gegensatz zur späteren Entwicklung nach einem hl. Franz von Assisi oder einem hl. Dominik (1170–1221) eine gewisse Gemeinsamkeit bestehen, die sich zurückführen läßt auf zwei Wurzeln: St. Benedikt und St. Augustin, oder auf die Benediktiner und die Klerikergemeinschaften in der Nachfolge des heiligen Augustinus.

Bevor wir uns mit den Benediktinern befassen, deren Vorgeschichte wir nun schon kennen, sollten wir uns der Gestalt Benedikts selbst einmal zuwenden. Wer war er, wann lebte er, worin liegt der Vorzug seiner Persönlichkeit? Seine Lebensdaten werden nach allgemeiner Übereinstimmung mit circa 480 bis 547 angegeben. Er soll der Sohn einer sogenannten guten Familie aus Nursia, dem heutigen Norcia in der Nähe von Spoleto, gewesen sein, studierte in Rom und entfloh schließlich dem Treiben einer in den Augen der Zeitgenossen und der Christen verwilderten und sittenlosen Gesellschaft. Benedictus, was der „Gesegnete" heißt, zog sich in die Wildnis und Einsamkeit der Berge zurück und lebte einige Jahre in dem für unsere Begriffe romantisch anmutenden Tal des Aniene oberhalb einer ehemaligen Nerovilla, die an einem Stausee gelegen war und diesem Ort den Namen „Sub lacu" (= am See) eintrug, was im Italienischen zu „Subiaco" wurde.

Alle diese Nachrichten verdanken wir Papst Gregor dem Großen (Papst von 590–604), den viele als einen der größten Söhne St. Benedikts loben und verehren, und den andere zwar ebenfalls als einen bedeutenden Erneuerer und vorausblickenden Tatmenschen anerkennen, aber bei seinem schriftlichen Nachlaß doch in Betracht ziehen, daß er in seinen Schilderungen Benedikt zu einem Denkmal für ganz Italien gemeißelt hat. Will man also die Persönlichkeit Benedikts von einer wissenschaftlichen Warte aus untersuchen, dann ist es unumgänglich, diesen von Gregor zum Denkmal gezeichneten Heiligen und Wundertäter von seinem Podest herunterzuholen. Dies möge nicht als Sakrileg empfunden werden, sondern als ehrlicher Versuch, über die für die damalige Zeit sowohl verständlichen als auch typischen Ausschmückungen einer Lebensbeschreibung hinweg der Wahrheit auf die Spur zu kommen.

In diesem Sinn untersuchte mein verehrter Lehrer, Kassius Hallinger, die Schriften des päpstlichen Biographen Gregor des Großen oder Ersten, vor allem das zweite Buch seiner Dialoge, in dem er ausführlich über St. Benedikt schreibt. Gregor selbst wurde lange Zeit als Benediktiner und zwar als erster Benediktinerpapst gefeiert und als solcher in allen Jahrhunderten auf Bildern – man denke an das Fresko bei den Benediktinerinnen am Salzburger Nonnberg – und in den meisten Geschichtsbüchern dargestellt. Zahlreiche Wunderberichte aus der Feder Gregors finden außerdem auf den Freskenwänden der Benediktinerkirchen meist recht kunstvoll ihren Niederschlag. Sie zeigen unter anderem auch seine Lieblingsschüler Placidus und Maurus und selbst seine Schwester Scholastika, der die Gründung der Frauenklöster im Sinne St. Benedikts zugeschrieben wird und deren Tod dem Bruder durch den Flug einer weißen Taube zum Himmel angezeigt wurde. Genaue Untersuchungen förderten nun zu Tage, daß Gregor der Große zwar die wundersamen Erfolge St. Benedikts in seinen Schriften verbreitete, aber nicht einmal den Regeltext, in unseren Augen doch die Grundlage für ein Wissen um Benedikt, kannte. Er selbst hatte wohl auf seinem väterlichen Gut ein Kloster eingerichtet – heute San Gregorio in Rom –, aber seine Mönche befolgten keineswegs, wie lange angenommen, die Regel Benedikts, sondern hatten ihre eigene Hausordnung. Es wäre zwar durchaus naheliegend, daß die Mönche, die 577 von ihrem Bergkloster Montecassino vertrieben wurden und in die Stadt Rom flüchteten, ebendiese Regel des sogenannten „Mönchsvaters Europas" anderen Mönchen überbracht hätten, aber dafür gibt es keinerlei Beweise. Im Gegenteil! Wie schon erwähnt, schöpften die zahlreichen Klöster und Mönche dieser Zeit immer noch aus dem pluralistischen Überlieferungsstrom des alten Mönchtums. Der geistige Führer einer Gemeinschaft stellte für seine Mönche, wie dies ein Meister für seine Schüler tat, nach seinen Idealvorstellungen eine Ordnung zusammen, die alle Anweisungen für das Leben in seinem Kloster enthielt. Dabei berief er sich in diesen seinen Verordnungen nicht selten auf andere Klosterregeln, von denen es nicht wenige gab, und übernahm manches daraus meist recht wörtlich in seinen Text. Es genügte, daß der Abt als letzte, lebendige Regel die Autorisierung eines solchen Textes vornahm. Es war geradezu selbstverständlich, daß jedes Kloster eine eigene Regel entwarf und befolgte, die auf unterschiedlichen Vorlagen aufbaute, wie wir es selbst für jene St. Benedikts aufzeigen konnten, die er für seine Mönche auf Montecassino zusammengestellt hatte. Die Lebensweise, die aus solch verschiedenen Texten abgeleitet wurde, nennt man, wie wir schon sahen, „Mischregelobservanz", eine solcherart verfaßte Regel eine „regula mixta". Auch die Regel Benedikts führt diese Tradition fort, allerdings mit dem einen Unterschied, daß der später als „römisch" bezeichnete Mönchsvater aus verschiedenen Vorlagen eine Synthese schuf, während es sonst üblich war, die Texte nebeneinander stehen zu lassen. Kein Wunder daher, wenn aus ihr keine doktrinäre Ausschließlichkeit die Hand nach jedem damals bestehenden Kloster ausstreckte, um unterzuordnen, zu uniformieren oder gar zentralistisch auszurichten. Alle diese Begriffe und Vorstellungen wurden um vieles später in diese Zeit hineingelegt und sollten nicht nur einem hl. Benedikt zu Ansehen und Ruhm verhelfen, sondern etwas von diesem Glanz auch auf seinen nicht weniger berühmten geistigen Sohn auf dem päpstlichen Thron, Gregor den Großen, abwerfen. Wenn wir uns in der Beschreibung Benedikts mit der Darstellung nach Gregor als der einzigen zwar begnügen müssen, so wird das verständlicherweise mit Bedacht geschehen. Benedikt zog etwa um das Jahr 529 von Subiaco nach Montecassino und erbaute auf den Ruinen eines heidnischen Tempels sein erstes Kloster. Hier vollendete er sein Regelwerk, das beim 66. Kapitel einen spürbaren Bruch enthält, weil die restlichen Kapitel wohl erst nach längerer Erprobung seiner Richtlinien hinzugefügt wurden. Auf diesen von Benedikt gelegten Grundfesten entstand im Laufe der Jahrhunderte ein großes Gebäude, das eine Familie von unüberschaubarer Größe nicht nur an Zahl, sondern auch an Einfluß und Bedeutung beherbergte. Wie schwierig es freilich war, aus den einzelnen Klöstern mit ihren Eigenständigkeiten und Eigenheiten eine koordinierte Gemeinsamkeit zu machen, wurde zum Teil schon aufgezeigt. Befassen wir uns noch mit einigen Fortschritten, die im Mittelalter gemacht wurden, um dann zu den jetzigen Verbänden überzuleiten.

Nach Cluny und der Absplitterung der Zisterzienser waren es päpstliche Verordnungen, die die Entwicklung steuerten: Zu Beginn des 13. Jahrhunderts forderte Papst Innozenz III. für alle Klöster Generalkapitel, womit schon der kommende Einfluß der Zisterzienser sichtbar wird. Im Jahre 1336 versuchte dann Papst Benedikt XII. mit seiner als „Benedictina" bekannt gewordenen Reformbulle, die mit den Worten „Summi Magistri" beginnt, durch Einteilung aller Klöster in verschiedene Provinzen überschaubare Zuordnungen der Klöster untereinander vorzunehmen. Durch Zusammenkünfte aller Äbte einer Provinz und durch Visitationen in ihren Klöstern sollte Zucht und Ideal erhalten oder nötigenfalls wiederhergestellt werden. Von den 36 Provinzen fielen vier auf deutsches Gebiet: Köln-Trier, Magdeburg-Bremen, Salzburg und Mainz-Bamberg. Die österreichischen und ein Teil der bayerischen Benediktinerklöster gehörten zur Provinz Salzburg, die Klöster der Diözesen Augsburg, Eichstätt, Bamberg und Würzburg zur Provinz Mainz-Bamberg.

In diesen päpstlichen Weisungen fanden sich nun erstmals Ordnungsprinzipien, auf denen die weitere Entwicklung aufbauen konnte. In der Vorreformationszeit beeinflussen diese Weisungen direkt oder indirekt alle jene Texte, die eine Veränderung der Lebensgewohn-

heiten in den Klöstern herbeiführen und durch die Einführung übereinstimmender schriftlicher Aufzeichnungen – bestehend aus den Consuetudines, Visitationsprotokollen und liturgischen Vorschriften samt ihrer musikalischen Komponente – eine in allen Klöstern möglichst einheitliche Befolgung der Regel

*Oben:* ***Zwettl:*** *Zisterzienserstift. Ein* ***Benediktiner*** *im Jahre 1577, die Benediktiner kennzeichnet die durchgängig schwarze Kleidung: Habit, Skapulier, Kapuze und Zingulum sind aus schwarzem Stoff, während die Zisterzienser über einem weißen Habit ein schwarzes Skapulier tragen. Darstellung aus dem Codex 420a der Stiftsbibliothek Zwettl in Niederösterreich.*

(Observanz) begründen sollten. Wie schwer es allerdings war, die einzelnen Klöster zu visitieren – denn noch immer fehlte eine übergeordnete Instanz, auf deren Geheiß und Namen man hätte in den einzelnen Klöstern nach dem Rechten schauen können –, das geben die vielen aus dem 15. Jahrhundert überlieferten Visitationsdokumente gerade des süddeutschen Raumes wieder. Manchmal war es ein Bischof, der Visitatoren, also meist Mönche eines reformierten oder durch seine gute Observanz besonders ausgezeichneten Klosters, in die Abteien seines Distrikts sandte. In der Diözese Passau, die damals noch weit in den österreichischen Raum hineinreichte, und ab 1426 dann auch in der Diözese Freising gaben die Bischöfe Auftrag – in Freising wurde sogar der damalige Generalvikar dazu abgestellt –, das Leben in den Klöstern ihres Einflußbereiches zu verbessern; für Reformen in zahlreichen anderen Klöstern konnten sich die Visitatoren auf ein Begleitschreiben und Vollmachten des Landesfürsten berufen. Vorbild der Reformen war jene Lebensweise, die sich in einem der Stammklöster der Benediktiner, nämlich Subiaco, bewährt hatte und die einige „Reformbenediktiner" in Form der schriftlich aufgezeichneten Lebensgewohnheiten zunächst zu einem Provinzialkapitel der Provinz Bamberg-Mainz, das 1417 in der Abtei in Petershausen bei Konstanz tagte, über die Alpen gebracht hatten. Die als „Reformbenediktiner" bezeichneten Mönche waren größtenteils österreichischer und bayerischer Abstammung und konnten auf eine langjährige Praxis und Erfahrung in Subiaco zurückblicken. Weshalb sie in Subiaco das Kleid des heiligen Benedikt genommen hatten und nicht in einem der Klöster ihrer Heimat, entzieht sich unserer Kenntnis. Manche Forscher vermuten, die schlechte und verweltlichte Observanz in vielen, damals nur Adeligen vorbehaltenen Benediktinerklöstern im deutschen Raum hätte sie abgeschreckt; andere neigen zu der Annahme, ihr Auszug aus der Heimat und der Klostereintritt in eines der Urklöster, das durch den Aufenthalt des Stifters selbst ausgezeichnet ist, sei nach einem genauen und abgesprochenen Plan verlaufen. Bekannt ist uns nur, daß zu Beginn des 15. Jahrhunderts ein ebenso gelehrter wie tatkräftiger Rektor, Nikolaus von Dinkelsbühl, die Universität Wien – damals die einzige im süddeutschen Raum – leitete und Herzog Albrecht V. von Österreich als Berater für die Reform der Klöster zur Seite stand. In einem Memorandum hielt der Wiener Rektor fest, daß

*Links: **Melk**: Die Gartenfassade des Benediktiner-Stifts. Als barocker Klosterpalast über der Donau 1702–36 von J. Prandtauer erbaut (fertiggestellt von J. Munggenast), mit 362 m langer Front und 1188 Fenstern ein Monumentalbau von europäischem Rang.*
*Gegenüber: **Lambach**: Benediktiner-Stift. Im hochromanischen Westwerk der Stiftskirche befinden sich die ältesten Fresken Österreichs, um 1080, 1960 freigelegt.*

es angezeigt sei, Mönche aus einem der Klöster, in denen erwiesenermaßen das strenge Leben im Sinne St. Benedikts geführt wurde, nach Österreich zu berufen, um alle Klöster zu visitieren und Ordnung und Observanz zu erneuern. Diesem bei einem Zusammentreffen in Konstanz ausgesprochenen Ruf – wo 1417 in unmittelbarer Nähe das Provinzialkapitel der Benediktiner tagte und wo schon seit 1414 die Konzilsväter um eine Reform der Kirche bemüht waren und endlich nach jahrelangem Schisma und zeitweise drei gleichzeitigen Päpsten nunmehr einen einzigen rechtmäßigen Papst, Martin V., gewählt hatten – folgten der zu Subiaco gehörige Benediktiner Nikolaus Seyringer aus Matzen in Niederösterreich sowie der mit der Bezeichnung nach seinem Heimatort bekannt gewordene Petrus von Rosenheim und vier andere Gefährten. Durch Vermittlung des Herzogs Albrecht V. wie des Rektors der Wiener Universität visitierten diese Mönche im Jahre 1418 zuerst das Kloster Melk, setzten den dortigen Abt ab und schickten ihn mit einer angemessenen Pension auf eine der stiftseigenen Pfarreien. Nikolaus Seyringer wurde der Nachfolger des also pensionierten Abtes und führte in Melk bei nur mehr acht Konventualen die Lebensweise nach dem Sublazenser Vorbild ein. Tagesordnung und liturgisches Gebet sowie die grundsätzliche Befolgung der Gelübde der Armut, der Keuschheit und des Gehorsams, aber auch geringfügigere Details im äußeren Auftreten der Brüder wurden neugestaltet und ihnen wieder eingeschärft, so daß innerhalb weniger Jahre Melk zum Vorbild für die meisten Klöster in Österreich und Bayern wurde. Während der Abt auf Visitationsreisen bemüht war, überall die Lebensform der Mönche von Subiaco – in Melk den Verhältnissen des „Nordens" angepaßt – einzuführen und sie als Grundlage für ein reformiertes Leben manch hartnäckigem Verfechter einer überkommenen Observanz schmackhaft zu machen, kamen bereits aus bayerischen Klöstern die Benediktiner zur Information und Einschulung nach Melk, wo sich im wahrsten Sinne des Wortes neues Leben regte, das Melk zum Ausgangspunkt und zum Zentrum der sogenannten „Melker Reform" machte. Obwohl ich mich seit Jahren mit der Textüberlieferung der Melker Consuetudines beschäftigt und in Bibliotheken und Klöstern den Zeugnissen dieser Reform nachging, ist meines Erachtens der geistige und geistliche Nachlaß einer nur achtzig Jahre dauernden Erneuerungsbewegung noch nicht abzuschätzen. Nicht nur die Tatsache, daß in Melk die Klostergebäude den veränderten Bedürfnissen angepaßt wurden, sondern auch daß nach wenigen Jahren die Gemeinschaft in einer Weise erstarkt war, die es möglich machte, Vorlesungen der Wiener Professoren in Melk anzusetzen, verdeutlicht, welchen Aufschwung Melk genommen hatte. Über die Lebensgewohnheiten, die uns in fast 60 Handschriften überliefert sind, wurde die Reform in die anderen Klöster verpflanzt und damit eine gewisse Zusammengehörigkeit begründet. Allerdings beließen die Melker Reformer im Vergleich zu der etwas später anzusetzenden norddeutschen Reform des Benediktiner-Klosters Bursfeld an der Oberweser den reformierten Klöstern ihre bewährte Eigentradition, was im Lichte der Vereinheitlichung ein Fehler gewesen sein mag. Wenn Bursfeld erst in den dreißiger Jahren des 15. Jahrhunderts in das Erneuerungsgeschehen eingriff, so ging von dem bayerischen Kloster Kastl schon fünfzig Jahre früher eine ähnliche Stoßkraft aus. Die gleichfalls in zahlreichen Abschriften der Lebensgewohnheiten überlieferte Kastler Reform bekam aus dem einst so berühmten und mächtigen Kloster Kladrau im böhmischen Raum gewissermaßen den Anstoß zur Erneuerung. Die Kastler wirkten vorwiegend in Nordbayern, während die südlich der Donau gelegenen Klöster Bayerns nach der Melker Observanz lebten. Bursfeld nahm einige Abteien am Main in seinen Verband auf. Es kam natürlich auch vor, daß ein Kloster seine Ob-

*Gegenüber:* ***Kastl:*** *Ehem. Benediktiner-Kloster in der Oberpfalz. 1098 Umwandlung der Burg in ein Kloster, 1103 den Benediktinern der Hirsauer Observanz anvertraut. 14./15. Jahrhundert Mittelpunkt der „Kastler Reform". 1563 säkularisiert, 1636–1773 den Jesuiten, 1782–1808 den Johannitern übereignet. Die Stifterfiguren Graf Berengar I. von Sulzbach zusammen mit Friedrich und Otto, Grafen von Kastl-Habsberg. Seit 1956 Gymnasium und Internat. Anfänglich nur für Ungarnflüchtlinge.*

*Oben:* ***Kastl:*** *Gewölbeschlußstein in Gestalt von Christus in der romanisch-gotischen Kirche.*

*Unten links:* ***Kastl:*** *Blick auf das Kloster. Unten rechts:* ***Kastl:*** *im Inneren der Klosterkirche.*

servanz nicht nur änderte und verbesserte, sondern öfter wechselte. Alle Angaben in Übersichten sind daher in dieser Relation zu sehen. Bursfeld verfügte über eine gute Organisation mit Generalkapiteln und Zusammenkünften, die den Klöstern seiner Observanz einen Zusammenhalt gab. In Melk und Kastl fehlten solche Einrichtungen. So kam es nie zu engeren Kontakten der Klöster untereinander, und auch die von manchen eifrigen und zugleich führenden Persönlichkeiten – interessanterweise gingen diese Impulse mehr von Melk aus – angestrebte Union aller drei Benediktinerobservanzen des deutschen Sprachraumes blieb unter diesen Voraussetzungen fromme Utopie. Über das 16. Jahrhundert hinaus

*Oben: **Einsiedeln**: Benediktiner-Kloster. Das heutige barocke Kloster wurde Anfang des 18. Jh nach Plänen von C. Moosbrugger erbaut, die Ausstattung stammt u.a. von den Brüdern Asam. Kunstvolles schmiedeeisernes Abschlußgitter in der Kirche.*

allerdings, dem für viele klösterliche Gemeinschaften schwierigsten Zeitraum ihrer Geschichte, blieb dennoch in Österreich zumindest ein gewisser Einfluß der Melker Reform erhalten; denn zur Erstellung der Statuten für die erste österreichische Benediktinerkongregation benützte der Kremsmünsterer Abt Anton Wolfradt noch 1626 die Melker Vorlagen.
Die Anordnung, die Klöster hätten sich zu Kongregationen zusammenzuschließen, wurde am 4. Dezember

1563 auf dem Konzil von Trient getroffen, und diese Form der Zuordnung der Klöster zueinander ist bis heute gültig. In Befolgung dieses Dekrets entstanden im Laufe einiger Jahrzehnte überall regionale Verbände, die nicht mehr die Ausdehnung etwa der ehemaligen Provinz Mainz-Bamberg hatten, sondern sich eher um gewisse Zentren gruppierten oder sich mit politischen oder sprachlichen Grenzen deckten. Neu war, daß diese Verbände eigene Statuten entwickelten, die für alle Klöster einer Kongregation verbindlich sind. In diesen Statuten wurde auch die Verwaltung einer Kongregation festgelegt. In den meisten Fällen wählen die Oberen der einzelnen Klöster einen „Praeses“ an die Spitze einer Kongregation, der für einen bestimmten Zeitraum die Kongregation vertritt und zugleich eine gewisse Oberaufsicht mit Visitationsrecht über die einzelnen Klöster ausübt. Dem Abtpraeses an die Seite gestellt sind zwei Visitatoren, die im Verein mit dem Praeses normalerweise in einem Abstand von drei Jahren alle Klöster der Kongregation zu visitieren haben. In manchen Kongregationen kommt heute noch ein Wirtschaftsprüfer hinzu – ein Zellerar, also ein mit der Wirtschaftsführung eines Klosters betrauter Pater –, der als Vorhut gleichsam der Visitatoren die Finanzgebarung und wirtschaftlichen Belange überprüft. Mit verschiedenen Abweichungen ist dieses Modell für alle Benediktiner verbindlich. Es gibt mittlerweile 19 solcher Kongregationen, die alle zusammen die „Konföderation der Benediktiner“ ausmachen. Sie sind zum Großteil nach Ländern verschieden: Die Kongregation von Montecassino – genannt die Cassinensische –, die Englische, Ungarische, Schweizerische, Bayerische, Brasilianische – für Brasilien bestehen zwei unterschiedliche Klosterverbände –, die Französische von Solesmes, die Amerikanisch-Cassinensische, die Beuroner, Sublazenser, Schweiz-Amerikanische, Österreichische und die Kongregation der Ottilianer. In diesen Verband der benediktinischen Kongregationen wurden vor nicht allzu langer Zeit die Klöster der Vallumbrosaner, der Kamaldulenser und die Niederländischen Abteien eingereiht, so daß heute circa 230 Abteien und Priorate mit weit über hundert abhängigen Häusern die große Familie der Benediktiner abgeben mit einer Mitgliederzahl, die zwischen zehn- und elftausend beträgt. In Österreich, Bayern und der Schweiz gibt es vier Benediktinerkongregationen, in denen alle Klöster dieses Raumes zusammengefaßt werden: Die österreichische Kongregation mit den Abteien St. Peter in Salzburg, Kremsmünster, Michaelbeuern, Lambach, Admont, St. Lambrecht, Melk, St. Paul im Lavanttal, Göttweig, Seitenstetten, Altenburg und der Schottenabtei in Wien, der Benediktinerinnenabtei Nonnberg in Salzburg und dem Benediktinerinnenkloster Steinerkirchen in der Nähe von Kremsmünster. Auch die Benediktiner der Abtei Seckau, die nach der Beuroner Observanz leben, gehören dieser Kongregation an.

Die bayerische Kongregation setzt sich zusammen aus den Abteien Metten, St. Stephan in Augsburg, Scheyern, Weltenburg, München mit dem abhängigen Priorat Andechs, Schäftlarn, Ettal, Plankstetten, Ottobeuren, Niederaltaich, sowie den drei Benediktinerinnenabteien Eichstätt, Chiemsee und Tettenweis. Der bayerischen Kongregation unterstellten sich auch die Benediktiner der Abtei Braunau in Böhmen, die seit 1946 in Rohr in Niederbayern eine zweite Heimat gefunden haben.

Eine dritte Kongregation sind die Missionsbenediktiner von St. Ottilien mit der Erzabtei in St. Ottilien (Bayern), den Abteien Münsterschwarzach am Main, Schweiklberg (Bayern) und dem österreichischen St. Georgenberg-Fiecht (Tirol), das sich seit wenigen Jahrzehnten erst den Missionsbenediktinern angeschlossen hat. Die Missionsbenediktiner von St. Ottilien unterhalten auch in Uznach in der Schweiz ein Priorat; in Bayern selbst wären noch die zu St. Ottilien zu zählenden Benediktinerinnenklöster Bernried, Wessobrunn und Tutzing als Mutterhaus zu erwähnen.

Der Schweizer Kongregation gehören an die Abteien Einsiedeln, Disentis, Muri-Gries – Gries bei Bozen beherbergt als Priorat einen Teil des 1841 aus Muri (Aargau) vertriebenen Benediktinerkonvents, dessen anderer Teil in Sarnen ein Gymnasium mit Kollegium unterhält, daher die Doppelbezeichnung Muri-Gries –, Engelberg, Mariastein und Marienberg. Zahlreich sind in der Schweiz die Niederlassungen der Benediktinerinnen: Fahr bei Zürich, Hermetschwyl (Aargau), Sarnen (Obwalden), Seedorf (Uri), Münster (Graubünden), Claro, Melchthal, Glattburg, Maria-Rickenbach, Marienburg und das zu Einsiedeln gehörige Kloster Au.

Die einzelnen Kongregationen veröffentlichen jährlich einen liturgischen Kalender für die Feste und die Feier der Liturgie sowie eine genaue Aufstellung aller ihrer Klöster und der sich dort befindlichen Patres, Fratres und Schwestern. In einem Abstand von mehreren Jahren wird in Rom ein umfassender „Catalogus" mit Angaben über alle Benediktinerklöster der Welt und ihren Personalstand gedruckt.
Auf dem römischen Hügel des Aventin – im alten Rom bereits den Noblen vorbehalten – residiert der Abtprimas, der Vertreter aller Benediktiner dem Vatikan gegenüber. Als ein „primus inter pares", der Erste unter Gleichgestellten, vertritt er die benediktinische Konförderation beim Heiligen Stuhl und fungiert zugleich als Oberer des Hauses und der Hochschule von Sant' Anselmo. Der weitläufige Backsteinbau mit schlichter, aber im Innern liturgisch vorbildlich gestalteter Kirche dominiert weithin den Aventinhügel und ist neben dem Sitz des Abtprimas und einiger von den Klöstern zur Verfügung gestellten Offizialen Ausbildungsstätte für den Nachwuchs aus allen Ländern. Von den Äbten aller konföderierten Klöster gewählt, hat der Abtprimas mehr Repräsentationspflichten als Rechte innerhalb des Verbandes aller Benediktinerklöster. Auf diese Weise ist die Eigenständigkeit der einzelnen Abtei wie der verschiedenen Kongregationen gewährt und trotzdem ein Dachverband mit einer gewissen Hierarchie von Verantwortlichkeit gegeben, der ordnend und helfend beistehen und durch Visitationen und delegierte Vollmachten einem Abweichen vom benediktinischen Ideal entgegentreten kann. Dabei ist das Benediktinische immer noch gleichzusetzen mit einer fast unbegrenzten Vielfalt von Eigenentwicklungen! Man denke an die Missionsklöster in Korea oder in Afrika, an die Übernahme von Pfarrstellen in Brasilien durch die Benediktiner von Kremsmünster oder halte sich Kultstätten des Choralgesangs – wie Solesmes in Frankreich – vor Augen, denen ihre sowohl praktische Choralpflege wie auch wissenschaftliche Erforschung der handschriftlichen Musiküberlieferung zu Weltruhm verhalfen. Das bescheidene Dorfkloster gehört ebenso in den Reigen einer Kette von Klöstern, die immer noch einen wichtigen Bestandteil der römisch-katholischen Kirche abgeben, wie alle neuen Modelle beispielsweise in Amerika, die als Schulstädte an frühere Zentren wie Fulda gemahnen, oder jene Hochburgen des mehr sich elitär verstehenden Benediktinertums, das mit Maria Laach oder Beuron zu einem Begriff geworden ist. Vielfalt also und trotzdem Einheit ohne Vereinheitlichung, Selbständigkeit und zugleich ausgewogene Verantwortlichkeit den übergeordneten Instanzen gegenüber sind das Resultat eines langwierigen, vielen Geburtswehen ausgesetzten Entwicklungsprozesses, der in der Regel Benedikts grundgelegt ist und erst nach 1400 Jahren eine gewisse Vollendung gefunden hat. Dieser Prozeß ist auch im Rahmen der europäischen Kulturgeschichte ein Beispiel dafür, wie differenziert unsere Lebensformen im Laufe der Jahrhunderte geworden sind. Ist das eine Alterserscheinung oder bedeutet es den Untergang des Geistes, aus dem einmal eine Welt gelebt, gewirkt und Leben erhalten hat? Oder ist es eine Notwendigkeit, um das Feuer des Geistes lebendig zu erhalten und zugleich im wärmenden und das Leben nährenden Herd zu hüten? Denn der Steppenbrand kann zwar gelegentlich zu neuer Fruchtbarkeit führen, lebt aber von der Zerstörung alles Bestehenden. Was der christlichen Auffassung von der Geschichte als „Historia salutis" widerspräche, dem Ablauf der Zeit als Gegenstand göttlichen Heilsgeschehens, dem Einwirken Gottes in unsere Zeitlichkeit. Heilsgeschehen, das aus der Vergangenheit gestaltet das Jetzt zu bezwingen und zu bestreiten hilft, aber auf das Neue in einer neuen Welt hingeordnet und hinbezogen ist. Diese Auffassung mag für moderne Ohren utopisch klingen, für das Mönchtum liegen hier Sinngebung und Existenzberechtigung. Daß solche Prinzipien zu allen Zeiten mißverstanden wurden, zeigt nicht zuletzt die Geschichte der Benediktiner und der Klöster. Denn trotz aller Institutionen und vorausblickenden Hilfeleistungen hängt ihre Verwirklichung letztlich vom Menschen ab, der in einer bestimmten Zeit, in einer konkreten Welt vor eine bestimmte Aufgabe gestellt ist.
Sobald aber die auf der Initiative einer hervorragenden Persönlichkeit gründenden Bestrebungen zur Verwirklichung dieser Prinzipien im Laufe der Zeit zur abgesicherten Einrichtung erstarren, gleiten nicht selten auch die Verfechter dieses Ideals in die sterile Gleichgültigkeit ab – selbst und gerade in der Geborgenheit der Klöster.

*Oben:* ***Zwettl:*** *Zisterzienserstift. Stiftskirche, Detail im Chorgestühl: Figur des hl. Bernhard von Matthias Markh, um 1728.*

In der Geschichte des Mönchtums waren es dann immer wieder Persönlichkeiten, die über das Eingerichtete und Eingefahrene hinausdrängten, die einem Gerippe wieder Fleisch und Leben schenkten und damit zu Promotoren neuer Entwicklungen wurden. Was sie von Revolutionären unterscheidet? Daß der Heilige nicht aus eigenem oder als Befehlsempfänger anderer Machtkonstellationen zum Umsturz drängt, sondern motiviert durch eine jenseitige Orientierung zum Göttlichen, zur Erneuerung aufruft. Dabei haben nachweislich – und hierin ist die Geschichte des Mönchtums exemplarisch – die wahren Erneuerer in der Kirche oder im Mönchtum nie mit Gewalt oder Zerstörung das Bestehende verändert. Sie waren bemüht, neue Kraft in zu Institutionen erstarrte Ideale einzuflößen, deren Verwirklichung sie selbst vorlebten. Hier wird wieder jener theologische Ansatzpunkt sichtbar, der die Fleischwerdung des Sohnes Gottes als eine Voraussetzung und Grundlage zur Bewältigung des Bestehenden und Vorgegebenen erkennen läßt. Denn weder in der reinen Geistgesellschaft noch in der Negation des rein Menschlichen kann Erlösung oder Befreiung sein.

Auf diesem Hintergrund wird jener Mann verständlich, der das 12. Jahrhundert in seinen Bann zog: Bernhard von Clairvaux. Doch am Anfang dieses bernhardinischen Jahrhunderts stand zunächst die Sehnsucht nach der vollkommenen Verwirklichung der Regel St. Benedikts, nach der zusammen mit Abt Robert eine Schar junger Mönche in ihrem Kloster Molesme strebten. Ihr Radikalismus, nicht zuletzt heraufbeschworen durch die Herausforderung des mächtigen Mönchsstaates Cluny, stieß in ihrer eigenen Kommunität auf wenig Verständnis und Gegenliebe. Es blieb ihnen daher nichts anderes übrig, als in der Einöde von Citeaux ein „Neukloster" zu gründen. Am 21. März 1098,

dem Tag, an dem im kirchlichen Kalender der Heimgang des heiligen Benedikt eingetragen ist und der als höchstes Fest von den Benediktinern begangen wird, zogen 20 Mönche unter Leitung des Abtes Robert nach Citeaux in der Nähe von Dijon. Während Abt Robert nach einem Jahr auf Drängen seiner Brüder

*Oben:* ***Zwettl:*** *Zisterzienserstift. Ein* ***Zisterzienser*** *im Jahre 1577. Darstellung aus dem Codex 420a der Stiftsbibliothek Zwettl in Niederösterreich.*
*Gegenüber:* ***Zwettl:*** *Stiftskirche, Detail im Chorgestühl: der heilige Bernhard von Clairvaux, Intarsienarbeit von Ladislaus Markh, um 1728.*

von Molesme dorthin zurückkehrte, schrieb sein Nachfolger in Citeaux, Prior Alberich, die ersten Satzungen für die neue klösterliche Gemeinschaft. In schwerer Handarbeit, zu der sich die Reformer wieder im Sinne St. Benedikts bekannten, machten sie das sumpfige Land um Citeaux fruchtbar. Beim Bau ihres Klosters legten sie selbst Hand an und stellten sich damit in Gegensatz zu den damaligen Mönchen, die vom Ertrag ihrer Besitzungen lebten und ihre ausschließliche und vornehmste Aufgabe in einer über Gebühr ausgedehnten und ausgeschmückten Feier der Liturgie erblickten. Die Aufbauarbeit in Citeaux war schwierig und dürfte die jungen Leute abgeschreckt haben; denn 14 Jahre lang blieb der Neugründung der ersehnte Nachwuchs verwehrt. Erst unter dem dritten Oberen von Citeaux, Stephan Harding, einem englischen Benediktiner, den gerade die Strenge dieses Klosters zu bleiben bewog, kam die entscheidende Wende: Zu Ostern des Jahres 1112 trat Bernhard, ein junger Ritter aus Fontaines, zusammen mit 30 Freunden und Gefährten in Citeaux ein, um dort innerhalb weniger Jahre das weitere Geschehen zu bestimmen. Der 22jährige hatte es fertiggebracht, seine Brüder und seinen Oheim während der Belagerung von Grancey-le-Chateau zu bewegen, das Kriegshandwerk mit den „herrlichen Waffen des Gehorsams" zu vertauschen, um „dem wahren König, Christus dem Herrn, zu dienen" (Prolog der Regel St. Benedikts). 1113 erhielt er die Mönchsweihe, und bereits 1115 wurde Bernhard zum Abt einer aus zwölf Mönchen bestehenden Gründungskolonie für Clairvaux bestellt. Drei Jahre später kam es zur Gründung in Trois-Fontaines, das somit die erste Tochtergründung von insgesamt 68 wurde, die zu Lebzeiten Bernhards in ganz Europa die Zisterzienser zu einem triumphalen Siegeszug antreten ließen. Dieser Erfolg ist deswegen so hoch anzusetzen, weil der europäische Kontinent zu dieser Zeit längst eine „terra monastica", ein von den Mönchen geprägter Kontinent der Klöster war. Das Wirken der Mönche bestand nicht nur im frommen Gebet und in der Unterweisung der Katechumenen – jener, die vom Heidentum zu Christus bekehrt und getauft werden sollten –, sondern die Klöster waren auch Bollwerke einer geistig-geistlichen Aufrüstung, die mithalfen, daß aus den Ruinen des untergehenden römischen Weltreiches eine neue zukunftsorientierte Gesellschaft entstehen konnte, die sich aus den römisch-fränkischen und germanischen Völkern zusammensetzte. Trotz aller Ermüdungserscheinungen im Klosterwesen dieser Zeit fällt die spontane Gefolgschaft auf, die sich in zahlreichen neuen Klöstern niederließ, deren geistiger Einfluß bis in die Herrscherhäuser und in die Tagespolitik hinein zu verfolgen ist und selbst in Rom bei der Cathedra Petri Leben und Geschehen veränderte. Was führte diese plötzliche Wende herbei? Steht am Anfang des steilen Aufstiegs wieder einmal die Persönlichkeit, das Beispiel, der Heilige? Diese Vermutung scheint begründet zu sein, denn Schwung und Begeisterung brachte erst Bernhard nach Citeaux. Obwohl bereits Abt Robert beim Auszug aus Molesme jene Ideale vor sich hatte, die dann die Reform der Zisterzienser ausmachten, konnte ihnen erst Bernhard in Clairvaux zum Durchbruch verhelfen. Aus Idealen wurde nun Leben. Bernhard verwirklichte bei der Gründung von Clairvaux im jugendlichen Eifer das Ideal der Armut und Einfachheit in so harter Konsequenz, daß er sich selbst für den Rest seines Lebens einen gesundheitlichen Schaden zuzog und seine Brüder bis an die Grenzen des Erträglichen forderte. Schon im Äußeren der Klostergebäude zeigte sich dieser neue Geist der Armut. In Cluny konnte man, was die Baulichkeiten anbelangte, ein Abbild des himmlischen Jerusalem erblicken; die „neuen Soldaten Christi" von Citeaux verachteten „die Reichtümer der Welt und begannen mit dem armen Christus ein Leben der Armut". Mit der eigenen Hände Arbeit errichteten sie

ihre Häuser und Kirchen und wurden solcherart zu den größten Baumeistern ihrer Zeit. Doch nicht die im Rückblick wertvollen und kunstgeschichtlich interessanten Gebäude zählen, sondern die neue Einstellung zu Besitz und Arbeit gab den Ausschlag für den Erfolg. Auf Grund dieser Einstellung waren die Söhne von „Cistertium" geradezu prädestiniert, bis in die verlassensten Täler hinein Kultur und Fortschritt zu tragen, wie sie gleichzeitig in besonderer Weise für die Ausbreitung des Reiches und der Religion nach dem Osten hin geeignet erschienen. Ob es reiner Zufall war, daß der Sohn des Babenberger Markgrafen Leopold des Heiligen, Otto, bekannt als Bischof Otto von Freising, im Kloster Morimond das Kleid der Zisterzienser nahm? Die nachfolgenden Klostergründungen in Österreich scheinen eher auf ein Konzept zurückzugehen. Aus reiner Vorliebe für einen Orden wären sie nicht zu erklären.

Nicht nur in den Neuansätzen in der Geisteshaltung und in den Zielvorstellungen, sondern auch in einer neuartigen Verfassung für die Klöster und ihr Verhältnis untereinander liegen der Erfolg und die schnelle Verbreitung der Zisterzienser begründet. Wie schon ausführlich gezeigt wurde, lag es in der Entwicklung des Klosterwesens, daß ein Zusammenschluß mit aufeinander abgestimmten Obrigkeiten gefunden werden mußte, obwohl die Regel Benedikts keinen Zusammenschluß der Klöster kennt. Der dieser Entwicklung innewohnende Zwang zum System und zur Systematisierung trieb im Laufe der Jahrhunderte unterschiedliche

Blüten am Stamm benediktinischer Überlieferung, die alle zu einer gewissen Einseitigkeit und damit zu einer Verzeichnung des Benediktinischen neigten. Die Väter der Zisterzienser leiteten nun – und das ist das Neue – aus dem anfänglichen Verhältnis zwischen einem bestehenden Kloster und einem zu gründenden eine bleibende Zugehörigkeit zueinander ab. Dieses „Filiationsprinzip" bedingte die Verantwortlichkeit des Abtes vom „Mutterkloster" für das „Tochterkloster" und ließ ihn selbst zum „Vaterabt" werden. Bei aller Selbständigkeit einer jeden Abtei „in spiritualibus et temporalibus", in geistigen und materiellen Belangen, ist damit erstmals die Gleichförmigkeit im monastischen Brauchtum und Alltag gegeben, über die der „Vaterabt" durch jährliche Visitationen in den „Töchterklöstern" wacht. Die Äbte sämtlicher Zisterzienserklöster kamen jedoch einmal jährlich in Citeaux zum Generalkapitel zusammen. Somit sind das Generalkapitel und die Visitation jene Stützpfeiler, auf denen das Ordensideal ruhte und durch die es abgesichert wurde. Kein Wunder daher, daß diese Ordnung von den Päpsten auch den Benediktinern zur Richtlinie gemacht wurde, wie wir schon gehört haben. Es sei aber hinzugefügt, daß Papst Benedikt XII., der die Reformbulle „Benedictina" erließ, die in weiterer Folge zu einer Strukturierung innerhalb der Benediktiner führte, selbst Zisterzienser war und seinem Orden immer die Treue gehalten hat. Noch vor seiner Reformbulle für die Benediktiner brachte derselbe Papst eine solche für die Zisterzienser mit dem bezeichnenden Anfang „Fulgens sicut stella" (Strahlend wie ein Stern) in Umlauf. Heute sind auch die Zisterzienser in Kongregationen eingeteilt mit einem Generalabt, der – im Gegensatz zum Abtprimas der Benediktiner – dem Orden aber zugleich vorsteht, wie letzterer in Rom residiert und die Zisterzienser dem Vatikan gegenüber vertritt.

Eine strengere Observanz bei gleicher Ordensstruktur unterscheidet heute die Trappisten von den Zisterziensern. Auch die Trappisten, denen in den letzten Jahrzehnten in den Vereinigten Staaten ein großer Aufschwung gelungen ist und die daher die Zisterzienser zahlenmäßig überflügeln konnten, werden von einem Generalabt geleitet. Trappisten und Zisterzienser bezeichnen Citeaux als ihre Mutter nach dem alten Wahlspruch der Zisterzienser „Cistercium Mater nostra – Citeaux ist unsere Mutter". Jedes Zisterzienser-

*Gegenüber:* ***Zwettl:*** *Zisterzienserstift. Bernhardi-Altar. Szenen aus dem Leben des hl. Bernhard, „Hl. Bernhard als Patron der Tiere", Tafelbild von J. Breu d. Ä., 1500.*
*Oben:* ***Zisterziensermönche*** *bei der Erntearbeit, im Vordergrund der hl. Bernhard im Gebet. Bernhardi-Altar. „Bitte um Gabe der Fertigkeit im Mähen", Tafelbild von J. Breu d. Ä., 1500.*

kloster steht damit in einem Magnetfeld, dessen Pole bewußte und gewollte sind und nicht von der Zufälligkeit oder Willkür eines weltlichen Stifters oder eines Eigenherrn abhängen. Die Erfahrungen der vorausgegangenen Jahrhunderte haben hiermit ihre Frucht gezeitigt und zugleich einer Entwicklung Tür und Tor geöffnet, die nicht nur auf das ordensinterne Geschehen beschränkt blieb.

Um das Ordensideal im Sinne der Regel St. Benedikts – und zwar in der ursprünglichen Herbheit und Strenge – hochzuhalten, gab es noch andere Verordnungen, die alle von dem dritten Oberen von Citeaux, dem schon genannten Engländer Stephan Harding, in der „Carta caritatis" – wörtlich übersetzt: in der „Liebesurkunde" – festgehalten wurden. Das „Rechts- und Liebesverhältnis" der Klöster untereinander bestand demnach nicht nur in einem Abhängigkeits- und Zusammengehörigkeitsverhältnis zugunsten der Ordenszucht, sondern bedingte zugleich die Einheitlichkeit in der Liturgie, im monastischen Alltag, in der Verwaltung von Besitz und Wirtschaftsbetrieben und darüber hinaus in den Klosteranlagen und im Baustil. Erstmals vereinheitlichen die Mönche beispielsweise die Melodien des liturgischen Gesangs, befreien sie von den Überwucherungen und Verzierungen aus der Tradition von Cluny und übergeben den Tochterklöstern verbindliche und einheitliche Gesangbücher. Wenn also – nach der „Carta caritatis" – ein Abt mit wenigstens zwölf Mönchen zu einer Neugründung ausgesandt wurde, dann gab man ihm außer der Regel die notwendigen liturgischen Bücher mit. Allein daraus wird ersichtlich, wie überlegt von einem Vorbild alles abgeleitet und nach seinem Muster vereinheitlicht wurde. Gleichzeitig darf nicht übersehen werden, daß auf diese Weise über die Grenzen hinweg Einflüsse wirksam werden, die man nicht nur in den liturgischen Handbüchern, in der klösterlichen Observanz oder in der Ordensverfassung ablesen kann, sondern die das Gesamtgeschehen

*Unten:* ***Heiligenkreuz:*** *Zisterzienserkloster. Schmiedeeiserne Tür zum Brunnenhaus. Gegenüber: Oben:* ***Zwettl:*** *Zisterzienserstift. Kreuzgang, Ostflügel mit Blick auf Portal und Fenster des Kapitelsaales (ältester der vier Kreuzgangflügel). Unten links:* ***Lilienfeld:*** *Zisterzienserstift. Säulen im Kreuzgang, in den Jahren 1230–1260 errichtet.*

*Unten rechts:* ***Steingaden:*** *Ehemaliges Prämonstratenserkloster. Romanische Säulen im Kreuzgang. 1147–1803, Seelsorgezentrum im „Pfaffenwinkel" mit den abhängigen Wallfahrtskirchen Wies, Ilgen und Heiligkreuz auf dem Kreuzberg. Romanischer Kreuzgang mit spätgotischer Wölbung – ursprünglich romanischer Kirchenraum, über dem Priesterchor Renaissanceausgestaltung (1663), teilweise Umgestaltung im Rokokostil, um 1747.*

in einem Kloster – soweit es ein kleiner Staat für sich ist – bestimmen und über die Gründungsjahre hinaus beeinflussen. Wenn also bei den Zisterziensern mit dem Gründungsdatum eines Klosters zugleich die Gründungsabtei angegeben wird, dann werden Zusammenhänge offenbar, die über die Tatsache der Filiation hinaus viele und vielerlei Aspekte erkennen lassen, die man bis in die Rosetten der Gewölbe hinein verfolgen kann. Es waren nicht nur der Bauplan, die Handwerksbetriebe und die Buchbestände, die beispielsweise die Zisterzienserabtei Rein bei Graz mit ihrem „Mutterkloster" Ebrach verbanden, sondern Rein ist ein „Ableger" dieser seit 1803 aufgelösten, in Franken liegenden Zisterzienserabtei. Die Abstammungsangaben in vielen Führern und Kunstbüchern – wie etwa für Rein: „Von Morimond (1115) wurde als zweites Kloster auf deutschem Boden Ebrach besiedelt; von hier kamen die ersten weißen Mönche 1129 nach Rein" – verbergen also breitgefächerte Beziehungsstränge. Rein ist außerdem die einzige Zisterzienserabtei, die seit 1129 ununterbrochen bestehen blieb und in ihrer Tradition somit der älteste Zeuge für das Leben ist, das über Morimond, eine der vier „Primarabteien" – die anderen sind La Ferte, Pontigny und Clairvaix –, bis zur Wiege der Zisterzienser, nach Citeaux, zurückführt. Die Urklöster wurden alle entweder aufgelöst oder bestehen aus anderen Gründen nicht mehr. Die übrigen österreichischen Zisterzienserabteien, wie Heiligenkreuz im Wienerwald – 1133 von Morimond aus mit Mönchen besetzt – mit seinen Tochterklöstern Zwettl, Baumgartenberg und Lilienfeld (Wilhering wurde von Rein aus 1146 von einem ursprünglichen Chorherrenstift in ein Zisterzienserkloster umgewandelt), können zwar ebenfalls (außer dem 1784 aufgelösten Baumgartenberg) auf ein ununterbrochenes Bestehen seit ihrer Gründung zurückblicken, sind aber jünger und laufen Rein somit keineswegs den Rang und den Ruhm ab, die älteste noch bestehende Zisterzienserabtei der Welt zu sein.

Neben den vielen baulichen Eigenheiten der Zisterzienserklöster, auf die wir noch zurückkommen werden, sei noch auf eine andere Gemeinsamkeit aller Zisterzienserkirchen hingewiesen, die sich ebenfalls aus der sogenannten „Liebesurkunde" ableiten läßt: „Alle Kirchen sind der Muttergottes geweiht und sollen weder in Städten, festen Plätzen noch in Dörfern errichtet werden." Auf dem ersten Generalkapitel wurde diese Anweisung noch genauer gefaßt und beschlossen: „Unsere Vorfahren und Väter kamen einst von der Kirche in Molesme, die zu Ehren der seligen Jungfrau Maria erbaut ist, an diesen Ort, Cisterz genannt, von wo auch wir ausgegangen sind; deshalb bestimmen wir, daß alle unsere Kirchen, auch die unserer Nachkommen, zum Gedächtnis Mariens, der Königin des Himmels und der Erde, gegründet und geweiht werden sollen." Es ist daher nicht verwunderlich, wenn viele Abteien – die Schweiz ist das beste Beispiel – dafür einen Namen erhielten, der mit Maria zusammenhing: Frauenthal. Marienstatt, Mariazell in Wurmsbach oder Marisstella, das Meersternkloster in Wettingen. Während die Klöster der Cluniazenser nach dem Vorbild von Cluny meist dem hl. Petrus als Patron unterstellt waren. geht der besondere Marienkult der Zisterzienser auf den hl. Bernhard, den Minnesänger Mariens, zurück und fand in der offiziellen Liturgie ebenso einen Niederschlag wie in zahlreichen bildlichen Darstellungen. Bernhard wird auch gerne mit dem Gekreuzigten gezeigt, der sich vom Kreuz losgelöst und den

*Links: **Rein:** Zisterzienserstift. 1140 Einweihung der romanischen Basilika, barock umgebaut ab 1738 durch J. G. Stengg. Wandmalereien von J. A. Mölck, 1766.*

*Gegenüber: **Heiligenkreuz:** Zisterzienserstift. Brunnenhaus, erbaut 1220–1250, mit Bleibrunnen aus dem 16. Jahrhundert und bemalten Glasfenstern aus dem 13. Jahrhundert.*

vor ihm knienden Bernhard umarmt haben soll. Einer Legende zufolge soll der hl. Alberich, der zweite Abt von Citeaux, von Maria selbst die weiße Mönchskukulle erhalten haben.

Was die Farbe der Bekleidung anbelangt, gibt es auch andere Erklärungen. In der „Carta caritatis" heißt es über die Kleidung: „Sie sei einfach und wohlfeil, ohne Pelz und Unterkleidung, wie sie die Regel beschreibt. Die Kukullen seien außen nicht flockig, und die Tagesschuhe von Kuhleder." Wiederum der Bezug auf die Regel Benedikts und der Hinweis auf Einfachheit, im Gegensatz zur übrigen mönchischen Tradition jener Tage, die sich, was Pelze, Unterkleider, Pelzschuhe und ähnliches angeht, durchaus den Gewohnheiten ihrer weltlichen Umgebung angeglichen hatte. Dies gilt vor allem für die Mönche von Cluny. Im Geiste der Regel Benedikts sollen sich die Mönche weder um die Farbe noch um die Art des Stoffes ihres Habits kümmern, sondern sie mögen einfach das tragen, was der Bevölkerung des Landstrichs, in dem sie sich niederlassen, als gewöhnliche Alltagskleidung dient. Die weiße Farbe des zisterziensischen Habits, die anfänglich eher einem Grauton entsprach, soll von den Schafen kommen, die man im Kloster hielt und deren Wolle man zu Stoff verarbeitete. In diesen wie vielen anderen Alltäglichkeiten lebten die Mönche unverhältnismäßig streng und für unser Verständnis geradezu unhygienisch. So war es beispielsweise in Citeaux verboten, sich die

Haare zu kämmen. Es genügte, daß man sich siebenmal im Jahr den Kopf scheren ließ. In vielerlei Hinsicht ist in diesen Belangen eine Reaktion auf das Leben in Cluny und den anderen Klöstern zu sehen. Bernhard aber verteidigte den Standpunkt seiner Brü-

*Gegenüber:* ***Zwettl:*** *Zisterzienserstift. Südflügel des Kreuzgangs mit dem Brunnenhaus. Eines der Erstlingswerke der frühgot. Architektur in Österreich, lebhaft-plastisches Gliederungssystem durch die Verwendung verschiedener Steinsorten (Granit, Sandstein, Marmor). Steinbecken von 1706.*
*Oben:* ***Steingaden:*** *Ehem. Prämonstratenserkloster in Oberbayern. Romanischer Kreuzgang mit spätgotischer Wölbung.*
*Rechts:* ***Neustift:*** *Augustiner-Chorherrenkloster nördlich von Brixen, Südtirol. 1142 gegr., gotisches Kreuzganggewölbe mit Fresken. Im Kreuzgang befindet sich wahrscheinlich das Grab Oswalds von Wolkenstein.*

der gegenüber dem Abt von Cluny, und es ist manchmal schwer verständlich, daß solche Nebensächlichkeiten zu Kontroversen mit Cluny führten, und noch weniger, daß ein Mann von der Redegewandtheit eines „doctor mellifluus", eines „honigfließenden Lehrers", wie Bernhard tituliert wird, der als Berater der Päpste und als Kreuzzugsprediger einen ganzen Kontinent in Bewegung brachte, Kraft und Zeit an solche Äußerlichkeiten verschwendete. Zugegeben, daß jede neue Idee die ihr entsprungenen Bestimmungen und deren Durchführung selbst bis in die Details verteidigt, doch wird dabei auch dem Zeitgeist der angemessene Tribut gezollt. Gegen diesen hatten die Zisterzienser zwar grundsätzlich Stellung bezogen, konnten ihm aber anderseits in der Ganzheit nicht entfliehen. Dies ist eine der Erkenntnisse, die auch das Zisterziensertum im Laufe der Jahrzehnte und Jahrhunderte vom ersten Höhenflug in die Bahnen des „Normalen" lenkte, wie jene andere Erfahrung, daß überall dort, wo sich wie in den Klöstern das Leben in einer Gemeinschaft abwickelt, sich die höchsten Bestrebungen dem Mittelmaß anpassen müssen. Und Mittelmäßigkeit ist schon ein Abweichen vom Ideal, ganz zu schweigen davon, daß sie jeglicher Begeisterung und ihrem Höhenflug eine bedrohliche Ernüchterung einbringt.

Von der zisterziensischen Erneuerung gingen trotzdem starke Impulse aus, deren Nachwirken bis heute nicht zu übersehen noch zu verkennen ist. Bezieht man – von allen bisher geschilderten Neuentwicklungen oder Reformen abgesehen – diese Feststellung auf einzelne Klöster, dann muß sich unser Augenmerk auf jene Veränderungen richten, die vor allem durch eine einzigartige Neueinrichtung konkretisiert wurden: durch die Aufnahme von Konversen. „Conversus" bezeichnet einen aus der Welt Bekehrten, die „conversatio" oder „conversio morum" – um die unterschiedliche Auslegung und Wortgestaltung wird noch heute bei den Benediktinern gerungen – ist die Abkehr von der Welt und das Leben im Kloster. Ein „Conversus" ist ein in die klösterliche Gemeinschaft eingetretener Laie, und unter Konversen versteht man eigentlich nichts anderes als den „Laienbruder". Bei St. Benedikt gibt es keinen Unterschied zwischen Patres und Brüdern oder Fratres, wie sie neuerdings in den bayerischen Benediktinerabteien wieder mit dem lateinischen Wort bezeichnet werden. Er kennt nur Mönche, hauptsächlich Laien, die sich zu einer Klosterfamilie zusammenfinden; der Pater, der zum Priester geweihte Mönch, ist, wie wir sahen, durchaus die Ausnahme. In Cluny aber überwiegen längst die Priestermönche, denen keine Zeit mehr bleibt, neben ihrem ausgedehnten und aufwendigen Chordienst noch einfache Arbeiten zu verrichten. Weil mit der Bewältigung des feierlichen Opus dei, des auf den ganzen Tag verteilten Gotteslobes, die Kräfte der Mönche tatsächlich erschöpft waren, zog man für einfache Arbeiten die Laienbrüder heran. Schon bei den Kartäusern haben wir eine solche Unterteilung der klösterlichen Gemeinschaft festgestellt. Auch in Cluny, in Vallumbrosa, in Hirsau und sogar bei den Kanonikern von Passau und den Prämonstratensern begegnen wir den Konversen, wie denn überhaupt im 11. Jahrhundert eine starke Laienbewegung mit religiöser Ausrichtung zu beobachten ist. Die benediktinisch-zisterziensische Reform erkannte mit gutem Gespür das Verlangen dieser Menschen und gliederte sie in den Orden ein. Sie unterschieden sich von den bezahlten Arbeitskräften der damaligen Zeit, den „mercenarii", wurden aber anderseits den Mönchen nicht gleichgestellt. Sie bildeten innerhalb eines Klosters eine eigene Gemeinschaft, was die Aussage eines Mönches aus dem Jahre 1156 bestätigt: „Im Innern unserer Klausur haben wir zwei Klöster, das der Konversen und das der Mönche." Die Konversen hatten nicht nur eigene Räumlichkeiten zugewiesen, sondern sie unterschieden sich auch in der Kleidung von den Mönchen; sie hatten auch nicht die gleichen Verpflichtungen wie die Mönche, insbesondere beim Chorgebet. Sie waren in erster Linie Arbeiter und Handwerker. Ihre Gebete verrichteten sie in Form einer bestimmten Anzahl von „Pater noster", „Credo", „Ave Maria" und „Miserere" oder auch in der Muttersprache. Das erklärt frühe Eintragungen einzelner Gebete und Gesänge in deutscher Sprache wie etwa das „Salve regina" in einem Kodex aus Heiligenkreuz. Dank der zahlreichen Konversen, die manchmal sogar die Anzahl der Mönche überstiegen, konnte ein weiterer Punkt der „Carta caritatis", des zisterziensischen „Grundgesetzes", erfüllt werden, der da lautet: „Die Mönche unseres Ordens müssen von ihrer Hände Arbeit, Ackerbau und Viehzucht leben. Daher dürfen wir zum eigenen Gebrauch besitzen: Gewässer, Wälder, Weinberge, Wiesen, Äcker (abseits von Siedlungen der

Weltleute), sowie Tiere, ausgenommen solche, die mehr aus Kuriosität und Eitelkeit als des Nutzens wegen gehalten werden, wie Kraniche, Hirsche und dergleichen. Zur Bewirtschaftung können wir nahe oder ferne beim Kloster Höfe haben, die von Konversen beaufsichtigt und verwaltet werden."

Wie hier bereits ersichtlich wird, waren die Konversen unersetzliche Hilfskräfte. Im Kloster selbst unterstanden sie der Leitung des Zellerars, des Wirtschafters oder Pater Kämmerers; auf den Wirtschaftshöfen in der Umgebung des Klosters, den sogenannten „Grangien", hatte der „magister grangiae" die Oberaufsicht über sie. Ohne ihr tatkräftiges Eingreifen und Mitwirken, das stets vom Religiösen eine Begründung erhielt, wären die vielen Neugründungen der ersten Zeit des bernhardinischen Jahrhunderts undenkbar. Unvorstellbar wäre auch, daß die Klöster in den verlassensten Gegenden gegründet wurden, wenn nicht diese Mitarbeiter und Mitstreiter der Mönche das Land urbar und fruchtbar gemacht hätten. Wie vielseitig ihre Methoden und ihr Können waren, werden wir noch sehen. Betont sei nochmals, wie sehr durch die Reform von Cisterz, die in Bernhard von Clairvaux verpersönlicht ist, die klösterliche Landschaft Europas bereichert wurde. Übersehen soll aber auch nicht werden, daß in der neuen Definition der Armut bereits die Bewegung der Bettelorden vorweggenommen und für die Weiterentwicklung des Benediktinischen die Einseitigkeit der Cluniazenser überwunden wurde. Ein Zisterzienserkloster war – und sollte es heute noch sein – ein abgeschlossenes Reich, das dem Mitbruder die Erlangung des Heils innerhalb der Klostermauern verkündete, im Gegensatz zu jenen Gemeinschaften, die ihre wichtigste Aufgabe in der Sorge für das Seelenheil der Mitmenschen außerhalb dieser Mauern sahen. Hier liegt der Unterschied z. B. zwischen Mönch und Chorherr, welch letzterer sich bei der Erfüllung seiner Pflicht auf St. Augustin und sein Ideal beruft.

Die Bezeichnung „Augustiner-Chorherr" erweckt in uns spontan den Eindruck des Alt-Ehrwürdigen. Sowie wir die Benediktiner auf Benedikt zurückführen, sind wir geneigt, die Gründung der Augustiner-Chorherren St. Augustin zuzuschreiben. In dieser Sicht müßten die Augustiner-Chorherren als klösterliche Gemeinschaften und als Klosterverband älter sein als die Benediktiner, denn Augustinus lebte von 354 bis 430. Es ist außerdem bekannt, daß er nach seiner Bekehrung zum Priester geweiht wurde und ab 395 als Bischof der Diözese Hippo vorstand. Nichts leichter, als in dieser seiner Tätigkeit die Voraussetzung zu sehen für sein Bemühen um Einigung und Zusammenschluß der Priester und Kleriker. Betrachtet man die Lebensbilder des Kirchenlehrers Augustinus, wie sie uns der Barockmaler Matthäus Günther einprägsam und überlebensgroß an die Wände der ehemaligen Klosterkirche der Augustiner-Chorherren von Indersdorf gemalt hat, dann gehörte tatsächlich die Gründung der Augustiner-Chorherren neben vielen anderen zu seinen Verdiensten. Halten wir gleich fest, daß es Chorherrenklöster noch in Österreich und in der Schweiz, nicht mehr jedoch in Bayern gibt. Sehen wir von der „Lateranensischen Kongregation" der Chorherren ab, die ihre Niederlassungen in Italien wie auch in anderen Staaten romanischer Zunge, ebenso in England, Polen und Amerika hat, dann gibt es Augustiner-Chorherrenstifte nur mehr in Österreich: St. Florian, Reichersberg, Klosterneuburg, Herzogenburg, Vorau und das südtirolische Neustift bei Brixen. Und in der Schweiz die Propstei Martigny, das Hospiz vom Großen St. Bernhard mit den Prioraten Econe und Montfleury, sowie die Bischofsabtei St. Maurice im Wallis, eine „Abbatia nullius", wo der Propst zugleich Bischof jenes Distrikts ist, der dem Kloster für die Seelsorge anvertraut ist. Die einst zahlreichen und großen Klöster der Augustiner-Chorherren in Bayern erstanden nach der Säkularisation nicht mehr zu neuem Leben. Bis in die jüngste Zeit unseres Jahrhunderts reichende Versuche, den Chorherren einen neuen Stützpunkt zu schaffen – etwa auf dem Hohenpeißenberg, dem früher von Rottenbuch abhängigen Wallfahrtsberg, der, dem „Rigi" vergleichbar, das schwäbisch-bayerische Alpenvorland zwischen Weilheim und Schongau beherrscht –, schlugen leider alle fehl. Ein fast heiligmäßig frommer, aber wissenschaftlich nicht ganz sattelfester Religionslehrer erzählte uns einmal, es wäre auch gar nicht mehr möglich, die Augustiner-Chorherren neu anzusiedeln, denn einer der ihrigen sei einst Luther gewesen. Der Untergang aller Augustinerklöster wäre demnach dem ungeratenen „Sohn" des hl. Augustinus, Martin Luther, anzulasten. Bei dieser Interpretation unterliefen unserem Pater für Religion gleich zwei Fehler: Luther gehörte nicht zu den Augustiner-

Chorherren, sondern war Pater der als Orden am 4. Mai 1256 päpstlich anerkannten Augustiner-Eremiten, die ihre Entstehung über eine der Augustinerregeln bis zum großen Kirchenlehrer selbst zurückzuführen versuchten. Diese Augustiner-Eremiten sind ein Bettelorden, der weiterhin in Deutschland besteht.

*Oben:* ***Zwettl:*** *Ein* ***Augustiner-Chorherr*** *im Jahre 1577. Darstellung aus dem Codex 420a der Stiftsbibliothek Zwettl in Niederösterreich. Gegenüber: Oben:* ***Nonnberg:*** *Romanische Fresken, Mitte des 12. Jh., den hl. Augustinus darstellend. Unten:* ***Admont:*** *Bibelkommentare des Admonter Mönches (späteren Abtes) Irimbert (1171–1177). Bildnis des hl. Augustinus, spätes 12. Jh., Stiftsbibliothek Admont, Codex 16, p. 2.*

Dieser kleine Ausflug in die persönliche Erinnerungswelt mag deutlich machen, wie verwirrend selbst für Angehörige der katholischen Kirche die Geschichte der Orden und Klöster ist. In den Klöstern erzählt man sich nicht umsonst zahlreiche humorvolle Episoden, denen zufolge sogar der „liebe Gott" Schwierigkeiten habe, alle Orden und Trachten – man denke an deren unzählige Varianten bei den Nonnen und Klosterschwestern – zu kennen und zu unterscheiden. Ein kleiner Seitenhieb auf die Bettelorden ist es, wenn es heißt, der ansonsten unbegrenzten Allwissenheit Gottes entziehe sich auch die Kenntnis, wo ein Franziskaner seinen letzten Groschen aufbewahre bzw. verborgen halte.

St. Augustin kann in einem weiten Sinn als Vater der Augustiner-Chorherren angesprochen werden. Denn von ihm sind Aufzeichnungen erhalten, die er für die Kleriker und Priester geschrieben hatte, die mit ihm, dem Bischof, in Gemeinschaft lebten und auf Ehe, Familie und Besitz verzichteten. Gemäß der erhaltenen Überlieferung dürfte zwar Bischof Eusebius von Vercelli (gest. 371) als erster den Stadtklerus zu einer Art klösterlichen Gemeinschaft zusammengefaßt haben, Augustinus aber ist der große und überragende Vollender einer Lebensform, die in der Urkirche vorgegeben war und wenigstens im Leben der Priester und Kleriker weiterbestehen sollte. Auf Grund seiner eigenen Lebenserfahrung, die durch seine Bekehrung eine entscheidende Wende und zugleich jenen Impuls erhalten hatte, der zum konsequenten und ernsthaften Vollzug des Christlichen drängte, vertrat Augustinus die Meinung – die er übrigens mit den meisten griechischen Vätern teilen konnte –, „der ideale Christ sei ein Mönch". Den Mönch verstand er allerdings im Lichte apostolischen Wirkens und reihte ihn damit in den Klerikerstand ein, ganz im Gegensatz zu anderen Entwicklungen, die wir bereits gesehen haben. Die Verwirklichung seines Ideals kam aus der Praxis des Bischofs, der sich seiner Mitarbeiter im geistlichen Amt annehmen wollte. Dabei ging es Augustinus, wie gesagt, um keine Neueinführung, sondern vielmehr um einen Rückgriff auf die Lebensweise der Christen in den ersten Gemeinden, wie sie uns in der Apostelgeschichte dargestellt wird. Aus dieser Sicht wird verständlich, weshalb der große Denker und Theologe zwar Aufzeichnungen für das Gemeinschaftsleben hinterließ, aber keine systematisch organisierte Regel mit genauen Anweisungen für die Nachwelt niederschrieb. Augustin ist in diesem Sinn keineswegs mit einem hl. Benedikt vergleichbar. Für die nachfolgende Zeit übte zwar das in seinen eigenen Werken gezeichnete Vorbild wie auch die von seinem Schüler Possidius verfaßte Biographie einen gewissen Einfluß auf die Klerikergemeinschaften – nach der Besetzung Nordafrikas vor allem in

den Ländern des europäischen Kontinents – aus, aber die Bezeichnung Augustiner-Chorherren entstammt trotzdem erst dem 12. Jahrhundert. Betrachten wir die Entwicklung chronologisch:
Für die Jahrhunderte zwischen Augustinus und den Karolingern gibt es nur spärliche Mitteilungen über Klerikergemeinschaften. Die Karolinger allerdings nehmen sich solcher Einrichtungen an und erteilen über Kapitularien und Synodalbeschlüsse verschiedene Vorschriften für die Kanoniker, definieren ihre Pflichten und Funktionen. Eine bis in Einzelheiten gehende Regel stellte Bischof Chrodegang von Metz (747–766) für die Kleriker seiner Domkirche zusammen. Er vermischte Beschlüsse der Synode von Verneuil (755) mit dem Reformgut des hl. Bonifatius und lehnte sich an die Regel des heiligen Benedikt an. Seine Vorschriften blieben nicht nur auf Metz beschränkt, auch an anderen Kirchen folgten die Priester und Kleriker dem Beispiel des Kapitels von Metz. Noch heute gibt es an den Domkirchen die Domkapitel, und manch verdienter Geistlicher freut sich, wenn er zum Ehrenkanoniker an seiner zuständigen Domkirche ernannt wird. Das Wort „Kanoniker" wird von den „canones", den Kirchengesetzen, denen die Kanoniker unterliegen, abgeleitet. Oder auch von dem Register (= canon) einer Kirche, in das ein Kleriker eingetragen werden muß, um zu einem Kanoniker zu werden. Wie immer man die Abstammung des Wortes erklären mag, fest steht, daß in den Domkapiteln in gewissem Sinne jene Klerikergemeinschaften bis in unsere Zeit überleben, für die ein Chrodegang von Metz eine Regel geschrieben hatte. Während diese Regel sehr wohl vom „Ordo monasticus", von der mönchischen Lebensordnung, beeinflußt war und deshalb heute als eine Mischform bezeichnet wird, kehrte man auf der Aachener Reichssynode des Jahres 817 wieder mehr zum „Ordo canonicus", zur kanonikalen Lebensform für den Weltklerus, der in erster Linie mit der Seelsorge betraut war, zurück. Für die berühmte und jahrhundertelang nachwirkende Aachener Synode, deren Bedeutung wir schon für die Benediktiner aufgezeigt haben, verfaßte der gelehrte Diakon Amalarius von Metz neue Canones und neue Vorschriften für die Lebensweise des Klerus. Die Synode bestätigte diese Vorschriften und machte sie zur verbindlichen Richtschnur im ganzen fränkischen

*Oben: **St. Florian:** Augustiner-Chorherrenstift. Statue des hl. Augustinus in einer Nische des Chorgestühls, J. Auer, 1702.*

Reich. Ludwig der Fromme, der weltliche Herr und in dieser Eigenschaft an einer Regelung der Lebensverhältnisse innerhalb des Klerus interessiert, war der Initiator für die Niederschrift einer Regelsammlung für die Kleriker und die Sanctimonialen, die Nonnen bzw. Chorfrauen.
Dieser zum Gesetz erhobenen Regelzusammenstellung zufolge, die in vielen Einzelheiten der Regel Chrodegangs nachgebildet war, wurden die Kleriker zum kanonischen Leben in einer Gemeinschaft verpflichtet, durften allerdings im Gegensatz zur Ordnung Chrodegangs Eigentum besitzen, linnene Kleidung tragen und Fleisch essen. Diese Milderung unterschied die Kanoniker von den Mönchen. Die Kanoniker sollten trotzdem „bescheiden gekleidet sein, weder zu vornehm aus Eitelkeit, noch zu schlecht aus Heuchelei". Die Kanoniker tragen nicht die Kukulle wie die Mönche; denn diese stünde eben nur den Mönchen zu, und schließlich habe „jeder Stand seine

eigene Kleidung". Obwohl Dormitorium (Schlafsaal) und Refektorium (Speisesaal) auch bei den Kanonikern allen gemeinsam sind, kann jeder einzelne Kanoniker – allerdings innerhalb des Claustrums – außerdem eine eigene Wohnung beanspruchen. Für den gemeinsamen Chordienst wird ihnen auf Lebenszeit der angemessene Lebensunterhalt sichergestellt. Für Vergehen und Überschreitungen der gemeinsamen und verpflichtenden Lebensordnung sind Strafen vorgesehen, wobei für die Festsetzung des Strafausmaßes den Oberen zu bedenken gegeben wird, „daß die Kirche einer Taube gleiche, die nicht mit Krallen, sondern nur mit sanftem Flügelschlag strafe".

Diese gemilderte Lebensform blieb für lange Zeit gültig. In manchen Kollegiatstiften, wie etwa in dem altehrwürdigen Mattsee, das seine Gründung bis in diese Zeit der Aachener Synode zurückführen kann, gilt immer noch eine ähnliche Lebensordnung. Den Kanonikern wird aus einem Stiftungsvermögen ihr Lebensunterhalt zugeteilt, sie gehören dem jeweiligen Stift als Kanoniker an und sind zum gemeinsamen Chorgebet verpflichtet, während sie dem Gelübde der Armut nicht unterworfen sind. Darin lag ursprünglich der Unterschied zu den Mönchen, zugleich aber auch die Gefahr des Abfalls, der dann im 11. Jahrhundert, als ein besonderer Tiefpunkt erreicht zu sein scheint, eine Neuregelung des Chorherrenwesens nötig machte. Seit dieser Zeit gibt es eine Unterteilung in Säkular-Kanoniker, wie sie eben für Mattsee, an einem Kollegiatstift also, erwähnt wurden, oder wie sie normalerweise im Domkapitel an Kathedralkirchen bestehen, und in Regular-Kanoniker, die meist als Chorherren bezeichnet werden.

Auf dem Laterankonzil des Jahres 1059 trat der damalige Archidiakon Hildebrand – bekannter als späterer Papst Gregor VII. – gegen die Aachener Statuten auf. Beanstandet wurde vor allem, daß der Eigenbesitz gegen die „vita communis", das Gemeinschaftsleben der Kleriker, gerichtet sei, weil aus der finanziellen Unabhängigkeit die Gefahr erwachse, zum Ideorhythmiker zu werden, zu einem Menschen, der sich selbst zum Ziel und zum Inhalt seiner Regel erhebt. Als besonders nachteilig wurde auch empfunden, daß die Kanoniker durch kein Gelübde zu einer verbindlichen Form im Gewissen verpflichtet waren. Die Lebensweise der Kanoniker, wie sie 817 in Aachen umrissen und in Statuten festgelegt worden war, entsprach nicht mehr. In der Zeit einer allgemeinen Erneuerung der Kirche, die als „gregorianische Reform" in die Geschichte einging, wurde der Ruf nach einer angemesseneren Form und einer entsprechenden Regelung des kanonikalen Lebens laut, das die Kleriker wieder zu Gemeinschaftlichkeit verpflichtete und Forderungen an sie stellte, die nicht nur als Gegenleistung für einen gesicherten Unterhalt zu betrachten waren. Daß die als Investiturstreit bezeichnete Auseinandersetzung zwischen Papst und Kaiser keinen geringen Einfluß auf die weitere Verbreitung der Chorherrenstifte genommen hat, wird noch zu zeigen sein. Wichtig erscheint, daß im Zuge der gregorianischen Reform die sogenannte Regel des heiligen Augustinus, die den Verzicht auf Eigenbesitz enthielt und zugleich die „professio Romana", ein Versprechen auf Befolgung aller für das Leben in einer geistlichen und klerikalen Gemeinschaft gebotenen und notwendigen Forderungen, auch für die Kanoniker eingeführt wurde. Die solcherart „regulierten Chorherren" nannten sich nun „Augustiner-Chorherren" und heben somit den Unterschied zu allen übrigen Kanonikern hervor. Wenn vorhin die Regel Augustins als „sogenannte" bezeichnet wurde, dann hat das seine Bewandtnis in der Tatsache, daß bis heute die Auseinandersetzungen über den authentischen Text der Augustinusregel andauern. Es gibt zwei Fassungen: eine, die als „Praeceptum" oder als „dritte Regel" in dieser Frage nach dem Urtext angeführt wird, und eine andere, der „ordo monasterii" oder die „Klosterordnung", die auch „zweite Regel" genannt wird. Schon die Bezeichnung „zweite und dritte Regel" weist darauf hin, daß neben diesen beiden genannten noch andere Textformen überliefert sind, die ebenfalls St. Augustin zugeschrieben werden. Sie sind aber für die Chorherren nicht verbindlich. Eines freilich wird bei dieser Aufzählung deutlich und spiegelt eine im Mittelalter weit verbreitete Praxis wider: Um einem bestimmten Text ein größeres Gewicht zu verleihen, wurde seine Urheberschaft einer anerkannten Autorität zugeschrieben. Diese Tatsache muß auch bei der Beurteilung der Regeltexte St. Augustins in die Überlegung miteinbezogen werden und macht manche wissenschaftliche Zweifel verständlich. Die

Autorität des Verfassers färbte natürlich auf die Verbindlichkeit eines solchen Schriftstücks oder Regelwerks ab und trug zu seinem Erfolg bei. Wir sind ja auch heute noch geneigt, berühmten Autoren oder Persönlichkeiten mehr Gehör zu schenken als Unbekannten, mögen letztere noch so gute Gedanken anzubieten imstande sein. Ein anderes Relikt solcher im Altertum und Mittelalter nachweisbaren Gepflogenheiten ist vielleicht noch unsere Gläubigkeit in das gedruckte Wort, das in den modernen Massenmedien – verstärkt durch Ton und Bild – eine faszinierende Suggestionskraft ausstrahlt und nicht selten unser Urteilsvermögen stark beeinträchtigt oder gar lahmlegt. Es ist daher kein Sakrileg, wenn man die wahren Zusammenhänge aufzudecken bestrebt ist – auch auf dem Gebiet der Kirchen- oder Ordensgeschichte. Man zeichnet lediglich mit allen zu Gebote stehenden Mitteln und Erkenntnissen den mühsamen Weg einer Entwicklung nach, um die Sicht zum Ursprung, zum Wesen und Wesentlichen freizulegen. Bei der Gründung der Augustiner-Chorherren im 11. und 12. Jahrhundert bildeten sich sowohl in der Befolgung der „zweiten" als auch der „dritten" Regel unterschiedliche Observanzen aus. Trotz dieser Unterschiede in den Oberservanzen spricht man von einem „neuen" und einem „alten Ordo", was allerdings nicht gleichzusetzen ist mit „Orden". Weder der Ordensverband noch die Ordenseinrichtungen, ja nicht einmal der „Ordensstifter" sind zunächst vorhanden. Bei den Benedikti-

*Oben links:* ***Rottenbuch:*** *Ehem. Augustiner-Chorherrenkloster in Oberbayern. 1073 von Herzog Welf I. und seiner Gemahlin Judith von Bayern gestiftet, 1803 säkularisiert. Die ehem. Kloster-, heute Pfarrkirche ist eine geglückte Apotheose barocker Üppigkeit in einem gotischen Kirchenraum. Hochaltar „Maria Geburt" von Franz X. Schmädl (ca. 1750). Oben rechts:* ***Rottenbuch:*** *Seitenaltar mit gotischer Madonna von Erasmus Grasser (1483).*

*Unten:* ***Rottenbuch:*** *Die ehemalige Stiftskirche kündet noch von der Bedeutung Rottenbuchs, das zur Zeit des Investiturstreits als Zufluchtsstätte der Papsttreuen galt.*

*Gegenüber:* ***Rottenbuch:*** *Stifterbild mit der Stiftskirche Rottenbuch, 1723.*

nern steht trotz aller unterschiedlichen Einflüsse wenigstens der Verfasser des Regelwerkes fest. Was Augustinus betrifft, gibt es heute noch Zweifler, deren Meinung allerdings wissenschaftlich nicht mehr vertretbar ist.

Wie an Hand der Textüberlieferung heute nachgewiesen werden kann, fand die „neue Ordnung", die gemäßigte Regelform, über Salzburg ihre Verbreitung und wird ihrerseits wieder in Beziehung gesetzt zum Reformstift Springiersbach (gegründet 1107) in der Diözese Trier. Die Lebensform von Springiersbach wurde durch Papst Gelasius II. am 11. August 1118 anerkannt und bestätigt. Neben dem Zentrum Salzburg gewann für den süddeutschen Raum ein anderes Kloster besondere Bedeutung, das Augustiner-Chorherrenstift Rottenbuch. Im oberbayerischen Rottenbuch, gegründet 1073 von Herzog Welf I. (bzw. nach der Familienreihung Welf IV.) und seiner Gattin Judith, wurde wie in Marbach (Diözese Basel) die „alte Ordnung" und damit die strengere Form befolgt und von hier aus in zahlreiche Klöster verpflanzt, wie nach Baumburg, Berchtesgaden, Diessen, Gars und Rebdorf. Die Chorherren für das neu gegründete Rottenbuch waren wahrscheinlich erst 1085 aus St. Nikola, dem vor den Toren der Stadt Passau gelegenen Reformkloster, gekommen. Daß St. Nikola als „Reformkloster" bezeichnet werden kann, verdankt es dem damaligen Bischof von Passau, dem heiligen Altmann. Wie in St. Nikola, dessen Entstehungsjahr mit 1067 angegeben wird, begegnet uns sein Name in vielen Gründungsgeschichten von Klöstern. So in Göttweig (gegründet um 1073), das nach Vertreibung des Bischofs aus Passau sein Aufenthaltsort wurde, und in jenen Stiften, die zu dieser Zeit Eigenklöster der Diözese Passau waren. Passau war damals die größte Diözese im ganzen Heiligen Römischen Reich Deutscher Nation und ragte als solche weit in das heutige Österreich hinein. 1070/71 reformierte Altmann das Eigenkloster St. Florian, wo aller Wahrscheinlichkeit nach bis zu diesem Zeitpunkt Kanoniker nach der Aachener Regel

lebten und das Grab des hl. Florian bewachten. Ein weiteres Eigenkloster von Passau, nämlich St. Pölten, ursprünglich ein Tochterkloster von Tegernsee, durch den Eigenkirchenherrn schon in der Mitte des 9. Jahrhunderts in ein Kanonikerstift umgewandelt, wurde ebenfalls reformiert. Auch die Stifte Herrenchiemsee und Klosterneuburg unterstanden dem Einfluß von St. Nikola. Später noch als diese zuletzt genannten Stifte, nämlich erst 1142, wurde das Kloster Neustift bei Brixen gegründet. Viele Klöster könnten hier noch aufgezählt werden; man spricht von einer geradezu „explosionsartigen Verbreitung" der Augustiner-Klöster. Zwischen dem Jahre 1100 und der zweiten Hälfte des 12. Jahrhunderts sind es im ganzen deutschen Reich mindestens 150, zum großen Teil Neugründungen. Dabei sind die Prämonstratenser-Chorherrenklöster nicht eingerechnet, die wahrscheinlich ebenso

tionen zu einem Verband mit einem Abtprimas an der Spitze – man erinnere sich an die Benediktiner! – zusammen. Der Eigencharakter der einzelnen Klöster bleibt dennoch unangetastet, wie in dem Breve des Papstes Johannes XXIII. mit der sinnvollen Bezeichnung „Caritatis Unitas – Einheit in Liebe“ ausdrücklich festgehalten wird.

Unter den Eigenheiten, die die neuen Klöster auszeichnen, wäre zu erwähnen, daß in den Stiftskirchen besonderer Wert auf eine Mehrzahl von Altären gelegt wurde; für St. Florian beispielsweise sind fünf, für Göttweig acht Seiten- oder Nebenaltäre nachweisbar. Hierin können wir zugleich ein Zeichen für die Klerikalisierung dieser Gemeinschaften erblicken, wie auch vielerorts die Einrichtung von Frauenklöstern neben den Männerklöstern zur schon früher angedeuteten allgemeinen Entwicklung der Doppelklöster paßt. Auch in der Kleidung werden die Vorgänger der Augustiner-Chorherren, die weltlichen Kanoniker, ersichtlich. Noch heute tragen die Augustiner-Chorherren einen schwarzen Talar wie die Weltgeistlichen, soweit sie allerdings ihre Geistlichkeit in ihrer Kleidung

*Gegenüber: Oben:* ***St. Florian:*** *Augustiner-Chorherrenstift. „Brückensturz“, Detail der Deckenfresken aus dem „Leben des hl. Florian“, J. A. Gumpp und M. Steidl, 1660–1695. Unten:* ***St. Florian:*** *Krypta in der Stiftskirche, angeblicher Mühlstein, mit dem der hl. Florian in der Enns ertränkt wurde.*

*Oben:* ***St. Florian:*** *Darstellung des hl. Florian auf einem alten Glasfenster, 1486.*

*Rechts:* ***St. Florian:*** *Darstellung des hl. Florian auf dem Flügel eines Triptychons, 1485.*

zahlreich sind. Wichtig ist zu wissen, daß die bedeutendsten Reformzentren St. Nikola/Passau, Rottenbuch mit acht Stiften und das Domstift Salzburg mit 29 Stiften bzw. Domstiften waren; dazu kam noch eine Gruppe, die nach St. Mang bei Regensburg ausgerichtet war.

Bevor wir dem Grund eines solchen Aufschwungs in dieser Entwicklung nachgehen, sei festgehalten, daß auch für die Augustiner-Chorherren die „Ausführungsbestimmungen“ zur Regel, die Consuetudines, eine entscheidende Rolle spielten. Wie bei den Benediktinern sind auch hier die Lebensgewohnheiten eine gemeinsame Basis für die einzelnen Klöster, denen freilich eine übergeordnete Instanz fehlt. Erst im Jahre 1959 gehen die vier Augustiner-Chorherrenkongrega-

zu zeigen noch bereit sind. Über dem Talar trugen die Chorherren ursprünglich die Albe – das lange, weiße Kleid des Priesters –, über die während der kalten Winterszeit das Almutium, ein kurzer Umhang aus Pelz (der heilige Nepomuk tritt auf manchen Bildern so in Erscheinung) gelegt wurde, mit dem man Kopf und Schultern bis zu den Ellenbogen bedecken konnte. Im Sommer wurde das Almutium gegen die Mozetta ausgetauscht. Über alle diese Kleidungsstücke konnte noch die Cappa, ein Überwurf, getragen werden. Im Laufe der Jahre vereinfachte sich diese etwas aufwendige und ebenso unpraktische Tracht: Aus der Albe wurde zunächst das Rochett, der Chorrock, der schließlich zu einem über Brust und Rücken hängenden schmalen weißen Streifen zusammenschmolz. Wir können kaum ein Schmunzeln unterdrücken, wenn wir manchmal dieses Relikt einer langen Entwicklung im Winde wehen sehen, das die schnellen Schritte eines zum Chor eilenden Chorherren noch unterstreicht – und doch atmet selbst solch ein geringfügiges Detail Geschichte.

Kehren wir aber zu unseren anfänglichen Überlegungen zurück und fragen wir uns: Warum nahmen die Augustiner-Chorherrenklöster einen so schnellen und großartigen Aufschwung? Lag es an den überragenden Persönlichkeiten, die sich dieser Bewegung anschlossen? Wie etwa der heilige Altmann oder die beiden zu den führenden Theologen der damaligen Zeit zählenden Angehörigen des Stiftes Reichersberg Arno und Gerhoch? Oder ein Paulus von Bernried, der Biograph des Papstes Gregor VII.? Oder Manegold von Lautenbach, 1094 Dekan in Rottenbuch und nach 1103 Propst in Marbach? Übrigens lebte auch der berühmte Erasmus von Rotterdam als regulierter Chorherr in einem holländischen Kloster, wenn auch erst in den Jahren 1486–90. Es war schon die Rede vom Investiturstreit, jener Auseinandersetzung zwischen päpstlicher und kaiserlicher Einflußnahme, die insbesondere auf die Stellung der Bischöfe Auswirkungen hatte. Man könnte annehmen, daß die Vertreter aller kirchlichen Einrichtungen auf seiten des Papstes standen, während die weltlichen Herren sich zum Kaiser schlugen. Die Trennungslinie verlief in Wirklichkeit jedoch mitten durch beide Lager. Aus diesem Grunde war es notwendig, die Position der Papstgetreuen zu stärken, und diesem Umstand verdanken eine Reihe mächtiger Stifte, allen voran Rottenbuch, ihre Entstehung. Es ging natürlich nicht nur um Machtsphären und Einflußbereiche, sondern auch um jene allgemeinen Erneuerungs- und Reformbestrebungen, die von Rom angeregt wurden und in einigen Bischöfen – wie Erzbischof Konrad I. von Salzburg (1106–1147), Bischof Otto von Freising (1138–1158) und Bischof Kuno von Regensburg (1126–1132) – tatkräftige Verfechter fanden. Die Bischöfe konnten ihre Vorstellungen mit Hilfe dieser neuen Klöster in die Tat umsetzen. Ihre gewichtigsten Ziele waren, die laikalen Eigenklöster unter ihren Einfluß zu bringen und die bischöfliche Autorität durch eine systematische Neuordnung der Diözesen zu sichern. Der bischöflichen Reformpolitik kam dabei ein Charakteristikum der regulierten Chorherren ganz besonders zugute: Sie waren durchwegs Kleriker, als solche für die Seelsorge aufgeschlossen und in die Hierarchie Bischof-Priester einreihbar. Bei den regulierten Chorherren gilt innerhalb der Klostergemeinschaft auch heute noch das kanonikale Ordnungsprinzip: Der Klostervorsteher heißt nicht Abt sondern Propst, an seiner Seite steht der Dekan und nicht, wie in der mönchischen Reihung, ein Prior.

Überblicken wir nochmals die hier nur kurz aufgezeigten historischen Zusammenhänge, dann wird auch bei den Chorherren offenbar, wie sehr ihre Klöster in eine Gesamtentwicklung miteinbezogen und in eine sowohl notwendige, als auch weitreichende Erneuerungswelle einer „ecclesia semper reformanda“, einer Kirche, die immer der Reform bedarf, integriert waren. Immer freilich standen die Klöster in ihrer Zeit und in ihrer Umwelt und könnten als Abbild, manchmal fast als Produkt der verschiedenen Zeitströmungen, Bedürfnisse und Aufgaben betrachtet werden. So wird gleichzeitig verständlich, weshalb sich immer neue Orden oder Klostergemeinschaften bildeten, wobei meist nicht völlig Neues geschaffen, sondern vielfach auf dem Vorgegebenen weitergebaut wurde. Das bewahrheitete sich bei den Zisterziensern im Verhältnis zu den Benediktinern. Die Augustiner-Chorherren stehen in der Tradition der Kanoniker und verschiedener Klerikergemeinschaften, von denen noch bis in unsere Tage einige Kollegiatstifte oder die Domkapitel überleben.

*Geras: Prämonstratenserstift. Das Hauptportal der Kirche mit dem hl. Norbert (links) und dem hl. Augustinus (rechts).*

In dieser Übersicht über die „alten Orden" fehlt nur mehr der Orden der Prämonstratenser. Norbert von Xanten, meist dargestellt mit der Monstranz in der Hand, ist einer seiner Väter; an seiner Seite steht in fast allen Prämonstratenserkirchen St. Augustin mit einem brennenden Herzen. Das „inquietum cor nostrum donec requiescat in te, domine – unruhig ist unser Herz, bis es in Dir ruht, o Gott" wird durch die aus einem Herzen schlagenden Flammen symbolisiert. Dieser Spruch des Kirchenlehrers und Bischofs von Hippo allein rechtfertigt jedoch nicht seinen Ehrenplatz neben dem Ordensstifter der Prämonstratenser. Erst die Tatsache, daß die Prämonstratenser ebenfalls die Regel des heiligen Augustins zur Grundlage ihres Lebens machten, erklärt diesen Vorrang vor allen übrigen Ordensheiligen. Nach einem alten Wort, „Ordo Praemonstratensium nihil habet speciale", scheint der Prämonstratenserorden keine Besonderheiten zu haben. Wo liegt denn nun wirklich die Abgrenzung zu den Augustiner-Chorherren? Kommt die Besonderheit etwa in dem Wort „Orden" zum Ausdruck? Die Prämonstratenser bilden tatsächlich einen Orden mit einem Generalabt. Die Klöster sind aufgeteilt auf verschiedenen Zirkarien, vergleichbar den Kongregationen bei den Benediktinern. Obwohl es im Verhältnis zu früher nur mehr wenige Prämonstratenser gibt, die in den Klöstern der böhmischen, brabantischen und ungarischen Zirkarien, bzw. in denen der deutschsprachigen, französischen und englischsprachigen Abteien und Priorate zusammengefaßt sind, sticht doch schon ein einziger Prämonstratenser, wenn er in seinem weißen Habit und Skapulier auftritt, aus allen übrigen Chorherren und Mönchen hervor. Angeblich – so eine alte Erklärung oder ein Wunschtraum – sollen die Prämonstratenser durch das Weiß ihrer Kleidung daran erinnert werden, daß sie sich wie die Stellvertreter der Engel zu benehmen haben. Doch nicht nur in Äußerlichkeiten unterscheidet sich der Orden der Prämonstratenser sowohl von den Zisterziensern wie auch von den Augustiner-Chorherren, obwohl er mit beiden verwandt ist. Die durch den hl. Norbert ergänzte Regel verbindet die Prämonstratenser also mit den regulierten Chorherren. Norbert selbst, adeliger Abstammung und nach dem Brauch der Zeit für den geistlichen Stand bestimmt, erhielt ein Kanonikat am Chorherrenstift St. Victor zu Xanten. Durch ein persönliches Erlebnis veranlaßt – und nicht zuletzt aus Kritik an seiner Zeit und seiner Umgebung –, versuchte er, seinen Amtsbrüdern die Vergänglichkeit und Nichtigkeit des irdischen Lebens durch Wort und Beispiel vor Augen zu halten. Er stieß auf wenig Verständnis und sah sich sogar dem Vorwurf und der Anklage ausgesetzt, er strebe nach dem Ruhm eines Reformators, predige ohne Auftrag und Berufung, trage entgegen den Gewohnheiten seines Standes und seiner Abkunft einen gemeinen Schafpelz und umgürte sich mit einem Strick, wie er denn überhaupt als Mönch gelten wolle, obwohl er doch Güter und Pfründen besitze. Norbert bezog schließlich in der Nähe von Laon, in Prémontré – lateinisch „Praemonstratum", daher die Ableitung „Prämonstratenser" –, ein kleines Benediktiner-Kloster, das ihm überlassen wurde, und begann mit 13 Gefährten das kanonikale Leben in aller Armut zu verwirklichen. Es wird sogar berichtet, die ersten Prämonstratenser hätten ihren Lebensunterhalt durch den Verkauf von in den umliegenden Wäldern aufgelesenen, dürren Holzstämmen gefristet. Die Armut, schon bei den Augustiner-Chorherren ein unterscheidendes Merkmal zu den übrigen Säkular-Kanonikern, wird noch radikaler aufgefaßt und praktiziert und bringt die Prämonstratenser-Chorherren fast schon in die Nähe der Zisterzienser, von denen wir bereits gehört haben, wie sehr sie in Gegensatz zu Cluny standen, gerade in ihrer Vorstellung vom Gelübde der Armut. Von den Zisterziensern ist die zentrale Leitung und die Einrichtung der Generalkapitel übernommen, wogegen das Filiationsprinzip später zu Gunsten der Zirkarie verändert wurde. Bis zur Aufhebung des Stammklosters war der Abt – am Anfang gab es nur „Praepositi", Pröpste – von Prémontré zugleich der Generalabt. Heute residiert der Generalabt in Rom. Trotz der nach zisterziensischem Vorbild ausgerichteten Verfassung bestand gerade über die Generalkapitel die Möglichkeit, Sinn und Ziele des Ordens immer neu abzustecken. So entfernten sich die Prämonstratenser im Laufe der Zeit von der anfangs strengeren Observanz, die ihre Grundlage in der „Carta caritatis" der Zisterzienser hatte, und wandten sich mehr der Seelsorge zu. Der hl. Norbert selbst war ihnen ein leuchtendes Vorbild. Denn aus dem Wanderprediger wurde 1126 der Erzbischof von Magdeburg, der als solcher seine Söhne mit der Mission nördlich der Elbe betraute. Der neue Orden breitete sich innerhalb eines Jahrhunderts mächtig aus und umfaßte in der Zeit seiner höchsten Blüte – etwa im Jahre 1230 – tausend Klöster mit fast dreißig Zirkarien. Es wäre allerdings falsch, anzunehmen, in diesen Klöstern hätten Hunderte von Chorherren gelebt. In der bayerischen, der schwäbischen und der österreichischen Zirkarie überstieg die Zahl der zu einem Kloster gehörenden Chorherren kaum je dreißig. Nur bei den Zisterziensern gab es dank der großen Laienbrüderinstitute Klöster mit einigen Hunderten von Mönchen und Brüdern. Von der Größe eines Hauses darf nicht auf die Zahl seiner Bewohner geschlossen werden, was im übrigen für alle Orden und Klöster gilt. Es mag angesichts der heutigen Verhältnisse tröstlich sein, dies zu hören, wobei gleichzeitig an das 16. Jahrhundert erinnert sei, das manche Klöster fast entvölkert sah, was damals kein Grund für ihre Auflassung war. Außerdem liegt die Bedeutung eines Konvents nicht unbedingt in seiner zahlenmäßigen Überlegenheit, auch hier geben im allgemeinen die Persönlichkeiten und ihre Leistungen den Ausschlag. Die oben erwähnte schwäbische und die bayerische Zirkarie wurden im 19. Jahrhundert aufgelöst und erstanden nicht mehr aus dem Klostersturm der Säkularisation. Zur österreichischen Zirkarie, die früher einmal auf die bayerische und die böhmische aufgeteilt war, gehören heute noch die Klöster Geras, Schlägl (Oberösterreich) und Wilten (Innsbruck), wogegen das Himmelpfortenkloster in Wien und die Klöster Pernegg und Griffen nicht mehr bestehen. Neu besiedelt durch aus der Tschechoslowakei geflüchtete Prämonstratenser wurde auf bayerischem Gebiet das Kloster Speinshart. Ehemalige Abteien der aufgelösten bayerischen Zirkarie waren neben den schon angeführten: Steingaden, Schäftlarn – das ur-

sprünglich den Benediktinern gehörte, dann aber den Prämonstratensern anvertraut und nach der Wiedererrichtung durch König Ludwig I. von Bayern abermals den Benediktinern übergeben wurde –, Neustift bei Freising, St. Salvator bei Ortenburg und das Damenstift Osterhofen. Die Bezeichnung Damenstift für Osterhofen entstammt zwar einer späteren Zeit und ist jetzt auf die „Englischen Fräulein" bezogen, dennoch war Osterhofen seit seinem Bestehen ein Doppelkloster, wie es bei vielen Gründungen neben den Prämonstratenser-Chorherren auch die Chorfrauen gab. Die Doppelklöster wurden in diesem Orden verhältnismäßig früh verboten, was aber nicht ein sofortiges Verschwinden der Frauenklöster zur Folge hatte.
Von der ehemaligen schwäbischen Zirkarie liegen auf bayerischem Gebiet die aufgelösten Abteien Burk, Roggenburg und Ursberg. In der Schweiz, die ebenfalls zur schwäbischen Zirkarie gehörte, waren folgende Klöster von Prämonstratenser-Chorherren oder Chorfrauen bewohnt: Berg Sion bei Uznach (Schwestern vom Dritten Orden), Bollingen bei Rapperswyl, das nur kurze Zeit mit Chorfrauen besetzt war und dann an die Benediktinerinnen kam, St. Hilarius und das zeitweise als Doppelkloster geführte St. Lucius in Chur, Churwalden, Katzis, Rüti und St. Jakob im Prätigau. Diese schweizerischen Niederlassungen bestehen alle nicht mehr, zum Teil wurden sie schon im 16. Jahrhundert oder noch früher aufgelassen.
Die Geschichte der Klöster, der Orden und der klösterlichen Einrichtungen hat keinen linearen Verlauf genommen, sondern war ständigen Schwankungen unterworfen. In ihrer Entwicklung gab es nach Zeiten der Hochblüte solche des Niedergangs und der Auflösung; wo klösterliche Lebensformen versagten oder als veraltete keine Anziehungskraft mehr ausübten, entstanden neue Formen, neue Gemeinschaften, neue Klöster. Die Entwicklung der Klöster und der einzelnen Orden ist eine langwierige und umständliche. Man ist versucht zu fragen, weshalb es nicht Ordensstifter gab, die – wenn sie schon Heilige waren – mit einem fertigen Konzept einen Orden gleichsam „generalstabsmäßig" organisierten? Mußten die Klöster alle diese Umwege gehen, um erst nach Jahrhunderten zu jener Form der Zusammengehörigkeit zu gelangen, wie wir sie heute kennen? Die Antwort kann nur darin bestehen, daß auch Einrichtungen wie die Klöster in diese Welt hineingestellt sind und folglich ihren Gesetzmäßigkeiten unterliegen. Es sind Menschen, die sie bewohnen; selbst wenn sich diese von der übrigen Welt absondern und eine eigene Ordnung aufbauen, um ihre Selbstverwirklichung nach Zielen und Vorstellungen einer übergeordneten Wirklichkeit anzustreben, die – so der theologische Bezug – das endzeitliche Leben in Herrlichkeit andeuten und vorwegnehmen sollen. All das vollzieht sich jedoch in dieser unserer Welt. Gerade die sogenannten „alten Orden" zeichnen sich durch eine gewisse Ausgewogenheit zwischen Distanz und gleichzeitiger Hinordnung zur Welt aus. Wenn beispielsweise häufig vom Ideal der Armut die Rede war, um das zu allen Zeiten gerungen wurde und Kontroversen entstanden, dann ist darin die Armut des einzelnen zu verstehen, die nichts mit dem Besitz des Klosters zu tun hat. Die „alten Orden" mit ihren Klöstern sind keine armen Klöster, die mit den Bettelorden zu vergleichen wären. Sie haben Besitz – wie allein die schönen Kirchen und Prachtanlagen weithin sichtbar machen –, aber dieser Besitz ist allen Klosterangehörigen zur gemeinschaftlichen Verwaltung anvertraut, während der einzelne die persönliche Armut gelobt hat und im Alltag verwirklichen muß. In Österreich waren die Mitglieder der alten Orden bis vor einigen Jahren auch vor dem Staat nicht testierfähig, sie konnten für sich und auf ihren eigenen Namen keinen Besitz erwerben. Ein weiteres gemeinsames Merkmal zwischen Benediktinern und Augustiner-Chorherren ebenso wie zwischen Zisterziensern und Prämonstratensern ist, daß sich die Angehörigen aller dieser Klöster durch ein Gelübde zur „Stabilitas", der Zugehörigkeit zu einem ganz bestimmten Kloster verpflichten. Während die Schlagkraft der Jesuiten darin besteht, daß der richtige Mann jeweils an die Stelle beordert wird, wo sein Einsatz am wirksamsten erscheint, ist in der Regel bei den Klöstern der alten Orden kein Austausch ihrer Mitglieder möglich. Man tritt in ein Kloster ein und verschreibt sich einer Gemeinschaft auf Gedeih und Verderb, wie anderseits diese Gemeinschaft verpflichtet ist, für ihre Angehörigen aufzukommen und einzustehen. Das Familienprinzip ist somit der natürliche Ausgleich für den Verzicht auf eigene Familie und schafft die Grundlagen für das eigentliche Leben im Kloster. Auf diesem Hintergrund werden erst unsere Stifte verständlich.

MDCXC

*Gegenüber: Oben:* ***Tegernsee:*** *Benediktiner-Kloster in Oberbayern. 746 gegr., Denkmal mit Stifterfiguren. Unten li.:* ***Eichstätt:*** *Benediktinerinnen-Kloster St. Walburg in Eichstätt, Oberbayern. Walburga war die Schwester Willibalds, des ersten Bischofs von Eichstätt (741) und Wunibalds, des ersten Abtes von Heidenheim am Hahnenkamm. Er starb 761. Walburga folgte ihm als Äbtissin des Doppelklosters Heidenheim in seinem Amt nach. Um 870 wurden ihre Gebeine nach Eichstätt übertragen. Gruft mit den Gebeinen der hl. Walburga. Unten re.:* ***St. Michael:*** *Ehem. Benediktiner-Kloster in Bamberg, Oberfranken. 1015 gegr., Tumba mit Stifterfiguren. Oben:* ***Dießen:*** *Ehem. Augustiner-Chorherrenstift am Ammersee, Oberbayern. 1132 gegr. , Deckenfresko: Gründung und Bestätigung des Klosters, Klosteransicht. Seit 1923 Barmherzige Schwestern von Augsburg. Rechts:* ***Neustift:*** *Augustiner-Chorherrenkloster. Fresko mit Gottvater und Gottsohn, 15. Jh., vermutlich von Michael Pacher.*

ott · puhholz
freising
16
Sand · leupolt
13

# VIII.

# Stiftungen und Stifte

Die Entwicklung des Klosterwesens aus seiner Keimzelle bis zur allmählichen Ausformung von Klosterordnungen, die dem Bestreben entsprangen, die Klöster in die jeweilige Zeit und Umwelt einzubinden, wobei sehr unterschiedliche Kräfte am Werk waren, wie wir sahen, erreichte im Investiturstreit einen gewissen Höhepunkt. Die Klöster wurden, wie schon früher unter den Eigenkirchenherren, nochmals als Stützpunkte päpstlicher oder kaiserlicher Macht benutzt. Die vielen Klostergründungen dieser Zeit, die nicht einseitig unter dem Gesichtspunkt frommen Bemühens oder sühnender „Wiedergutmachung" mancher Stifter betrachtet werden sollten, unterstreichen dies. Auch könnte man die Reformen von Citeaux oder die Bestrebungen mancher Reformatoren oder Heiliger, zu den Quellen des Mönchtums zurückzukehren, als eine Auflehnung gegen die allzu perfekte Etablierung der Klöster in dieser Welt verstehen. Es klingt erbaulich, wenn die Fürsten und Adeligen Klöster stifteten, ja sogar ihre Burgen für Mönche oder Chorherren zur Verfügung stellten. So suchten die Babenberger in Melk und in Klosterneuburg die Nähe der geistlichen Herren, wurde in Bayern 1119 das Stammschloß der Schyren den Benediktinern übergeben, während ihre alten Besitzer nach Wittelsbach weiterzogen und sich seither nach ihrem neuen Wohnsitz benannten. Aber diese Stiftungen - und mögen sie in bester Absicht vorgenommen worden sein - planen ein Kloster als Zentrum geistlicher und geistiger Aktivitäten für ein ganzes Gebiet ein. Man könnte geradezu von einer zweiten „ideologischen Grenze" sprechen, wenn sich in den Daten der Klostergründungen die Ausdehnung des Reiches nach Osten hin widerspiegelt. Wie geeignet waren die Zisterzienser, die hintersten Täler und abgelegensten Gebiete zu erschließen! Das erkannte man im Mittelalter sehr wohl, und es nimmt nicht wunder, daß beispielsweise die Babenberger den Zisterziensern ihr besonderes Wohlwollen angedeihen ließen. Aus heutiger Sicht wäre man versucht, von „Beeinflussung", von „Manipulation" und „Machtmißbrauch" zu sprechen, im Mittelalter gab es jedoch ein Weltbild, in dem Papst und Kaiser die Vertreter ein und derselben göttlichen Macht waren. Was immer daher geschah, ließ sich damit erklären und rechtfertigen. Wenn die Klöster also im Irdischen ihr Betätigungsfeld zugewiesen bekamen, gleichgültig ob von der kirchlichen oder der weltlichen Macht, so stand über allem der wirkungsvolle Grundsatz: „Ut in omnibus glorificetur deus – damit Gott in allem verherrlicht werde." (Abgekürzt „U. i. o. g. d." oft zu lesen.) Wie bei den Benediktinern stößt man in abgewandelter Form bei den Angehörigen fast aller Klöster und Orden auf eine ähnliche Motivierung. Jegliche Tätigkeit

*Gegenüber:* ***Klosterneuburg:*** *Augustiner-Chorherrenstift in Niederösterreich. 1108 von Markgraf Leopold III. gegr., Detail aus dem „Stammbaum der Babenberger" (1489–1492): der heilige Leopold und seine Klosterstiftungen.*

*Oben:* ***Zwettl:*** *Zisterzienserstift. König Konrad III., Herzog Leopold IV. und Hadmar I. von Kuenring mit dem Kirchenmodell von Stift Zwettl. Miniatur im Liber fundatorum („Bärenhaut"), folio 8v. 1310/1311.*

erhält damit Inhalt und Ziel und läßt die sie Ausführenden als Pioniere im Interesse eines heiligen Reiches auftreten. Eine erste Entwicklungsstufe war in dieser Hinsicht die Missionsabtei karolingischer Prägung unter der einheitlichen Regel des hl. Benedikt. Durch die verschiedenen Bemühungen um die Vereinheitlichung und Zusammenfassung der Klöster, aber noch mehr durch die neuen Orden der Zisterzienser und der Prämonstratenser wurden schlagkräftige Mitarbeiter in der Ortsmission gefunden, deren Klöster man im übrigen im ganzen Reich als Stützpunkte einsetzen konnte. Daß solche Institutionen ein weites Betätigungsfeld hatten und ihnen eine reiche Ausstattung zuteil wurde, wird auf diesem Hintergrund selbstverständlich. Die Entfaltung der Klöster blieb dennoch auch in dieser Spätphase eine vielfältige, durchaus in jedem Kloster eigen- und bodenständige. Sie ist im übrigen nirgendwo in der Welt so rekonstruierbar wie in Österreich; denn viele österreichische Klöster überstanden die Stürme der Zeit, überwanden alle Einflüsse, Beeinträchtigungen und Versuchungen und bestehen noch heute; ja sind zu einer einzigartigen Einrichtung selbst innerhalb der Klöster und Orden im allgemeinen geworden, was im Begriff „Stift" zum Ausdruck kommt.

Die mächtigen Klosterbauten, meist aus der triumphalen Zeit des barocken Lebensgefühls, das im Menschen Süddeutschlands eine Seite seines Seins zum Schwingen und Klingen brachte, die sich in tausend Schnörkeln und Girlanden, in lebenslustiger, freudiger und kunstvoller Mitteilsamkeit Luft verschaffen mußte und die gerade in Österreich ihre geistige Kraft aus der endgültigen Abwendung der Türkengefahr und der wiedergewonnenen Einheit im Glauben bezog, diese Klosterbauten sind zu Denkmälern dieser Einrichtung „Stift" geworden. Wenn wir das so ausdrücken, dann mag die Begeisterung

*Links oben:* ***Zwettl:*** *Zisterzienserstift. Aus der Gründungslegende: „Die Gründung des Klosters Zwettl". Miniatur (1688) im Zwettler Rotelbuch, Archiv-Hs. 2/115. 1648.*

*Links unten:* ***Zwettl:*** *Aus der Gründungslegende: „Das heutige Kloster". Miniatur (1688) im Zwettler Rotelbuch, Archiv-Hs. 2/115. 1648.*

*Gegenüber:* ***Zwettl:*** *Stammbaum der wichtigsten Vertreter der ersten vier Generationen der Kuenringer. Ganzseitige Miniatur in der „Bärenhaut", folio 8r. 1310/1311.*

Potto archiepc Treven. Leupold' marchio Austrie.
Duo fratres.
Anshelmus.
Nitzo.
Albero.
uxor eius. Gedrudis.
pm' fundator monastij. Hadmarus Zwetlnsis.
pleban' Zwetlns pro chie. Pilgrimus.
Chunring. Albero de
Castrm Chunring
von Sahsen.
von dem Achsswald.
Secds fundator. Hadmarus
Gerla de Svmbech.

mitschwingen, die aus der Tatsache genährt wird, daß „Stift" mehr als nur das „Kloster" meint, in dem einige Patres oder Chorherren ein beschauliches, vielleicht sogar ein bequemes Leben führen. Stift ist jene Einrichtung, die in einer lebendigen Tradition bis zum eigenen Stiftungstag zurückführt und, soweit nicht durch Ungunst der Zeitverhältnisse, durch Krieg oder Feuersbrunst zerstört, das Kulturgut aller Epochen in unsere Tage gerettet hat. Stift besagt mehr als Kloster, weil die Verankerung einer klösterlichen Gemeinschaft in einem konkreten Aufgabenbereich, der mit einem bestimmten Land und seinen Leuten ident ist, den Lebensraum und Aktionsradius der Klosterfamilie selbst erweitert. Und es zeigt sich, daß die Beeinflussung nicht nur vom Stift ins Land und in die Bevölkerung geht, sondern daß ein Rückstrom hinter den Klostermauern ebenfalls jenes Leben zeugt und nährt, das nicht einseitig, weltfremd oder selbstherrlich ausgerichtet ist, sondern zu allen Zeiten in der Diesseitsbezogenheit das Kampffeld für jenes Mühen um Vollendung gefunden hat, das einer jenseitigen Herrlichkeit wert ist. Stift ist also nicht eine abgeschlossene, introvertierte Lebensgemeinschaft Gleichgesinnter, denen als Zielsetzung das Gotteslob und die Selbstheiligung allein genügt, sondern die Stiftsherrn tragen bei allem Empfinden für Rang- und Wertordnung des gemeinsamen Gebetes auch die Verantwortung für ihre Stiftung und deren Stiftungszweck. Es gab Zeiten, da verachteten Ordensbrüder anderer Länder die spezifisch österrei-

chische Art des Klosters und des Klosterlebens, heute beneiden dieselben Österreichs Stifte um ihre ausgewogene und dennoch fortschrittliche Lebensart, die nicht erst des äußerlichen Anstoßes der neuesten Entwicklung bedurfte, um weltoffen zu sein.

Das Wort „Stift“ läßt sich von „Stiftung“ ableiten. Wenn man in „Stift“ also nur die verkürzte Form von „Stiftung“ erblickte, dann ließen sich viele Klöster als Stifte bezeichnen. In der Tat gibt es in Bayern Urkunden und Aufzeichnungen, in denen beispielsweise vom „Augustiner-Chorherrenstift Rottenbuch“ die Rede ist. Ich las selbst noch auf einer Ansichtskarte aus den zwanziger Jahren „Stiftskirche Rottenbuch“. Erzählt man freilich einem Angehörigen eines österreichischen Stiftes von einem Stift in Bayern, dann kann es geschehen, daß der also Angesprochene entsetzt ausruft: „In Bayern gibt es doch keine Stifte!“ Die bayerischen Benediktiner anderseits wehren sich ebenfalls gegen die Bezeichnung Stift; denn für sie ist das ein Synonym für den verweltlichten und gemütlichen Stiftsherrn, der es mit der klösterlichen Armut nicht ganz so streng nimmt, der ohne Gewissensbisse in der Stiftstaverne einem Gast Gesellschaft leistet und im übrigen die Kapuze durchaus als hinderlich und liturgisch funktionslos betrachtet. Während also die Bayern Wert auf ihre Benediktiner-Abteien legen, lassen sich die Schweizer eher die Bezeichnung Stift gefallen. Oberflächliche Auseinandersetzungen oder doch tiefgehende Unterschiede? In Österreich ist das Stift mehr als nur eine Stiftung. Ob Benediktiner-, Zisterzienser-, Augusti-

ner-Chorherren- oder Prämonstratenser-Chorherrenstift, für alle gilt, was der Wiltener Prämonstratenser und Professor für Rechtsgeschichte an der Universität Wien, Hermann Lentze, geschrieben hat: „Der Begriff Stift hat in Österreich eine Bedeutung, die von der Verfassungsgeschichte her bestimmt ist. In Österreich bezeichnet man als Stift eine geistliche Korporation, deren Vorsteher Mitglied der Prälatenkurie der Landstände war. Voraussetzung dafür war die Dotierung des Stiftes mit einer Grundherrschaft."
Diese nüchterne Definition eines österreichischen Stiftes enthält dessen wichtigste Charakteristika. Will man etwas weiter ausholen, dann ist eine Stiftung die Übereignung eines bestimmten Gebietes, das man heute etwa mit einem Verwaltungsbezirk gleichsetzen könnte; diese Verwaltungseinheit ist nach obenhin die größere Steuereinheit, die dem Kaiser bzw. der höheren Instanz für das Gebiet tributpflichtig war, während die „Grundholden" für das vom Grundherrn erhaltene „Lehen" dem Grundherrn Abgaben und Frondienste zu leisten hatten. Hier wird oft der Vorwurf laut, eine kirchliche Institution habe der „Unfreiheit" und der „Leibeigenschaft" Vorschub geleistet, indem sie sich nicht gegen solche Systeme zur Wehr setzte. Meine Gegenfrage lautet immer: Gleichgültig, ob wir in einer Plan- oder in einer freien Marktwirtschaft leben, gleichgültig auch, ob wir der einen oder der anderen Wirtschaftsform den Vorzug geben, wie könnte sich ein einzelnes Stift, das ebenfalls ein Wirtschaftskörper ist, aus einem solchen System herauslösen? Begeht man nicht den Fehler, Gegebenheiten unabhängig von ihrem historischen Zusammenhang und einer bestehenden Ordnung zu beurteilen, um einer Einzelinstitution den Vorwurf der Unfreiheit entgegenzuschleudern? Man kann geteilter Meinung sein über die Vereinbarkeit einer „geistlichen Korporation" (Lentze) mit einer in unserer Zeit überhaupt nicht mehr denkbaren Einrichtung wie die der Grundherrschaft, aber es ist historisch wie auch praktisch irreal zu glauben, die Klöster hätten außerhalb der staatlichen und wirtschaftlichen Gegebenheiten leben können. Im vorhergehenden Gesamtüberblick dürfte deutlich geworden sein, wie sich aus einer mönchischen Gemeinschaft oder Familie allmählich das Kloster entwickelt hat und wie sehr der weltliche Arm an der Weiterentwicklung der Klöster und der einzelnen Kommunitäten bis zu

*Seite 156: Oben:* ***Mondsee:*** *Ehem. Benediktiner-Kloster in Oberösterreich. Vor 748 gegr., 1791 säkularisiert. Stiftskirche. Portal der Sakristei.*
*Unten:* ***St. Paul im Lavanttal:*** *Benediktiner-Stift. Fresko im Querschiff der Stiftskirche, Stifterfiguren und Kärntner Wappen.*
*Seite 157:* ***Reichersberg:*** *Augustiner-Chorherrenstift in Oberösterreich. Stiftergrabstein in Reichersberg, ehedem Burg des Edlen Wernher von Reichersberg, der seinen Besitz 1084 den Augustiner-Chorherren übergab.*
*Gegenüber:* ***Lilienfeld:*** *Zisterzienserstift. Sarkophag Herzog Leopolds VI. mit Herzoghut in der Stiftskirche.*
*Oben:* ***Lambach:*** *Benediktiner-Stift in Oberösterreich. Hauptportal, von Jakob Auer 1681–1693 geschaffen, mit dem Stifts-, Konvent- und persönlichen Wappen des Abtes Severin Blass.*
*Unten:* ***Admont:*** *Benediktiner-Stift. Innerer Stiftshof, Neptun-Brunnen, Detail: Wappen des Abtes Raimund von Rehling (1659–1675), von Franz Pernegger, 1665.*

FAAE

Capituli

den „Orden" beteiligt war. Man darf auch annehmen, daß die Absichten einzelner Herrscher bei ihrer Einflußnahme auf die Klöster nicht immer mit jenen Zielen vereinbar waren, auf die am Anfang das Mönchtum ausgerichtet war; trotzdem ist in dem vorgerückten Stadium der Entwicklung, in dem man von einem Stift reden kann, dessen Betrauung oder Belehnung mit der Grundherrschaft eine logische Folge der vorausgegangenen Ereignisse und Eingriffe in die „Verfassung" der klösterlichen Gemeinschaften. Ein Kloster wird also zum Stift durch die Verbindung des geistlichen Wirkens mit der Verantwortlichkeit für das weltliche Wohlergehen der Menschen eines Gebietes, das die Grundherrschaft ausmachte. Wenn die österreichischen Stiftsvorsteher noch heute „Prälaten" tituliert werden, dann ist das eine Reminiszenz an die vergangenen Zeiten, da die Äbte und Päpste – und das wäre die klosterintern korrekte Bezeichnung für den Klosteroberen der „alten Orden" – im Prälatenstand des Landtages saßen und als solche dem Adel gleichgestellt waren. Daß zwischen einem Prälaten als Vorsteher eines österreichischen Stiftes und seinem Urbild, dem „pater spiritualis" – oder dem Vater gemäß der Regel St. Benedikts –, ein Unterschied besteht, bedarf keiner Erläuterung mehr. Die Ausbildung dieses Amtes ist eine Folgeerscheinung der Europäisierung des Mönchtums und ein Umstand, der nur dann zu beklagen ist, wenn es dem Träger eines solchen Amtes und so unterschiedlicher Aufgaben nicht gelingt, das Weltliche als Ausfluß des Geistlichen darzustellen oder die Würde eines solchen Amtes der Bescheidenheit und Persönlichkeit des Mönchs oder Chorherrn unterzuordnen. Damit ist freilich ein Problem allgemeiner Art angeschnitten, das in der Gefahr einer Diskrepanz zwischen den hohen Ansprüchen eines Amtes und der Persönlichkeit des Amtsträgers bei weltlichen und kirchlichen Einrichtungen gleicherweise gegeben ist. Daß natürlich die Position eines Prälaten für „Unwürdige" erstrebenswerter erscheinen konnte als die des einfachen, aber geistbegabten Klosteroberen, läßt sich an negativen Beispielen belegen, wie denn überhaupt im Mittelalter der Eintritt in ein Stift und das Aufrücken zum Stiftsherrn für aus einfachen oder gar unfreien Verhältnissen Kommende einen gesellschaftlichen Aufstieg bedeutete. Verlockend erschien nicht nur die Möglichkeit der sozialen Besserstellung und

*Gegenüber: Oben:* ***Ebrach:*** *Ehem. Zisterzienserkloster. Wappendarstellung eines Abts des Klosters unter Verwendung und Abwandlung der Wappen des hl. Bernhard und des Klosters in der Stiftskirche mit romanisch-gotischer Kirche und barockem Kloster. Unten li.:* ***Eichstätt:*** *Benediktinerinnenkloster St. Walburg. Chorbrüstung mit Wappen und Titelheiliger. Unten re.:* ***St. Florian:*** *Augustiner-Chorherrenstift. Hl. Florian mit Wasserschaff, Schnitzarbeit von A. Franz über dem Chorgestühl in der Stiftskirche, 1690.*
*Unten:* ***St. Florian:*** *Stifterbild Propst P. Maurer, Flügelaltar von A. Altdorfer, um 1515.*

bens gegen einen gesicherten Lebensunterhalt in einem Kloster einzutauschen. Im Lichte der damaligen gesellschaftlichen Verhältnisse gesehen, war es dennoch positiv, daß durch den Eintritt in den Klerikerstand auch aus dem einfachen Mann „etwas werden konnte", daß z. B. ein Grundholder zum Grundherrn aufsteigen konnte. Diesem Umstand verdankt die katholische Kirche jene ständige „Blutauffrischung", die nach Jahren der „Degeneration" gar manche ihrer Einrichtungen wieder zu neuen Höhen führt. Gefahr ist nur dann im Anzug, wenn das Prinzip der geistigen Auslese zum Elitarismus wird. Im Mittelalter gab es diese Periode, als die Klöster nur Adeligen vorbehalten waren und damit die klösterlichen Gemeinschaften sozusagen in

*Oben:* ***Zwettl:*** *Zisterzienserstift. Bildnis Abt Melchior Zaunaggs (1706–1747). Gemälde in der Halle vor der Prälatur, 18. Jh.*
*Unten:* ***St. Florian:*** *Augustiner-Chorherrenstift. Portrait des Propstes Johannes Baptista Födermayr, Kupferstich, 18. Jh.*
*Gegenüber: Oben:* ***Scheyern:*** *Prielhof mit Teichen. Gemälde. In der Umgebung der Klöster und Stifte wurden wegen des strikten Fleischverbots im Mittelalter Fischteiche angelegt. Unten:* ***Kremsmünster:*** *Benediktiner-Stift. Die Fischkalter von Jakob Prandtauer.*

Absicherung – die „Chancengleichheit" schon im tiefen Mittelalter – oder das Ansehen, das dem „Hochwürden" entgegengebracht wurde, sondern der „Stiftsherr" gehörte zugleich zu jener Führungsschicht, mit der der einfache Mann die Grundherrschaft in Zusammenhang bringen mußte, auch wenn sie im Prälaten nur ihren Vertreter nach außen und nach oben hatte. Es wäre selbstverständlich falsch, hierin die Motivierung für alle Klostereintritte zu sehen. Es gab zu allen Zeiten, auch in der Zeit der Grundherrschaft, gute und schlechte Vertreter eines Standes, der höhere Anforderungen stellt, als die Freuden des weltlichen Le-

die „Inzucht“ getrieben wurden. Das führte notgedrungen zum Verfall, wie wir ihn vor der Melker Reform, also vor 1418, vielerorts – aber keinesfalls überall! – feststellen können. Die Verarmung des Adels veranlaßte manche Adelsfamilie, ihren unversorgten Sohn oder ihre unverheiratete Tochter in das Kloster zu schicken. Sicherlich gab es auch andere Beweggründe, aber nicht immer stand für das Versprechen, ein Kind einem Kloster zu „schenken“, das religiöse Motiv Pate. Man hatte es sich im Kloster sehr bald so eingerichtet, daß eine Einkommensteilung zwischen Abt und Konvent mit je einer Hälfte vorgenommen wurde. Damit wurde manchem Mißbrauch Tür und Tor geöffnet, wie gleichzeitig – so merkwürdig es klingen mag – die Verarmung der Klöster darin ihren Anfang nahm. Immer mehr wurde der Abt zum weltmännischen Prälaten, dem eine gewisse Hofhaltung zustand. Er bewohnte ein eigenes Gebäude, die Prälatur, mit eigener Küche und eigener „familia“, worunter sämtliche Bedienstete des „gnädigen Herrn“ zu verstehen waren. In vielen Urkunden wird zur Bescheidenheit aufgerufen, wird der Aufwand für eine zu große Anzahl von „familiares“ angeprangert, zu denen meist sogar ein eigener „Capellanus abbatis“ gehört, der Zeremonienmeister und Sekretär in einer Person sein konnte.

Der Prälat hatte das Stift nicht nur im Landtag zu vertreten, sondern war dessen Repräsentant schlechthin, der alle notwendigen und nützlichen Verbindungen zur Außenwelt wahrzunehmen hatte. Aus diesem Grunde mußte seine Wohnung aufwendiger sein – so zumindest die Anschauung in der Vergangenheit –, was sich in der Abtrennung eben der Prälatur vom eigentlichen Klostergebäude auswirkte. Päpstliche Erlässe nahmen auf diese Zustände Bezug. In der berühmten „Benedictina“, der Reformbulle des Papstes Benedikt XII., wird neben vielen anderen Anweisungen, Geboten und Verboten neuerlich der Fleischgenuß untersagt. Man kehrt also zur strengen Forderung der Regel St. Benedikts und anderer zurück, gibt aber freilich durch eine recht nuancierte Einschränkung zu erkennen, wie man legal zu gewissen Zeiten und Anlässen das strikte Verbot umgehen konnte: Während nämlich im Refektorium kein Fleisch gereicht werden durfte, konnte der Abt einzelne Mitbrüder zu seiner Tafel bitten. Da er eine eigene Küche hatte, tischte man in der Prälatur Fleischspeisen auf für die Kranken und jene Mitbrüder, von denen der Abt wußte, daß sie ein kräftiges Mahl – noch dazu in seiner Gegenwart – stärken und aufrichten werde. Mit Nachdruck wird allerdings in der erwähnten päpstlichen Verordnung trotz dieser Ausnahmebestimmung die Forderung erhoben: „Der Abt jedoch achte immer darauf, daß eine genügende Anzahl von Brüdern im Speisesaal verbleibt!“ Mit dem Verbot des Fleischgenusses beschäftigt sich im Mittelalter gerade nach dem Erlaß der „Benedictina“ eine ganze Literaturgattung. Traktate „De esu carnium – über den Fleischgenuß“ stehen in jeder Klosterbibliothek und geben eine Kostprobe von den Gewohnheiten und Vorstellungen der Menschen in den Klöstern dieser Zeit. Ein Relikt des Fleischverbotes sind die Fischteiche um die Klöster; auch die Gründung der Klöster in der Nähe von Gewässern – Seen oder Flüssen – sind auf das Fleischverbot während des

Mittelalters zurückzuführen. Man käme heute vermutlich mit den Umweltschützern in Konflikt, würde man die Landschaft in solch einem Ausmaß verändern, wie das etwa durch die künstlich angelegten Fischteiche in Scheyern oder in Geras geschah.

So lassen sich manche Fäden in die klösterliche Vergangenheit spinnen. Selbst Ausdrücke, die uns recht geläufig, wenn auch nicht immer verständlich sind, finden in der klösterlichen Tradition ihre Erklärung, wie etwa die Redewendung „den Brotkorb höher hängen". Nach der Magisterregel hängt über dem Tisch des Abtes ein Korb mit der täglichen Brotration für die ganze Kommunität. Nach dem 23. Kapitel dieser Regel wird zu Beginn der klösterlichen Mahlzeit der Korb mit den Broten herabgelassen, der Abt segnet sie und verteilt sie an die Brüder. In der Fastenzeit nun wurde dieser Brotkorb höher gehängt, und auf diese Weise ist uns eine schöne Umschreibung für das Fasten selbst erhalten geblieben. Diese Sitte könnte mit der römi-

*Unten:* ***Wilten*** *bei Innsbruck: Prämonstratenserstift seit 1138, Tirol. Hinter dem Giebelaufsatz des Hochaltars ist das spätgot. Netzgratgewölbe erhalten, barocke Stukkaturen von B. Pasquale, 1702/03, in schwarz-gold gefaßte Birnbaumholz-Altäre.*

*Gegenüber:* ***Stams:*** *Zisterzienserstift in Tirol, 1273 gegr., monumentale barocke Anlage mit charakteristischen Ecktürmen mit Zwiebelhelmen.*

schen Tradition in Verbindung gebracht werden, der zufolge von der Decke des Speisezimmers auf die zum Mahl Versammelten Blüten oder Blumengebinde oder auch kleine Geschenke herabregneten. Noch heute wird in einigen englischen Benediktinerklöstern der Festtagsbraten im ganzen zum Abt gebracht, der dann gleichsam als Familienvater die Fleischstücke an die einzelnen Mitbrüder verteilt. Etwas Ähnliches wird in Bayerns Benediktinerabteien noch praktiziert: Sind Gäste zu Tisch geladen, dann erhalten sie ihren Platz zur Rechten oder Linken des Abtes, je nach ihrer Stellung und der Anwesenheit von Prior und Subprior. Der Abt nimmt beim ersten Speisengang den Teller des Gastes, füllt ihn mit Suppe und reicht ihn dann dem Gast. Erst an zweiter Stelle, nach dem Gast also, wird dann der Abt bedient.

In solchen vielleicht nebensächlichen oder geringfügigen Dingen wird die ursprüngliche Vorstellung vom Abt als dem Vater einer Klosterfamilie spürbar, während der Prälat grundherrlicher Prägung ganz und gar nicht in das religiöse Bild mönchischer Spiritualität einzuordnen ist. Hier handelt es sich um eine Verzeichnung, die nicht dem einzelnen Amtsträger angelastet werden kann, die aber als Ganzes gesehen doch manchen Schaden angerichtet hat. Betrachtet man nämlich die schon erwähnte Einnahmepolitik in den mittelalterlichen Klöstern, nach der die eine Hälfte dem Prälaten und die andere Hälfte dem übrigen Konvent zufloß, dann mag zwar der Mehraufwand des Prälaten durch seine Verpflichtungen gerechtfertigt gewesen sein, wenn er eingedenk seines persönlichen Armutsgelübdes seine Einkünfte in diesem Geiste verwendete und verwaltete. Groß war allerdings die Gefahr des Mißbrauches, wenn man es geradezu auf diese Einnahmen abgesehen hatte und somit ein Kloster zu einer Pfründe degradierte. Es war dann nur mehr ein Schritt zur „Kommende", und die allerorts berüchtigten „Kommendataräbte" setzten sich oder kamen in den Genuß der Pfründe, ohne das damit verbundene kirchliche Amt zu betreuen. Es ist offensichtlich, daß solcherart dem Schacher mit diesen Ämtern nichts mehr im Wege stand, und das hohe Ideal eines Abtes oder Klostervorstehers, wie wir es aus den Quellen mönchischer Überlieferung kennenlernten, Schaden leiden mußte. Dabei braucht die klösterliche Armut keineswegs engstirnig oder nach den Gesichtspunkten des 5. oder 6. Jahrhunderts nachvollzogen werden. Cuthbert Butler, dessen Kommentar zur Regel Benedikts immer noch zeitgemäß ist, interpretiert jene Regelstelle, derzufolge der Abt seinen Brüdern alles sowohl zum Unterhalt als auch zur Arbeit Notwendige zur Verfügung stellen möge, in der Weise, daß dem Griffel des 6. Jahrhunderts durchaus die Schreibmaschine im 20. Jahrhundert entsprechen könne. Die Regel bietet den Spielraum, der nötig ist, um auf der Höhe der Zeit zu bleiben, es muß nur ein Abt die Tiefe einer solchen Regel auszuschöpfen gewillt sein.

Den Namen „Prälat" von der Zugehörigkeit zum Prälatenstand abzuleiten, ist mir als österreichische Eigentümlichkeit bereits in den Consuetudines von Melk der sechziger Jahre des 15. Jahrhunderts begegnet. Mittels dieser Lebensgewohnheiten – für die Augustiner-Chorherren waren es die Anweisungen der Raudnitzer und der Indersdorfer Reform – wollte man der geschilderten Entwicklung nochmals Einhalt gebieten; der Erfolg war in jedem Kloster unterschiedlich und hing von der Persönlichkeit des Abtes ab. Die allgemeine und letztlich doch verweltlichte Stellung des Prälaten als Oberhaupt eines Stiftes und einer Grundherrschaft gereichte den Stiften nicht immer zum Vorteil, gehört aber längst der Vergangenheit an.

In der Verwendung des Wortes und des Begriffes Stift ist noch etwas anderes bemerkenswert, die Tatsache nämlich, daß selten zu Stift außer dem Eigennamen

Gegenüber: Oben: **St. Florian:** Augustiner-Chorherrenstift. Gobelinzimmer, Tapisserien vermutlich aus Brüssel, Anfang 18. Jh.
Unten links: **St. Florian:** Audienzsaal, Interieur mit leuchterhaltenden Pagen und kunstvollen Supraporten von L. Sattler.
Unten rechts: **Geras:**
Prämonstratenserstift. Paulizimmer der Prälatur mit malerischer Ausschmückung von J. N. Steiner, um 1770.
Oben: **St. Florian:** das Prinz-Eugen-Zimmer, sog. „Türkenbett" von L. Sattler.
Rechts: **St. Florian:** das Papstzimmer mit Bett. St. Florian war nicht nur wegen seiner prächtigen Ausstattung berühmt, sondern erlangte auch durch das Wirken Anton Bruckners (1845–55) als Stiftsorganist Bedeutung.

*Oben:* ***Geras:*** *Prämonstratenserstift. Der Marmorsaal im Obergeschoß des Torpavillons mit malerischer Ausstattung von Paul Troger, 1738.*
*Links:* ***Schlierbach:*** *Zisterzienserstift im Kremstal, Oberösterreich. 1355 als Frauenkloster gegr., die barocke Anlage wurde 1672–1712 von P. F. und C. A. Carlone erbaut, Innenansicht des Kaisersaals.*
*Gegenüber:* ***Göttweig:*** *Benediktiner-Stift. Der Neubau erfolgte nach Plänen von J. L. von Hildebrandt, Kaiserstiege mit riesigem Deckenfresko von Paul Troger (Kaiser Karl VI. als Apoll), 1738.*

qui te expectant non confundentu
fac michi et semitas tuas edoce me

*Gegenüber:* ***Zwettl:*** *Zisterzienserstift. Mönche beim Chorgesang. Miniatur im Graduale Cisterciense, Codex 400, folio 1v., Stift Zwettl, um 1268.*
*Oben: Initiale zum Kirchweihfest. Illuminierte Handschrift aus Stift Geras.*
*Unten:* ***Admont:*** *Benediktiner-Stift in der Obersteiermark. Spätgot. Flügel vom ehemaligen Nothelfer-Altar in der Stiftskirche, um 1440–1450, (v. l. n. r.) hl. Benedikt, dem der Mönch Romanus Nahrung zukommen läßt; hl. Blasius; hl. Ägidius, hl. Pantaleon; hl. Erasmus, hl. Nikolaus.*

eine nähere Bezeichnung – wie Benediktiner-Stift beispielsweise – hinzutritt. Im normalen Sprachgebrauch begnügt man sich mit „Stift Melk" oder „Stift Zwettl", selbst „Schottenstift" ist noch im Umlauf, obwohl man sich dort zeitweise gegen diese unmonastische und laxe Art, eine Benediktinerabtei so zu benennen, wehrte. In St. Peter in Salzburg mußte das traditionelle „Stift" dem Ehrentitel „Erzabtei" aus den ersten Jahrzehnten des 20. Jahrhunderts weichen und scheint selbst bei Konservativen Eingang gefunden zu haben. Oder ist heute der Rückbezug auf den Zeitraum eines halben Jahrhunderts bereits konservativ? In den Stiften rechnet man in anderen Zeitabständen, und gerade das Stift St. Peter kann auf die längste Tradition zurückblicken. Wenn freilich die bloße Bezeichnung „Stift" ohne Unterschied der Orden verwendet wird, dann dürfte dabei nicht der Zufall Regie geführt haben, sondern steckt dahinter jene alte österreichische Tradition, die in der Zeit des Josephinismus mit seinem Staatskirchentum ihren Höhepunkt erreichte. Joseph II. bemühte sich, alle Orden und klösterlichen Gemeinschaften zu vereinheitlichen, unterband ihre Beziehungen mit dem Ausland, vor allem wenn sie konstitutioneller Natur waren, wie bei den Zisterziensern oder den Prämonstratensern, und ordnete österreichische Verbände an. Die Exemtion, der Vorzug eines Klosters, Rom direkt unterstellt zu sein, wurde abgeschafft; die Klöster wurden den Bischöfen unterstellt. Hofdekrete begrenzten die Anzahl der Konventualen, diktierten eine Aufnahmesperre und regelten das interne Leben im Kloster. Für das feierliche Chorgebet hatte man in einer Zeit, die nach dem Nutzen einer Tätigkeit fragte, kein Verständnis mehr. So wurde das gesungene Chorgebet abgeschafft und die Rezitation des Breviers in eine Hauskapelle oder einen Betchor verwiesen. Als prakti-

*Oben: **Schlägl**: Prämonstratenser-Chorherrenstift bei Aigen in Oberösterreich. Mönche beim Chorgebet.*
*Gegenüber: Oben: **Klosterneuburg**: Augustiner-Chorherrnstift. Glasfenster mit betendem Mönch. Unten: **Zwettl**: Zisterzienserstift. Zisterziensermönche beim Studium und Lesen im Kreuzgang.*

schere Beschäftigung mußte jedes Kloster im Rahmen einer Pfarregulierung neue Seelsorgeposten übernehmen, was die Konvente schwächte und mancherorts noch heute die klösterliche Kommunität, die Keimzelle jeglichen Fortschritts, beeinträchtigt. Durch staatlichen Eingriff kam es in einem gewissen Sinne zu einer Art von „Orden der österreichischen Stiftsherren". Die Unterschiede zwischen den verschiedenen Orden wurden verwischt, und es blieben nur die mehr äußerlichen Eigenheiten in der Tracht und der Liturgie bestehen. Nach der Unterbindung der ins Ausland reichenden Beziehungen der Klöster, die auf ordensinterner Zusammengehörigkeit oder Abhängigkeit basierten, und nach der Abschaffung der Exemtion oblag es den Diözesanbischöfen, die Klöster zu visitieren. Diese wiederum trachteten danach, die Disziplin in den Klöstern ihres Kirchensprengels zu koordinieren, und daraus erklärt sich, daß die Klöster ein und derselben Diözese einander näherstanden als die Klöster ein und desselben Ordens. Es sollte zu einer Einheitsobservanz der österreichischen Stifte kommen, die mehr an der Tätigkeit und dem Einsatz der Stiftsherren orientiert war als an der Sinngebung eines Klosters oder Ordens. Untersuchte man die Voraussetzungen für diese Entwicklung, käme man vielleicht zu der Überzeugung, daß eine der Wurzeln in der Konstellation „Stift" schlechthin zu finden wäre. Letztlich ist freilich alles nur eine logische Folge jener Verquickung streng kirchlicher Idealvorstellung im Sinne von Urkirche und Nachfolge Christi mit staatlichen Einrichtungen, wie wir sie durch fast alle Jahrhunderte nachzuweisen imstande waren. Das österreichische Stift unterlag in einem gewissen Sinne mehr als anderswo klösterliche Gemeinschaften dem Einfluß von außen; hier gab es noch größere Überschneidungen und gleichzeitig Berührungspunkte zwischen Kirche und Staat, wobei nicht selten wiederum die Prälaten die Verbindungsglieder waren. Diesem Prozeß der Aushöhlung der Klöster – um es überspitzt zu formulieren – ging eine innere Krise in den meisten klösterlichen Gemeinschaften voraus; doch die Auswirkungen der

Aufklärung, die damals in anderen Ländern erst zum Sturm ansetzte, schlugen in Österreich nach dem Regierungsantritt Leopolds II. im Jahre 1790 sehr bald in eine Neubesinnung auf das Wesentliche um. Und während, ausgelöst durch die Französische Revolution, in ganz Europa ein Klostersturm sondergleichen tobte, wurden in den österreichischen Stiften bereits die positiven Früchte der Aufklärung reif, womit schließlich die berauschende Periode des Barock auch geistig abgeschlossen war. Diese Zeit und dieser Geist sind Vergangenheit, übriggeblieben ist in der Alltagssprache die schlichte und für die Klöster jeglicher Ausrichtung gültige Bezeichnung „Stift" unter alleiniger Hinzufügung des Orts- bzw. des Eigennamens.

Ein anderes Erbe der Josephinischen Epoche lastet jedoch weiter spürbar auf den Stiften: Die Verpflichtung, für die Stiftspfarren die Seelsorge zu bestellen. Für bayerische oder Schweizer Verhältnisse unvorstellbar, gehören in Österreich noch heute zu jedem Stift, gleichgültig ob Zisterzienser oder Benediktiner, zahlreiche Pfarreien, die vom Kloster seelsorglich betreut werden und für die das Stift meist auch die schwere Last der Erhaltungskosten zu tragen hat. Denn während die Chorherren sich von Anfang an als Seelsorger verstanden, hatten ursprünglich die Benediktiner und ihre reformierten Brüder, die Zisterzienser, im Kloster

selbst ihr Betätigungsfeld gefunden. Die Pfarreien aber sind ein Relikt der Grundherrschaft und der Josephinischen Neuordnung der Seelsorge. Im Namen der Grundherrschaft, die sich als geistlich nur insofern verstand, als sich die Obrigkeit aus Geistlichen zusammensetzte, mußten die Stifte administrative Belange wie die Gerichtsbarkeit und das Steuerwesen wahrnehmen. Sie hatten aber im Stift nicht nur etwa den Grundschreiber oder Bewaffnete bereitzuhalten, es kam ihnen auch das Schulpatronat zu. In vielen Stiftspfarren – wie in Besitzbögen und manchen Servituten heute noch ersichtlich – bestanden die Schulen auf Namen und Kosten eines Stiftes. Erst mit der Auflösung der Grundherrschaften im Jahr 1848 veränderte sich die Zuständigkeit für die Verwaltung und das Schulwesen in den Gebieten der ehemaligen Grundherrschaften. Übriggeblieben sind die Stiftspfarren, die zu betreuen noch heute für viele Stifte, wie schon gesagt, Belastung aber auch Aufgabe bedeutet. Im Mittelalter war zumindest die personelle Lage eine einfachere; denn zum Großteil waren es Weltgeistliche, die sogenannten „plebani – Leutepriester", die, durch die Stifte eingestellt, mit der Seelsorge betraut wurden. Den Benediktinern – gerade durch die Melker Reform – aber auch den Zisterziensern wurde zu allen Zeiten und durch vielerlei Dokumente eingeschärft, die Verwaltung der Pfarren nicht den eigenen Patres zu überantworten, damit sowohl diese selbst als auch ihre Gemeinschaften keinen Schaden erlitten. In diesen Klöstern war man daher immer bemüht, freie Geistliche für die stiftseigenen oder, wie der Fachausdruck lautet, dem Stift „inkorporierten" Pfarreien zu gewinnen und zu entlohnen. Damals konnte es also durchaus noch passieren, daß nicht alle Geistlichen über die Bischöfe oder weltliche Patronatsherren einen Pfarrposten erhielten. Man ist versucht zu rufen: „O quae mutatio rerum!" Für die Bezahlung dieser Provisoren und Pfarrherren stand in den Pfarren aus altem Stiftungsvermögen meist eine entsprechende Pfründe, eine „Pfarrpfründe", zur Verfügung, aus deren Bewirtschaftung die mit der Seelsorge Beauftragten ihren Lebensunterhalt bezogen. Ähnlich verhielt es sich mit den Lehrern, denen in manchen alten Stiftspfarreien bestimmte Äcker zustanden, deren Nutznießung Teil ihrer Entlohnung war; hinzu kam immer noch der Organistenacker für den mit dem Schuldienst gekoppelten Organistendienst. Die Wohnungen wurden vom Grundherren oder Patronatsherren bereitgestellt, weshalb manches Schulhaus auf Stiftsgrund gebaut ist. Zur Erhaltung der Pfarrkirche wurde die „Kirchenpfründe" gestiftet, wie denn überhaupt ein ganzes Verpfründungssystem an die Stifte angegliedert war. Durch Schenkung oder Stiftung von Grundstücken sicherten sich beispielsweise ältere Menschen Wohnung und Verköstigung im Schatten eines Stiftes – eine frühe Form einer Lebensversicherung. Der Ausdruck „Pfründner" – bei heutiger Verwendung in ein schiefes Licht gerückt – konnte in vergangenen Jahrhunderten vielerlei Bedeutung haben und besagte durchaus nichts Negatives, sondern zeigte nur an, wie man eben aus der Nutznießung eines zumeist in Grund und Boden sichergestellten Vermögens seinen Lebensunterhalt bestreiten konnte. Auf solche Art kamen die Klöster zu manchem Grundstück, wie gleichfalls vielen Stiftspfarren Grund und Boden übereignet wurde in Form von Meßstiftungen, der Verpflichtung nämlich, für die Stifter jährlich ein Requiem oder eine bestimmte Anzahl von Messen zu halten. Solche Schenkungen gab es natürlich nicht nur bei den österreichischen Stiften, sie sind überall dort nachzuweisen, wo gläubige Menschen aus einer frommen Überzeugung heraus, die wir heute kaum mehr nachvollziehen können, für ihr Seelenheil Vorsorge treffen wollten. In Österreich gab es zwar im Laufe der Jahrhunderte zahlreiche Veränderungen in dieser solcherart entstandenen Besitzstruktur, sie wurde aber nie zur Gänze liquidiert, wie das in fast allen anderen Ländern der Fall gewesen ist. Bei der Josephinischen Neueinteilung der Pfarren mußten die Stifte diese neuen Pfarren mit einer Pfründe ausstatten, soweit sie dazu in der Lage waren, oder hatten eben die Baulast zu übernehmen, die bis heute die Stifte drückt. Und hierin liegt der große Unterschied zur Entwicklung und Situation der Klöster in allen übrigen Ländern: In Österreich lastet auf Besitz und Besitzstrukturen – mögen sie auch immer wieder dezimiert und verändert worden sein – noch die Tradition jener im Mittelalter entstandenen Einrichtungen, die zu ihrer Zeit ihre Begründung und Berechtigung hatten, aber jetzt kaum mehr tragbar sind. Geblieben sind ebenfalls die Verpflichtungen in den Pfarren und in den Stiften, und auch diese blicken auf eine lange Vergangenheit zurück. So könnte man die österreichischen Stifte als die Hüter der Tradition schlechthin bezeichnen, was nicht negativ zu verstehen ist in einem Land, wo man sich selbst im ~eichen des sozialen Fortschritts keineswegs seiner Vergangenheit schämt.

Diese Vielfältigkeit ihrer Beziehungen und ihrer Aufgaben hebt die österreichischen Stifte und ihre Kommunitäten von allen anderen Klöstern ab. Stift ist also mehr als Kloster; und selbst wenn die Menschen andere geworden sind, wenn hinter einem Prälaten österreichischer Obedienz vielfach der leutselige, der „volksnahe" Träger einer geistlichen Würde steht, die in Mitra und Stab, den „Pontifikalien" also, zur Schau getragen wird, dann ergab sich das nicht zuletzt auf dem Hintergrund der ehemaligen Grundherrschaft, die in vielen Belangen und Nachwirkungen auch heute noch die österreichischen Stifte kennzeichnet. Die Verbindungen zum Hof sind gefallen, der Prälatenstand ist längst aufgelöst, und es sind die Mitbrüder, die ohne jegliche Beeinflussung ihren Oberen wählen. Kein Adelsprivileg mehr macht Unterschiede, jeder kann in ein Kloster eintreten und wird spätestens im Laufe der Jahre feststellen, daß jedes Kloster, noch mehr jedes Stift, ein unverkennbares und unverwechselbares Eigen-

*Gegenüber:* ***Zwettl:*** *Zisterzienserstift. Blick von der Orgelempore durch das Langhaus der Stiftskirche auf den Hochaltar von Josef Munggenast und Josef Matthias Götz, 1733.*

leben hat, dem alle oben besprochenen Faktoren ihren Stempel aufdrücken, ganz abgesehen natürlich von den Mitgliedern der Familie eines Stiftes und eines Klosters, die das Leben in ihm als solches bestimmen. Die Klosterfamilie lebt in einer gewissen Umwelt und wird von den Anforderungen, die diese an sie stellt, wie von den Aufgaben, die sie sich zum Ziel gesetzt hat, geprägt. Die Vielfalt der Aufgaben – von der Verwaltung des Besitzes, der Pfründen, der Gebäudeerhaltung angefangen bis eben zum Gymnasiallehrer, zum Custos der Sammlungen und Handschriften, ja bis zum Pfarrer, der einen Großteil seines Lebens außerhalb des Klosters verbringt – läßt aus einem Stift eine lebendigere, lebensnähere Kommunität werden als aus einem vergleichbaren Kloster in Bayern. Obwohl sich freilich jede Klosterfamilie ständig verändert, regeneriert und somit auf der Höhe der Zeit stehen kann.

*Oben: **Marienberg**: Benediktiner-Kloster. Mönch an der Klosterpforte.*
*Gegenüber: Oben: **Reichersberg**: Augustiner-Chorherrnstift. Chorherr beim Verkosten des Chorherrenkäses. Unten: **Münsterschwarzach**: Benediktiner-Kloster. Mönch bei der Fertigung eines Kelchs.*

Überblicken wir in diesem Zusammenhang noch kurz den Werdegang eines Angehörigen eines Stiftes bzw. eines Klosters der „alten Orden". Am Anfang stand, wie schon dargelegt, die Nachfolge, die einem Menschen geleistet wurde, der Führer und Vater im religiösen Sinn dieser Worte war. Problemlos, weil formlos, war der Eintritt in eine solche Gefolgschaft und somit auch der Austritt aus ihr; man verletzte damit nicht ihren Geist. Zu Benedikts Zeiten gab es schon einen Ritus und ein ganzes System für die Aufnahme in ein Kloster. Benedikt spricht in seiner Regel von der Aufnahme der Knaben, und zwar sogar minderjähriger (Kap. 59) – für unsere Vorstellungen nicht mehr akzeptabel, vielleicht aber aus der Sicht der Bibel, vor allem des Alten Testaments und den daraus abzuleitenden Praktiken belegbar –, behandelt im 58. Kapitel die Aufnahme in eine Klostergemeinschaft im allgemeinen, im 59. Kapitel im besonderen den Fall des Eintritts eines Priesters und berücksichtigt sogar die Möglichkeit eines Übertritts fremder Mönche in ein Kloster seiner Regel. Abgesehen von den Knaben, die von ihren Eltern dem Kloster übergeben wurden, kamen zunächst alle Neulinge zur Probe in die „Zelle der Novizen". Sie wurden einem älteren Mitbruder zur Beobachtung anvertraut, der in der Lage sein sollte, „Seelen zu gewinnen", obwohl er gleichzeitig die Aufgabe zu erfüllen hatte, den Eintrittswilligen die Härte des Klosterlebens vorzuführen und sie zu prüfen, ob sie „wahrhaft Gott suchen". Es sollte ihnen die Regel vorgelesen werden, wie sie überhaupt in das Klosterleben einzuführen waren. Im großen und ganzen ist diese Form noch heute für alle Klöster der alten Orden verbindlich. Das Noviziatjahr verbringt der Novize in dem Kloster, in das er eingetreten ist. Hier wird nochmals ein grundlegender Unterschied zu den späteren Orden offenbar: Es gibt keinen Benediktiner, keinen Zisterzienser, auch keinen Augustiner- oder Prämonstratenser-Chorherren an sich, sondern jeder tritt in ein ganz bestimmtes Kloster ein, wird Mitglied einer an einen Ort gebundenen Gemeinschaft. Selbst für den Fall, daß alle Novizen gemeinsam in einem Kloster ihr Noviziat absolvieren – wie es in der Barockzeit bei den bayerischen Benediktinern üblich war –, gehört jeder Novize zu einem bestimmten Kloster, auf das er schließlich nach dem Probejahr die Profeß ablegt mit dem Gelübde der Beständigkeit auf diese

Kommunität. Während des Noviziatjahres kann er jederzeit frei weggehen; er ist dem Kloster gegenüber keinerlei Verpflichtungen eingegangen, wie auch das Kloster ihm gegenüber nicht. Am Ende dieses Jahres, wenn der Novize gewillt ist zu bleiben, bittet er die Mitbrüder um die Zulassung zur Profeß. Diese stimmen über seine Aufnahme ab, und dann kann der Novize seine Profeß – vom lateinischen Wort „profiteri – versprechen" – für zunächst drei Jahre ablegen. Darüber wird eine Profeßurkunde ausgestellt, die Benedikt eingeführt hat, wobei hinzuzufügen ist, daß zur Zeit Benedikts die Novizen schon nach dem einen Probejahr sich auf Lebzeiten an das Kloster banden. Heute legen die „Triennalprofessen" normalerweise nach drei

*Links:* ***Altenburg:*** *Benediktiner-Stift in Niederösterreich. 1144 gegr., Zugang zum Hof und Blick auf die Fassade der Kirche. J. Munggenast errichtete den 208 m langen, hochbarocken Bau mit Kaisertrakt und Bibliothek.*

*Gegenüber:* ***Münsterschwarzach:*** *Benediktiner-Kloster. Mönch beim Restaurieren eines Frühdrucks.*

Jahren – diese Probezeit kann natürlich verlängert werden, sie ist auch von Orden zu Orden von verschiedener Dauer – ihre „ewige Profeß" ab, und zwar in den alten Orden als „feierliche Profeß" im Gegensatz zu den moderneren Orden und Kongregationen. Im Rahmen eines feierlichen Gottesdienstes bringt der Mitbruder seine Profeßurkunden zum Altar, mit dem Versprechen, zeit seines Lebens in der Gemeinschaft zu bleiben. Damit wird er ein Vollmitglied des Klosters mit allen Pflichten und Rechten, mit Sitz im Konventkapitel und Stimmrecht. Trotz unterschiedlicher Formulierung versprechen alle „Ordensleute" letztlich dasselbe: ein Leben der Beständigkeit in Armut, Ehelosigkeit und Gehorsam, was den Idealen und dem Leben der alten Mönche entspricht. Die Tatsache, daß über die Profeß eine förmliche Urkunde ausgestellt wird, die – wie schon zu Zeiten Benedikts – im Klosterarchiv aufzubewahren ist, bereitet heute vielen Schwierigkeiten. Denn im Laufe der Zeit wurde diese Profeß zu einem Vorgang mit kirchenrechtlichen Folgen, wogegen im Mittelalter das Verständnis dafür noch nicht ein juristisches, sondern eher ein vitales und gelegentlich sogar ein pragmatisches war. Während man heute bei einem Klosteraustritt oder einem Übertritt von einem Orden zu einem anderen eine Genehmigung von Rom einholen muß, konnte noch zur Zeit der Melker Reform im 15. Jahrhundert ein Benediktiner eines Klosters mit schlechterer Observanz durchaus problemlos nach Melk übertreten. Zu dieser Zeit durfte auch beispielsweise ein Oswald Nott aus dem Augustiner-Chorherrenstift Indersdorf nach Tegernsee überwechseln, weil ihm die Lebensform seines ersten Klosters nicht mehr entsprach. In Tegernsee wurde er zu einem der eifrigsten Bücherschreiber und -abschreiber, was aber nach der Eintragung im Nekrolog Tegernsees, dem Totenbuch aus dem 15. Jahrhundert, nicht so sehr zählte wie seine Fähigkeit, als Kantor (Vorsänger) seine Brüder zu erbauen.

Schon während der Zeit der einfachen Profeß beginnen die Kleriker – jene also, die eine abgeschlossene Mittelschulbildung haben – mit dem Studium der Philosophie und der Theologie. Im Gegensatz zu früher sind die Chormönche, die zwar ein Studium absolviert haben, sich aber nicht zum Priester weihen lassen, in der Minderheit. In jüngster Zeit wurden diese Chormönche den Patres gleichgestellt, wie sogar die Laienbrüder, die Fratres, die nicht nur bei den Zisterziensern, sondern in allen Kommunitäten der „alten Orden" anzutreffen sind; auch diesen kommt in den Konventen das Stimmrecht zu. Dennoch gibt es einen Kapitelsaal, ein Schuldkapitel und ein Kapitel der Regel. Sie alle haben miteinander zu tun; denn im Kapitelsaal, dem Versammlungsort für alle Brüder eines Klosters, wurde und wird noch jeden Morgen ein Kapitel oder ein Teil eines Kapitels aus der Regel vorgelesen. Von daher wurde das Wort Kapitel auch auf den Ort übertragen, in dem das Kapitel vorgelesen wurde; und weil sich aus diesem oder einem anderen Anlaß alle Professen im Kapitelsaal einfinden, wird auch die Gesamtheit der Angehörigen eines Stiftes oder Klosters, die die feierliche Profeß abgelegt haben, das Kapitel genannt. Das Kapitel ist zugleich der Rechtskörper des Stiftes. Es fällt alle wichtigen Entscheidungen, berät und ringt manchmal um Beschlüsse, stimmt über die Aufnahme der Brüder ab und wählt den Abt. Was das „Schuldkapitel" betrifft, an das noch in manchen Gegenden die Redewendung „ich werde ihn abkapiteln" erinnert, so ist nochmals die Verbindung zum Kapitel der Regel herzustellen, das jeden Morgen vorgetragen wird. Im Anschluß an die Regellesung bekannten in früheren Zeiten die Mitbrüder voreinander und vor dem Oberen ihre Vergehen der Gemeinschaft gegenüber, klagten sich an, wenn sie etwas vom gemeinsamen Gut zerstört oder beschädigt hatten, und baten um Verzeihung für alle Verletzungen der mitbrüderlichen Liebe. Dieses sogenannte „Schuldkapitel" wurde später nur noch einmal wöchentlich, dann in noch größeren Zeitabständen abgehalten, bis es in vielen Kommunitäten ganz abgeschafft wurde. Nach dem Schuldkapitel wurde in früheren Zeiten die Arbeit eingeteilt, vor allem die Dienste im Haus, aber auch die Handarbeit oder die anderen Tätigkeiten in Schreibstube, Verwaltung und Seelsorge. Wer denkt in diesem Zusammenhang nicht an die wunderbaren Kapitelsäle in Zwettl, in Lilienfeld und vielen anderen Stiften und an die darin versammelten Mönche, vor die während des Schuldkapitels der schuldige Mönch hintritt, im Bewußtsein, der Gemeinschaft geschadet zu haben.

In Zwettl – und zwar am Ausgang des Kapitelsaals vor dem Zugang zur Stiftskirche – kann der aufmerksame Besucher einen anderen Gegenstand klösterlicher Ordnung betrachten: eine schöne Anschlagtafel, im Mittelalter „tabula" oder „tabula matrix„ genannt, auf der die Wochendienste ausgesteckt sind, die jeden Samstag im Kapitel vermeldet werden. In dieser Wochenordnung wird als erster der „Hebdomadar", der Vorbeter bei allen liturgischen Handlungen, eingeteilt, ihm folgen sämtliche andere Ausführende liturgischer Dienste, auch die Tischdiener, der Tischleser und der Kantor. Alles wird also im Kloster eingeteilt, und jeder erhält Verantwortung.

An erster Stelle steht der Abt oder der Propst, der nach der mönchischen Einteilung als Stellvertreter einen Prior an seiner Seite hat, während im kanonikalen Aufbau an der Stelle des Priors ein Dekan steht. In größeren Kommunitäten wird der Prior noch durch einen dritten Oberen unterstützt, der neben dem Abt auch dem Prior untersteht und deshalb „Subprior" oder „Supprior" heißt. Erst nach diesen Vorgesetzten, von denen der Abt der einzige von der Brüderschaft Gewählte ist, während er seine Helfer selbst bestimmen oder aber auch von der Kommunität wählen lassen kann, beginnt die Reihe der Brüder, und zwar nach dem „Senium", nach dem Alter des Klostereintritts, das wir als Ordnungsprinzip bereits erwähnt haben.

Die Einteilung ist allen Klöstern gemeinsam, ob es sich nun um ein österreichisches Stift oder um eine bayerische oder eine schweizerische Abtei handelt. Wie denn auch der Unterschied zwischen Stift und Kloster letztlich auf die eigenständige Entwicklung eines jeden Klosters – und zwar auf der Basis einer völlig legalen, weil anfänglich gewollten Unabhängigkeit – reduziert werden könnte. Sehen wir das österreichische Stift dagegen in jenem historischen Zusammenhang, der viele seiner Aktivitäten erklärt, die anderswo undenkbar wären, in Österreich aber immer noch auf die ehemalige Verbindung zwischen Stift und Grundherrschaft hinweisen, deren Relikt z. B. noch die inkorporierten Pfarren sind. Lassen wir jedem Land seine Eigenheiten, und nehmen wir zur Kenntnis, daß sich ein bayerischer Benediktiner von einem Schweizer und schon gar von einem österreichischen „Stiftsherrn" unterscheidet und sogar Wert darauf legt, was letztlich im Sinne eines heiligen Benedikt ist. Alle Klöster der „alten Orden", und die Stifte im besonderen, sind mit pulsierenden Organismen vergleichbar, die eine Welt für sich darstellen, vielleicht sogar einen kleinen Staat im Staat.

*Links:* ***Admont:*** *Benediktiner-Stift. Hinweisschild zur Stiftsbibliothek.*

*Unten:* ***Waldsassen:*** *die Stiftsbibliothek des Zisterzienserklosters.*

*Gegenüber: Oben:* ***Altenburg:*** *Benediktiner-Stift. Stiftsbibliothek mit Fresken von P. Troger, 1732–34.*

*Unten:* ***Zwettl:*** *Zisterzienserstift. Bücher in der 1730–32 von J. Munggenast erbauten Stiftsbibliothek mit Gewölbefresken von P. Troger, 1733.*

*Oben:* ***Zwettl:*** *Zisterzienserstift. Bibliothekssaal, erbaut von Josef Munggenast. 1730–1732.*

*Gegenüber:* ***Rein:*** *Zisterzienserstift. 1129 gegr., ältestes ununterbrochen bestehendes Zisterzienserstift Europas. Stiftsbibliothek mit Fresken von J. Amonte. Mittelfeld: Christus, der den Schleier vom Antlitz Moses' hebt. Auf den Bücherstellagen Bildnisse zeitgenössischer Äbte.*

*Rechts (von o. nach u.): Die Klosterbibliotheken von* ***Ottobeuren*** *(Benediktiner-Kloster),* ***Schlierbach*** *(Zisterzienserstift) und* ***Admont*** *(Benediktiner-Stift, Teil eines Bücherschranks mit kirchengeschichtlichen Werken).*

*Gegenüber: Oben:* ***Admont:*** *Benediktiner-Stift. Prunksaal der Stiftsbibliothek. Von J. G. Hayberger 1742 begonnen, von J. Hueber zu Ende geführt.*
*Unten:* ***St. Florian:*** *Augustiner-Chorherrenstift. Bibliothek von G. Hayberger (1745–51), in der mehr als 130.000 Bände untergebracht sind.*
*Oben:* ***Metten:*** *Benediktiner-Kloster in Niederbayern. 766 gegr. und mit Mönchen aus der Reichenau besiedelt, 1058 den Babenbergern übereignet, Besetzung mit Kanonikern, 1157 neuerliche Berufung der Benediktiner durch Herzog Heinrich Jasomirgott. 1803 säkularisiert, 1830 als erstes Kloster in Bayern wieder errichtet. Barocke Bibliothek aus dem 18. Jh.*

*Links oben:* ***Admont:*** *Benediktiner-Stift. Bibliothekssaal, Mittelraum, aus dem Zyklus „Die vier letzten Dinge" von Joseph Stammel, „Der Tod", 1760.*

*Mitte:* ***Admont:*** *Bibliothekssaal, Gewölbekuppel mit Fresko „Der Sieg der wahren Religion über den Irrglauben" von B. Altomonte, 1775/76.*

*Unten:* ***Admont:*** *Bibliothekssaal, Mittelraum, aus dem Zyklus „Die vier letzten Dinge" von Joseph Stammel, Detail, „Der Teufel mit der Brille", 1760.*

*Oben:* ***St. Gallen:*** *Ehem. Benediktiner-Kloster in der Schweiz. 612 Zelle des hl. Gallus, eines Gefährten Columbans, 719 wird durch den hl. Otmar das Kloster errichtet, das 747 die Regel Benedikts annimmt, 1805 säkularisiert.* ***Stiftsbibliothek*** *mit 2000 Handschriften, 1635 Wiegen- und Frühdrucken (Inkunabeln) und schließlich 100.000 Büchern, 1758–1767 erbaut und kunstvoll ausgestattet.*

# IX.

# Ein „Staat" für sich

Neben den Oberen eines Klosters, Abt, Prior und Subprior, gibt es die „Offizialen", jene Mitbrüder, die ein bestimmtes Amt innerhalb einer Abtei oder eines Priorates innehaben. Ein Priorat ist eine zumeist kleinere, von einer Abtei abhängige oder auch unabhängige Gemeinschaft mit einem Prior anstelle des Abtes. Selbst Abteien können vorübergehend von einem selbständigen Prior, einem „prior de regimine", verwaltet werden, ohne dadurch Priorate zu werden. Unter den Offizialen ist der wichtigste der „Finanzminister", bei den Benediktinern Zellerar oder Kämmerer – wie auch bei den Augustiner-Chorherren – genannt bzw. „Kastner", „Zentraldirektor" oder „Provisor". Alle diese Bezeichnungen, deren Bedeutung und Überlieferung verschieden sein mag, stehen für das Amt des aus den Reihen der Mönche oder Chorherren genommenen Verwalters und Verantwortlichen für den Wirtschaftskörper eines Klosters und drücken immer die Sorge eines einzelnen für das materielle Wohlergehen einer ganzen Kommunität aus. Die Aufgaben des stiftlichen oder klösterlichen Wirtschafters zu Gunsten einer ganzen Kommunität sind vielseitig und oft belastend, aber in der Übertragung dieses Amtes auf einen einzelnen besteht auch der Vorteil der „anderen Welt" des Klosters: Die übrigen Mitbrüder werden mit den Dingen „dieser Welt" gar nicht konfrontiert, sie können frei von allen Mühen um das Materielle ihren verschiedenen Verpflichtungen nachgehen, in der Gewißheit, daß die Brüderschaft und der brüderliche Besitz allen zum Wohle gereicht. Wie angenehm es ist, ohne diese Alltagssorgen nach Höherem streben zu können, wird jedermann leicht nachempfinden, und insofern könnte man das Leben im Kloster vielleicht sogar bequem nennen. Daß eine solche Situation nicht nur günstige Voraussetzungen für die Betätigung der Patres und Herren in Kunst und Wissenschaft, sondern zugleich für die Erfüllung des „Opus dei", des „Werkes für Gott", schafft, steht außer Zweifel und gibt dem schon in der Apostelgeschichte verwirklichten Ideal, daß „alles allen gemeinsam sei", bis in unsere Zeit seine Begründung und Berechtigung. Dieses Ideals der Armut, die als Einsatz des Materiellen für das Spirituelle oder als Umsetzen eines Wertes in einen höheren verstanden werden sollte, müssen sich die Mitbrüder wie der Zellerar bewußt sein. Im Kloster herrscht also nicht der heitere oder gar angeheiterte „Bruder Kellermeister", sondern selbst in wirtschaftlichen Dingen werden ganz andere Maßstäbe angewendet, als sie uns geläufig sind. In den vielen Darstellungen des „Bruder Kellermeister" handelt es sich übrigens um einen Franziskanerbruder – wie aus der Kleidung ersichtlich ist –, sie können deshalb nicht einmal einen „gestandenen Bruder Braumeister", der in einem bayerischen Kloster das sprichwörtlich gute Klosterbier braut, aufregen. So unterschiedlich auch die Persönlichkeiten sind, die sich mit der Tempora-

*Gegenüber:* ***St. Florian:*** *Augustiner-Chorherrenstift. Blick aus dem Untergeschoß des Treppenhauses auf die Sonnenuhr am Nordflügel.*
*Oben:* ***Metten:*** *Benediktiner-Kloster. Brunnenanlage mit Skulptur Karls I., Mitte 18. Jh.*

*Oben:* ***Kastl:*** *Ehem. Benediktiner-Kloster. Gotische Türbekrönung mit Darstellung von Mönchen.*

*Gegenüber: Links:* ***Klosterneuburg:*** *Augustiner-Chorherrenstift. Stiftskeller. Rechts:* ***Klosterneuburg.*** *Weinfaß von 1936 im Stiftskeller.*

lienverwaltung befassen und vom modernen Typ des „Klostermanagers" bis zum bedächtigen, fromm und bieder wirkenden „Pater Zellerar" reichen, sie alle mühen sich nicht um ihren persönlichen Vorteil – wie sie selber nichts besitzen und weder etwas zu verschenken noch zu gewinnen haben –, sondern schaffen die materiellen Grundlagen aus dem Besitz und dem Stiftungsvermögen eines Klosters, damit man dort nach dem Grundsatz leben kann, den Benedikt dem Abt ans Herz legt, der aber aus dem Evangelium nach Matthäus (Kap. 6, 33) übernommen ist: „Suchet zuerst das Reich Gottes und seine Gerechtigkeit, und alles andere wird euch dazugegeben." Dieses Bibelwort klingt im Original wesentlich drastischer und könnte fast als Abwertung alles Irdischen schlechthin empfunden werden, wenn es heißt „und alles andere wird euch nachgeschmissen". Benedikt fügt noch ein Psalmwort hinzu, das seine Einstellung unterstreichen soll: „Nichts fehlt denen, die den Herrn fürchten." Aus einer solchen Einstellung heraus mögen sämtliche Aktivitäten der Klöster in wirtschaftlicher Hinsicht beurteilt und verstanden werden. Nicht verschweigen sei allerdings, daß manch tüchtiger Kämmerer ein anderes Bibelwort für sich zu beanspruchen scheint: „Seid klug wie die Schlangen und einfach wie die Tauben" (Matth. 10, 16); wohl wissend freilich, daß bei Lukas (Kap. 16, 8) geschrieben steht: „Die Kinder dieser Welt sind klüger als die Kinder des Lichts." Im Ernst muß aber betont werden, daß bei allem Können und bei aller Tüchtigkeit nicht Gewinn oder Ehre im Spiele sind, sondern der Grundsatz vorherrscht: „Ut in omnibus glorificetur deus – damit Gott in allem verherrlicht werde." Ähnlich wie diese Devise der Benediktiner lautet eine der Prämonstratenser: „Ad omne opus bonum parati – bereit für jedes gute Werk." Sollte einmal einer versucht sein, wie ein Mächtiger dieser Welt aufzutreten, unter dem Motto „... dies alles will ich dir geben", dann möge er sich an die Versuchung Jesu erinnert wissen! Im Normalfall aber wird jeder Verwalter eines Klostergutes, unterstützt von seinen Mitbrüdern und vielen angestellten Mitarbeitern, ehrlich um das Wohlergehen und den Eigener Weiterbestand seines Klosters ringen müssen. Dies ist meist ein Kampf, denn jede Abtei, jedes Stift ist in wirtschaftlicher Hinsicht völlig autark. Die Erhaltung der schönen Kultur- und Baudenkmäler fordert den Einsatz aller Mittel und wird keineswegs, wie oft die irrige Meinung herrscht, durch die Kirchensteuer oder Gelder aus Rom gedeckt. Bei den alten Orden sind auch die einzelnen Klöster voneinander unabhängig und nicht füreinander verantwortlich, wenn sie auch im Notfall einem Stift zu Hilfe kämen und beistünden. Jedes Stift ist also ein eigener Wirtschaftskörper und zugleich der im Grundbuch verankerte Besitzer.

Während in Österreich noch in unseren Tagen die in ihrer Substanz freilich wesentlich verringerten Strukturen der Stiftungsvermögen für die Erhaltung der Baulichkeiten und für den Unterhalt der Stiftsherren vorhanden sind – sowie mit geringfügigen Veränderungen und mit Ausnahmen auch in der Schweiz –, wurden in Bayern mit der Säkularisation alle ehemaligen Besitzungen der Klöster aufgehoben. Die wiedererrichteten Abteien erhielten zum Teil aus dem Vermögen des Königs oder aus privatem Gutsbestande kleinere Schenkungen, können sich aber in keiner Weise mehr mit den österreichischen Verhältnissen messen. Dafür trägt meist der bayerische Staat die Baulast, wie beispielsweise für das bayerische Barockjuwel Ottobeuren, in dem die Benediktiner nur mehr als Untermieter wohnen. Wenn man im übrigen die Veränderungen und den häufigen Wechsel im Besitzstand ehemaligen Klostergutes in Bayern verfolgt, dann kann man verstehen, weshalb dort der „Volksmund" sagt: „Auf ehemaligem Klostergut liegt kein Segen." Doch ist auch der Besitz der österreichischen Stifte nur mehr ein Rumpfbestand des ehemaligen: denn es gab Zeiten, da lebten die Stifte nur noch vom Verkauf. Zudem trifft die österreichischen Stifte noch die erhebliche Baulast für die Patronatspfarren. Bei aller Selbständigkeit hängt jedes Kloster von der allgemeinen wirtschaftlichen Lage eines Landes ab. Es mag wohl ein „Staat für sich" Wirtschaftslage sein, aber in einem übergeordneten Staatswesen mit Steuern, Wirtschaftskrisen und Blütezeiten. So war es in allen Jahrhunder-

*Links:* ***Schloß Gobelsburg****, Zwettl. 1725 neu gebaut, seit 1740 Weingut des Stiftes, im Vordergrund Steinlöwe an der Auffahrt.*
*Gegenüber:* ***Dürnstein:*** *Ehem. Klarissenkloster, 1289 durch Leutold v. Kuenring gestiftet, 1410 Gründung des Chorherrenstiftes. Ehem. Stiftskirche Mariae Himmelfahrt. Der hochbarocke Turm ist weithin sichtbar, im Hintergrund die Ruine Dürnstein.*

ten, wie wir etwa einer kleinen Klosterneuburger Chronik für das Jahr 1418 entnehmen: „... desselben jars hat der babst khüng sigmunden von ungern erlaubt den 10tayl von allen clöstern und von allen khirchen und altärn zu nemen. desselben jars zu catherina liess khunig sigmundt von ungern 19 schöff herab von passaw füeren, die al gross waren, als wie die schöff auff dem meer, auch baldt darnach und etlich wochen darvor auch solche Schöff 5 sein von neuburg weggegangen." Es war bereits mehrmals die Rede davon, wie die Klöster zu Besitz, Grund und Boden kamen. Wer kann diesen Besitz nun verkaufen? Nie der verantwortliche Offiziale! Er hat zwar alle Vollmachten, handelt aber letztlich immer in Zusammenarbeit mit seinem Oberen und allen Mitbrüdern oder doch wenigstens mit dem Abtsrat, dem engsten und gewählten Beraterstab eines Abtes. Grundbücherliche Veränderungen müssen sowohl durch den Abt als auch durch einen Vertreter des Konvents gezeichnet werden, wobei nach dem Kirchenrecht bei einem Verkauf noch die Bewilligung der Diözesanbehörde oder bei größeren Veräußerungen sogar die Erlaubnis von Rom notwendig ist. Früher hatte der Abt ein eigenes Wappen samt Siegel, ebenso der Konvent. Diese Siegel wurden in einer mit mehreren Schlössern versehenen Schatztruhe verwahrt und nur freigegeben, wenn sich beide Parteien einig waren und jede ihr Schloß öffnete, bzw. ihren Schlüssel zur Verfügung stellte. So sicherte man sich in allen Jahrhunderten vor Mißbrauch ab. Auch hatten und haben noch die Offizialen und selbst der Abt jedes Jahr eine Abrechnung vorzulegen.

Die ehemaligen Besitzungen und Güter der Klöster lagen weit verstreut und reichten oft bis in Gebiete hinein, die zu Territorien fremder Herrscher oder Staaten gehörten. Ginge man allen Details nach, dann ließen sich vielerlei Beziehungen zu den Stiftern, weltlichen und geistigen Herren aufzeigen, die uns nicht mehr präsent sind, weil früher beispielsweise die Zusammenhänge durch die missionarische Tätigkeit oder durch die Zugehörigkeit zu einem bayerischen Bistum ganz andere waren. Wie überrascht ist man, wenn man in Spitz, einem der großen Weinorte der Wachau, die Pfarrkirche betritt und im Presbyterium die Grabsteine für Patres aus Niederaltaich erblickt, die als Pfarrer hier lange Zeit tätig waren. Vom Kloster St. Pölten wissen wir, daß es von der Abtei Tegernsee aus in früherer Zeit besiedelt wurde. Es verwundert daher nicht, wenn wir in Loiben, einem anderen Weinort der Wachau, ein heute wie zu Zeiten seiner Zugehörigkeit zu Tegernsee berühmtes Weingut dieser bayerischen Abtei finden. Der Wein, der nicht nur als Trunk und Nahrungsmittel den Mönchen schon bei Benedikt erlaubt war, sondern der auch die menschlich-irdische Gabe für die Feier des göttlichen Mahles ist, verbindet Klöster untereinander und veranlaßte sie, Weingärten zu erwerben oder anzulegen, selbst in Bayern, wie uns alte Stiche und Ansichten lehren oder die noch sichtbare terrassenförmige Anlage am Klosterhügel von Scheyern beweist. Diese Besitzungen der Klöster lagen teilweise so verstreut, daß behauptet wurde, die Äbte des einstmals mächtigen Benediktbeuern hätten auf ihren Reisen nach Rom immer auf klostereigenem Grund

und Besitz nächtigen können. Die Pflege des Weins gehört zum Kloster, und nicht umsonst sind die Stiftsweine so beliebt, weil auch sie auf eine jahrhundertealte Tradition zurückblicken können. Doch noch ein anderes Getränk kam im und durch das Kloster zu Ehren und wird schon 816 in einem die Synode von Aachen vorbereitenden Reformpapier erwähnt: „Si vinum defuerit, duplum de cerevisa restituat – Sollte kein Wein vorhanden sein, dann ist das doppelte Quantum in Form von Bier zu ersetzen." Als Maß für den Wein wird die „Hemina" der Regel Benedikts angegeben, und der Ton der Aufforderung kann kaum überhört werden. Das Bier und seine Veredelung wird vor allem in Bayern meist mit dem Gründungsdatum einer Abtei in Verbindung gebracht. Bier war und ist eigentlich im klosterinternen Gebrauch kein Genuß – sondern ein Nahrungsmittel; insbesondere kommt ihm während der Fastenzeit und den Fasttagen im Kloster eine Bedeutung zu, ja das sogenannte Bockbier bzw. das fastenzeitliche Starkbier verdankt dem Fasten im Kloster seine Entstehung. Während der eigentlichen Fastenzeit – vor Ostern, aber auch im Advent – und den außer während der österlichen Zeit an jedem Mittwoch und Freitag gebotenen Fasttagen wurde nur eine einzige Mahlzeit gereicht. Das Frühstück war überhaupt unbekannt und kam in vielen Klöstern erst mit Beginn

des 20. Jahrhunderts auf. Der Mittagstisch blieb immer, wurde aber je nach Tageseinteilung zu unterschiedlichen Stunden gehalten. Die Abendmahlzeit entfiel an Fasttagen, es sei denn, man feierte am gleichen Tag ein liturgisches Fest. Während der Fastenzeit sollten sich die Brüder noch mehr als sonst der geistlichen Lesung widmen. So wurden vor dem kirchlichen Abendgebet die „Collationes" – oder die „Collatzen" in der bayerischen Übersetzung des 15. Jahrhunderts – eingeschoben, zu denen man im Refektorium oder im Kreuzgang zusammenkam. In Zwettl sieht man, vom Kreuzgang her kommend, vor dem Eingang zur Kirche noch die langen Bänke, auf denen die Mönche während dieser Lesung saßen und in deren Verlauf nun zur Stärkung der Fastentrunk gereicht wurde. Auch die Laienbrüder wurden dazu eingeladen, was in der Sprache des 15. Jahrhunderts folgendermaßen lautet: „Zu der letzten Zeit di mon vor der Complet list welcher pruder mit nöttign gescheft nit gehindert ist der sol kömen in den refenter [= Refektorium] und mit den priestern trinckn. Da sol man in auch zu zeitten ettwas sagn nach notdurft und als irem stand zu gepürd. Auch mügn sie dy selben Zeit zu einander gen mit samt irem mayster oder sy selb ettwas lesen nach ordnung der obern." Für den Fastentrunk, den man stärker und kräftiger braute – was wunder, wenn er fast eine Mahlzeit zu ersetzen hatte! –, fand man bald eine mehr juristisch ausgefeilte Begründung und

Rechtfertigung: „Liquidum non frangit ieiunium – Flüssigkeit bricht das Fasten nicht!" Wenn also in Bayern während der Fastenzeit das Starkbier angeschlagen wird, dann ist auch dieser Brauch ein Relikt aus den Zeiten des „Klösterreichs".

Auch wenn sich die bayerischen Klöster von der Abhängigkeit vom Weinimport, dessen zollfreie Einfuhr sie sich bei jedem Regierungsantritt eines neuen Herrschers im Mittelalter umgehend bestätigen ließen, durch eigene Bierbrauereien freimachten, gab es vielerlei über die Landesgrenzen hinausreichende Beziehungen zwischen den Klöstern. Daß die Bayern sehr stark nach dem Osten, nach Österreich also, ausgerichtet waren, ist dem Umstand zuzuschreiben, daß Wien im Mittelalter die einzige süddeutsche Universität war. So wird auch verständlich, weshalb sehr viele Bayern in österreichischen Stiften um Aufnahme baten, wobei es sich meist um eine geistige Elite handelte, wie sich gerade für die Zeit der Melker Reform nachweisen läßt. Ein Johannes Schlitpacher, genannt Johannes von Weilheim oder auch von Schongau, geboren 1403 in Schongau, nach dem frühen Tod seiner Eltern in Weilheim erzogen und aufgewachsen, kam 1424 an die Universität Wien, wurde dort Magister der freien Künste und gehörte dem Lehrkörper der Universität an. Für das Studienjahr 1434–1435 ging er als Lehrer an die Hauslehranstalt, wie man heute sagen würde, der Abtei Melk und trat dort ein Jahr später in das Kloster ein. Sein literarischer Nachlaß, zu einem Großteil in der Handschriftenabteilung der Stiftsbibliothek Melk mit ihren 2000 Handschriften überliefert, zugleich auch in den ehemaligen Beständen der bayerischen Abteien, die heute in den Staatsbibliotheken von München oder Augsburg, in Stuttgart, in Würzburg und vielen anderen öffentlichen Büchereien aufbewahrt werden, könnte noch viele junge Forscher beschäftigen. Auch das Ausmaß seines Einsatzes für die Reformierung der Klöster ist bei

*Links: **Geras:** Prämonstratenserstift. Sonnenuhr.*

*Gegenüber: **Wilhering:** Zisterzienserstift. Uhr über dem Orgelprospekt der Stiftskirche (vom Jahre 1741, Meister unbekannt). Der Tagesrhythmus im Kloster wird durch das an gewisse Stunden des Tages gebundene, gemeinsam gesungene oder rezitierte Chorgebet bestimmt. Daher kommt den Uhren in Klosterkirchen nicht nur ausschmückende, sondern auch funktionelle Bedeutung zu.*

weitem noch nicht vollständig wissenschaftlich ausgewertet, und der Betrachter mag erstaunen, welche Entfernungen angesichts der damaligen Erschwernisse einer Reise Johannes Schlitpacher von Weilheim, Professe und sogar zeitweise Prior von Melk, in Sachen der Reform zurückgelegt hat. Viele andere Namen könnten in diesem Zusammenhang der Vergessenheit entrissen werden, wie ein Konrad von Nürnberg, der sich als Gelehrter und Musiker in Melk hervortat, ein Johann Rormayer aus Landshut, der aus dem Kloster Mallersdorf nach Melk übertrat, und ein Konrad von Geisenfeld, der sich von Melk aus auf vieles Zureden der Tegernseer in die dortige Quirinsabtei begab und sein Leben im ehrenvollen Einsatz für die gute Observanz beendete. So sind auch zu Zeiten des Pferdegespanns oder der „pedes apostolorum" die Verbindungen zwischen den Klöstern sehr intensive gewesen und gibt es viele Zeugnisse für den regen Gedankenaustausch zwischen Bayern und Österreich der damaligen, vom Humanismus bereits geprägten Epoche. Allein die Abschriften der Korrespondenz, die Bernhard von Waging oder Wäginger als Prior von Tegernsee mit einem anderen sehr gebildeten Zeitgenossen, einem P. Vinzenz aus der Kartause Aggsbach in der Wachau, über einen „Bestseller" der philosophisch-theologischen Literatur, die „Docta ignorantia" des berühmten Kardinals Niklaus von Kues, führte, füllen einige Handschriftenbände.

*Links:* ***Scheyern:*** *Benediktiner-Kloster. Ansicht des Kirchturms.*
*Unten:* ***Mauerbach:*** *Ehem. Kartäuserkloster in Niederösterreich. 1316 gegr., Fassade der Klosterkirche.*
*Gegenüber:* ***St. Florian:*** *Augustiner-Chorherrenstift. Läuthaus im Turm der Stiftskirche.*

Wie die Klosterreformen – notwendig wegen des Mangels an übergeordneten Instanzen, was reichlich dargelegt wurde – in fast jedem Jahrhundert des Mittelalters die Klöster unterschiedlichster Regionen zueinander brachten, so besteht kein Zweifel, daß solche Beziehungen auch in der Baukunst, in der Musik, in der Literatur und auf persönlicher Ebene ihren Niederschlag fanden. Bei den Augustiner-Chorherren ist es beispielsweise Raudnitz in Böhmen, der spätere Sommersitz der Bischöfe von Prag, das seinen Einfluß nach Indersdorf ausstrahlt, von dem aus wiederum ab 1417 im Laufe der Jahre die Chorherrenklöster Heilig-Kreuz in Augsburg, Rottenbuch, Rohr, Dießen, Beyharting und Schlehdorf nach einer besseren Observanz ausgerichtet werden. Für die österreichischen Stifte wurde zur gleichen Zeit, parallel zur Melker Reform, der Einfluß der Raudnitzer über das Kloster Wittingau (heute Trebon) in Südböhmen wirksam: Zuerst in Dürnstein in der Wachau, in St. Dorothea in Wien, in Herzogenburg und in Klosterneuburg; Vorau kam indirekt mit dieser Reform in Berührung, wie schließlich 1455 in Rottenmann in der Steiermark, 1459/60 in Wiener Neustadt und 1476 in Schrattenthal bei Retz Chorherren dieser Observanz Klöster gründeten.
Wie wir ebenfalls schon sahen, schufen im 11. und 12. Jahrhundert die Observanzen von Gorze, Cluny, Hirsau und St. Blasien im Schwarzwald neue Lebensgewohnheiten und verpflanzten sie in die Klöster Bayerns, Österreichs und der Schweiz. Es ist also eine vielfältige und vielschichtige Welt von Abhängigkeiten und Zusammenhängen, die sich oft hinter nackten Zahlen und Fakten verbirgt und auf die man achten sollte. In diesem Zusammenhang sind auch die Schottenklöster zu erwähnen, die ganz eigenständige Beziehungen zu Irland und Schottland herstellten und ihre Eigenart in den noch erhalten gebliebenen Baudenkmälern bis in unsere Tage erweisen. In der Barockzeit ist die Benediktineruniversität von Salzburg ein Zentrum für den Austausch von Gedanken- und Kulturgut geworden.
Wenn in dieser Betrachtung der Verbindungen von Kloster zu Kloster die Zisterzienser und Prämonstratenser bis jetzt etwas zu kurz kamen, so deshalb, weil es sich hier um Orden handelt, die über Verordnungen der Generalkapitel ein ordensweites, recht einheitliches Konzept in den Bauplänen, in der Liturgie, in Gesang, Buchgestaltung und allen übrigen Notwendigkeiten besaßen. Gerade bei ordensweiter Vereinheitlichung lassen sich Eigenheiten feststellen. So das Fehlen eines Kirchturms, der den auf Armut bedachten Reformorden als Zeichen feudalen Prunks ein Dorn im Auge war. Es gibt noch zahlreiche solcher Klöster, auf deren Kirchen nur ein Dachreiter sitzt, in dem eine kleine Glocke untergebracht ist, damit das Zeichen

zum gemeinsamen Chorgebet und zur täglichen Arbeit gegeben werden kann. Erst in der Barockzeit lassen sich die Zisterzienser- und Prämonstratenserstifte Österreichs dazu verleiten, ihren Kirchen Türme vorzustellen oder aufzusetzen. Bei den Prämonstratensern wurde dieses Ordensprinzip von einzelnen Abteien zwar schon in früheren Zeiten durchbrochen, aber im allgemeinen war es die Barockzeit, die der „Bauwut" einzelner Prälaten wie dem Überschwang von Formen und Farben keinerlei Grenzen gesetzt zu haben scheint. Ein Beispiel dafür ist der Pfaffenwinkel, jenes Gebiet, das sich zwischen dem Ammersee im Norden, dem Werdenfelser Land im Süden, von Füssen im Westen bis zum Kochelsee im Osten ausdehnt. Hier findet man nebeneinander die Klöster aller alten Orden in ihrer extremen Verwirklichung: Andechs, Dießen, Polling, Wessobrunn, Rottenbuch, Steingaden, Füssen, St. Mang, Ettal, Schlehdorf und Benediktbeuern; unter Umständen könnte man noch die Zisterzienserabtei Fürstenfeldbruck dazurechnen. Bedenkt man dann noch, wie viele Dorfkirchen diesen Klöstern ihre Entstehung und ihr Leben verdanken, so kann man nur staunen. Kritische Geister mögen einwerfen, das wäre eben eine Übersättigung, ein Ausfluß simpler Gläubigkeit gewesen, dem man ganz einfach Einhalt gebieten mußte! Betrachtet man allerdings die unzähligen Skulpturen, die Freskenzyklen und den Reichtum der Bauformen dieser Zeit, dann werden solche Überlegungen Lügen gestraft; ich zumindest sehe in unseren Breiten in keiner anderen Epoche eine ähnliche Harmonie von Form und Inhalt, ein solches Zusammenspiel von Geistigkeit und schöpferischem Können, das selbst einfache Handwerker zu weit über ihre Zeit und ihre Provinz hinausreichenden Kunstwerken inspirierte. Nicht zu vergessen sind die vielen großen und kleinen Meister der Tonkunst, die Schriftsteller und Wissenschaftler, die jedes Kloster zu einer Akademie im Kleinen werden ließen. Man sammelte, legte Galerien und Kunstschätze an, förderte die Künste und noch mehr die Künstler – man denke nur an die Wessobrunner Stukkateure oder an einen Matthäus Günther, den die Rottenbucher Chorherren ausbilden ließen. Es wäre engstirnig, mit Schlagwörtern wie „verweltlicht", „veräußerlicht" oder „zu lebenslustig" eine geistige wie kulturelle und nicht minder religiöse Blütezeit abzutun, die in der Geschichte unseres

Kulturraumes bisher einmalig blieb und sicherlich ohne die Klöster nicht denkbar wäre, ja erst verständlich wird auf dem Hintergrund dessen, was wir mit „Klösterreich" zu umschreiben versuchten. Die Fülle manch eines Talentes konnte sich nur in einem Stift, und zwar in einem barocken Stift, verwirklichen – selbst in neuerer Zeit, wie z. B. Anton Bruckner –, wie manch ein zum Fürstabt aufgestiegener Bauernbub zum Förderer und Gönner von Künstlern und Wissenschaftlern vom Format eines Eusebius Amort von Polling oder der Gebrüder Pez von Melk wurde. Dieser Höhepunkt einer Entwicklung ist aber nicht allein das Verdienst einiger hervorragender Persönlichkeiten, sondern ist zugleich dem hohen geistigen Niveau und dem Mitwirken aller Mitglieder einer Klostergemeinschaft zu verdanken. Nicht umsonst hatte man in den größeren Abteien eigene Hauslehranstalten oder stellte bei der Aufnahme in einen Konvent – wie z. B. in

*Links:* ***Admont:*** *Benediktiner-Stift. Einblick in die Naturhistorischen Sammlungen des Stiftes, von P. Gabriel Strobl begründet (gest. 1925).*
*Unten:* ***Admont.*** *Exotische Schmetterlinge aus der Zeit P. Gabriel Strobls.*
*Gegenüber:* ***Kremsmünster:*** *Benediktiner-Stift. Stiftssammlungen im Mathematischen Turm.*

Ottobeuren oder in Kempten – die Anforderung an den Kandidaten, er müsse wenigstens zwei Instrumente spielen können.

In Bayern und in der Schweiz folgte diesem Höhenflug sehr bald eine Zeit der Ernüchterung; in Österreich blieb manches verschont und wird immer noch bewahrt, selbst wenn dies von manchen veraltet und gegen den Fortschritt gerichtet angesehen wird. Es besteht kein Zweifel, daß man in unserer Zeit nicht mehr solche Kirchen- und Klosterpaläste bauen könnte; wir sind nicht einmal mehr imstande – oder doch nur unter größten Anstrengungen –, dieses Erbe weiterzugeben. Es wäre allerdings vermessen und ebenso uneinsichtig, wollte man die heutigen Bewohner dieser Barockklöster und Prachtstifte, die in einem wohl schönen, aber für unsere Ansprüche oft unbequemen Gehäuse wohnen, für diesen Aufwand zur Verantwortung ziehen. Vieles müßten wir in unserer Landschaft missen, ließen wir solche Kunstwerke verfallen oder gar abtragen, um vielleicht die Kirche der Jetztzeit glaubwürdiger zu machen. Es sei durchaus nicht verschwiegen, daß auch gewisse Angehörige des Klerus und selbst der Stifts- und Ordenskreise der Versuchung eines überspitzten Modernismus unterliegen, der das Schöne dem Notwendigen zu opfern gewillt ist oder im Besitz – und ich zitiere – „Diebstahl sieht“. Vielmehr als unter dem Vorwand einer revolutionären Läuterung Altehrwürdiges zu zerstören, um sich dann im Neuaufbau mit Mittelmäßigkeit zu begnügen, wäre es gerade unserer Zeit dienlicher und auch möglich, den Geist der Vergangenheit, der in schweren Zeiten durchaus geläutert wurde, mit den Herausforderungen des Zeitgeistes in Einklang zu bringen.

Die dem radikalen Modernismus entgegengesetzte Entwicklung ist jedoch auch nicht zu übersehen! Sie kann gerade in den österreichischen Stiften beobachtet werden, die eben noch in der lebendigen Tradition nicht nur etwa des Barocks, sondern der ganzen klösterlichen Vorgeschichte stehen. Das Schöne prägt und färbt ab; und es geschah nicht nur einmal, daß sich ein junger Feuergeist, zum Prälat gewählt, seinem Rahmen sehr schnell anpaßte und auch die Verantwortung für dessen Erhaltung übernahm. Ein Hemmschuh für den wahren Fortschritt? Im Gegenteil, ein natürlicher Läuterungsprozeß, der zur rechten Mitte zurückführt und solcherart für uns alle zum Hoffnungsschimmer wird. Unter manch altmodischer Haube einer alten Klosterfrau verbirgt sich oft mehr Fortschritt und Weisheit hinter modischer Klostertracht und modernem Kopfschmuck. Es sind auch im Kloster nicht die Äußerlichkeiten, die zählen! Der Geist ist es, der lebendig macht! Manch Grandseigneur, als laxer Stiftsherr verpönt, steht vielleicht seiner Zeit und ihrem Menschen näher als ein engstirniger Zelot, der hinter allem ein Problem vermutet.

Spricht man im Zusammenhang mit Kloster vom Schönen oder von Kunst, sei es im Detail, sei es als Ganzes gesehen, dann ist darin kein Widerspruch zu den klösterlichen Idealen zu erblicken, denn für das Göttliche ist das Schönste gerade gut genug. Unter diesem Gesichtspunkt haben die Künste ein Heimatrecht in jedem Kloster, in den Stiftskirchen ebenso wie in den inkorporierten Pfarrkirchen, die oft von demselben Baumeister entworfen wurden wie die Stiftskirche (z.B. das Stift Melk, wie die Stiftspfarre Ravelsbach und Wullersdorf von Prandtauer). Aus dieser Sicht wird der Einsatz aller Mittel zur „Ehre Gottes" gerechtfertigt und zu Recht als Ausdruck einer echten Gläubigkeit verstanden, was mancher Kritiker als überflüssige Prachtentfaltung verurteilt, nicht eingedenk der Tatsache, daß die Gläubigkeit in anderen Epochen andere Formen annahm als in der unsrigen. Auch deshalb ist das Kloster eine „andere Welt", ist das „Klösterreich" nicht allein mit den säkularisierten Maßstäben des heutigen Kunst- und Kulturkonsumenten zu erfassen, wie denn überhaupt der Tages-, Jahres- und Lebensrhythmus im Kloster ein anderer ist und vom „Werk für Gott", dem „Opus dei" bestimmt wird.

Seit den frühesten und überlieferten Aufzeichnungen über das Tageswerk des Mönchs, das bei Benedikt am ausgewogensten zu sein scheint, sind bis in unsere Zeit die wertvollsten Stunden des Tages dem gemeinsamen Gebet gewidmet. Schon bei den Wüstenvätern und den Mönchen vor Benedikt wie auch in Cluny wurde – von unserem Standpunkt aus gesehen – ein Übermaß an täglichen Gebeten und Chorverpflichtungen erreicht. So mußte es zu Reformen kommen, sollte nicht der innere „Mitvollzug", um es zeitgenössisch zu formulieren, in Frage gestellt werden; es wäre aber auch falsch, die Hingabe an das Überirdische nicht als konstitutives Element, als Grundpfeiler einer klösterlichen Gemeinschaft, vor allem der „alten Orden", zu betrachten.

Beginnen wir bei Benedikt, der vom 8. bis zum 20. Kapitel seiner Regel unter dem Grundsatz „Nichts darf dem Werk für Gott vorgezogen werden" das Gebet der Brüder beschreibt und einteilt. Der Tagesablauf umfaßte zwölf Stunden des Tages und zwölf der Nacht, wobei die Länge der Stunden variabel war, nämlich der Dauer des Tages bzw. der Nacht je nach Jahreszeit angepaßt wurde. Alles richtete sich normalerweise nach dem Tageslicht, obwohl auch der Nachtgottesdienst – im Winter zu einer anderen Zeit als im Sommer – die Brüder in die Kirche rief. So standen sie Ende Dezember nach unserer Zeiteinteilung etwa um 2.30 Uhr nachts und Mitte Juni gegen 1 Uhr zu den Vigilien bzw. Frühmetten auf, die im Winter länger – bis zu eineinhalb

*Gegenüber:* ***St. Florian:*** *Augustiner-Chorherrenstift. „Kreuzigung Christi", Tafel des Sebastiansaltares, A. Altdorfer, 1509–1518.*
*Oben:* ***Schlägl:*** *Prämonstratenserstift. Gemäldesammlung.*
*Unten:* ***Admont:*** *Benediktiner-Stift. Himmelglobus mit farbig eingezeichneten Sternbildern von Gerard Mercator, Naturhistorische Sammlungen, 1551.*

Stunden – dauerten, weil die Lesungen ausgedehnt wurden. Die Zeit bis zu den „Laudes", dem Morgenlob, verbrachten die Brüder dann je nach der Länge des Zwischenraumes mit geistlicher Lesung oder mit notwendigen Arbeiten und Verrichtungen im Schlafsaal. Nach der alten Stundeneinteilung wurde zur ersten Stunde des Tages die „Prim" gesungen oder gebetet, auf die in späterer Zeit das schon erwähnte Schuldkapitel und die Arbeitseinteilung folgten. Die Namen der Gebetszeiten – der sogenannten „Horen" – „Prim, Terz, Sext, Non" werden von der ersten, dritten, sechsten, neunten Stunde abgeleitet, zu denen sie im ursprünglichen Tagesablauf der alten Mönche eingereiht waren. Am Nachmittag folgte die Vesper, die nach Anweisung St. Benedikts so anzusetzen war, daß sie noch mit Tageslicht beendet werden konnte. Mit Sonnenuntergang wurde dann gemeinsam das kirchliche Abendgebet, die „Komplet" bzw. das „Completorium" verrichtet. Die Hauptmahlzeit wurde nach der Sext oder der Non eingenommen – die Uhrzeit nach heutigen Begriffen konnte zwischen 12 und 14.30 Uhr schwanken –, während das Abendmahl etwa zwischen 17 und 19 Uhr gehalten und im Sommer nach der Vesper verabreicht wurde. Während der übrigen Zeit widmeten sich die Brüder der Handarbeit oder gingen Beschäftigungen in Küche, Haus und Garten nach. Ein solcher Tagesablauf war also bis ins Detail geregelt, obwohl er sicherlich im Laufe der Zeit gewissen Veränderungen unterlag, die Benedikt dem Abte zubilligte; er durfte aber nie derart dem „Leistungsdruck" ausgesetzt werden, daß ein anderes Prinzip als das eines ausgewogenen, wenn auch je nach Ordensgemeinschaft unterschiedlichen Maßes an Gebet und Arbeit – daher „Ora et labora" – das Tagewerk des Mönchs bestimmte.

Mit geringfügigen Abänderungen fand dieser Lebensrhythmus, der nicht auf Gewinn, Ehre oder Anerkennung ausgerichtet ist, sondern sich nach dem „Maß der Ewigkeit" orientiert, Eingang in alle späteren Kloster- und Ordensgemeinschaften. Wenn auch spätere Verbände der Seelsorge größere Bedeutung angedeihen ließen, so blieb doch die gemeinsame Chorverpflichtung das oberste Gebot, die Richtschnur für das ganze Tagwerk. Trotz aller zeitlichen Angleichungen an einen modernen Tagesablauf ist im Stift oder in der Abtei des 20./21. Jahrhunderts, selbst nach einem Vaticanum II, das Regulativ und das zentrale Geschehen des Tages das „Opus dei", das Werk, das ausschließlich für Gott und nicht über den Umweg des Dienstes am Nächsten vollzogen wird.

Wenn über Jahrhunderte ganze Generationen von Mönchen und Chorherren das Lob Gottes sangen, gemeinsam rezitierten oder beteten, dann ist mit der Verpflichtung zum gemeinsamen Gebet auch der

Ausgangspunkt für die rituelle und liturgische Ausgestaltung gegeben. Dieser Chorverpflichtung verdanken wir unzählige Prachtkodizes wie Handschriften des täglichen Gebrauchs, in denen die Texte und später auch die Melodien aufgezeichnet wurden. Die noch in vielen Klosterbibliotheken vorhandenen Musiktraktate bestätigen die intensive Beschäftigung der Klosterangehörigen mit diesem Wissenszweig. Ohne das Gotteslob in den Klöstern wäre die abendländische Musik kaum denkbar, wie denn überhaupt die Väter jeder Art von „liturgischer Bewegung" schon zu einer Zeit in den Klöstern zu suchen sind, als es noch weniger um Schlagworte als um eine effiziente und nach allen Regeln der Kunst ausgerichtete Feier des gemeinsamen Gebetes ging. Daß auch hier im Laufe der Jahrhunderte der „Geschmack" sich veränderte, manchmal vielleicht, aus unserer Sicht, allzuweit vom anfänglichen Ideal abrückte, sei nicht in Abrede gestellt, wie darin freilich auch der Fortschritt zum Zuge kam. Wenn die Stiftsherren mit Recht stolz sind auf einen Pius Parsch aus Klosterneuburg, der der Wegbereiter einer volksnahen Liturgie war, wenn die Benediktiner einen Schott (Anselm Jacob, 1843–1896, wurde durch sein lat.-dt. Meßbuch der hl. Kirche zum praktischen Begründer der deutschen liturgischen Bewegung) zu ihren Mitbrüdern zählen können, dann sind im Mittelalter solche Persönlichkeiten

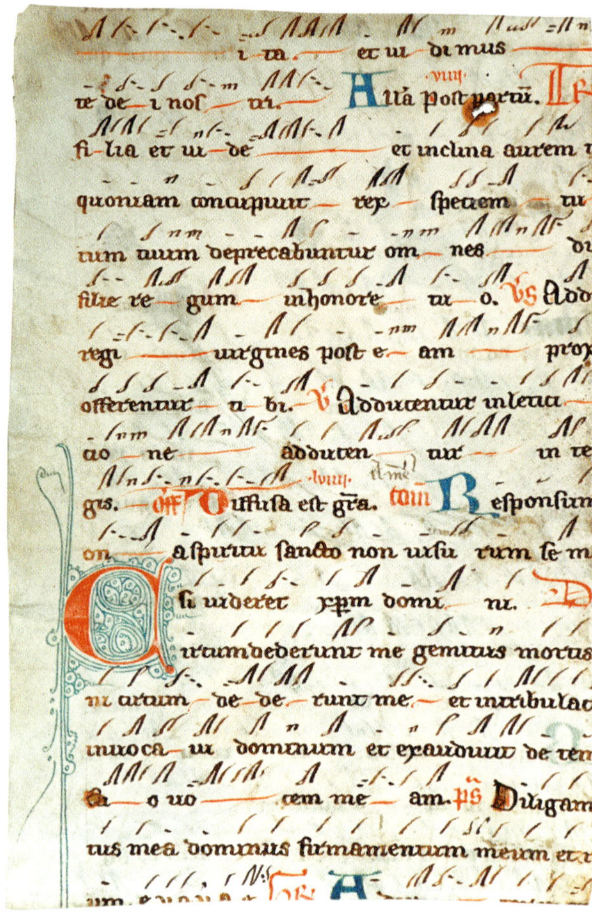

*Oben:* ***Melk:*** *Benediktiner-Stift. Neumenhandschrift, cod. 1698, aus der Stiftsbibliothek. Die liturgischen Bücher überliefern nicht nur wissenschaftlich wertvolles Kulturgut, sondern enthalten auch bildliche Darstellungen. Nicht selten spiegeln sich darin Einflüsse anderer Klöster und Schreibstuben wider, durch welche Zusammenhänge hergestellt werden können, die oft aus der Geschichtsschreibung unbekannt sind.*
*Unten:* ***Zwettl:*** *Zisterzienserstift. Musizierende Chorengel, 1728.*
*Gegenüber:* ***Zwettl.*** *Initiale R. Graduale Cisterciense, Codex 400, folio 67r., um 1268.*

zwar oft namenlos geblieben, waren aber immer und überall am Werk. So schufen sie z. B. jene Psalmtöne oder Choralmelodien, die dann große „Meister" in ihren Kunstwerken aufgriffen und weiterleben ließen. Bedeutende Tonkünstler sind nicht selten bei den Klöstern anzutreffen: Michael Haydn in St. Peter in Salzburg, Jacobus Gallus oder Albrechtsberger in Melk, Anton Bruckner in St. Florian, Franz Tuma in Geras. Die Pflege der Musik ist eine natürliche Folgeerscheinung des feierlichen Gotteslobes, das im Konventgottesdienst oder Hochamt, von dem bei Benedikt noch keine Rede ist, seinen täglichen Höhepunkt findet. Im Laufe der Entwicklung wurde bald alles aufgeboten, was zu seiner Verschönerung beitragen konnte: Sängerknaben, später auch bezahlte Sänger standen unter der Leitung eines Kantors, die liturgischen Melodien wurden ausgestaltet, Sequenzen, Prosen und unzählige, sehr bald auch mehrstimmige Gesänge – die Zweistimmigkeit ergab sich schon recht früh aus dem Oktavklang zwischen Knaben- und Männerstimmen, zu dem dann die Quinte hinzukam-ließen das liturgische Geschehen nicht erstarren. Sehr früh hielt auch jenes Instrument in den Abtei- und Stiftskirchen seinen Einzug - zunächst noch unerlaubt-, das heute als Königin der Instrumente in keiner Kirche fehlen darf: die Orgel. Trotz des Mangels an erhalten gebliebenen Urkunden läßt sich immerhin für folgende Klöster in einem recht frühen Stadium der Geschichte der Orgel ein solches Instrument nachweisen: in Augsburg im Jahre 1060, in Weltenburg 1077, in Petershausen bei Konstanz 1160, in Einsiedeln und Engelberg 1314, und in Kempten soll eine Orgel in der Kirche der Reichsabtei schon für das 10. Jahrhundert belegbar sein. Ob es Zufall ist, daß die in unseren Jahrzehnten so bekannt gewordenen „Carmina Burana“ im Nachlaß von Benediktbeuren aufgetaucht sind? Oder daß die frühesten Zeugen für das deutsche Lied, das „Christ ist erstanden“ und das „Petruslied“ aus Klosterneuburg bzw. aus Freising stammen? Ebenso kann das „Wessobrunner Gebet“ zu den ältesten deutschen Sprachdenkmälern gezählt werden. Solche Tatsachen beweisen immer das gleiche: Das Bestreben der Mönche und der Chorherren, in ihren Klöstern das Beste für das „Opus dei“ in Form einer feierlichen Liturgie einzusetzen, was zu allen Zeiten ein stets frischer und nie versiegender Jungbrunnen für den musikalischen, aber auch für den allgemeinen künstlerischen Fortschritt war. Nicht umsonst verdanken wir einer solchen Einstellung und Entwicklung die wertvollsten Geräte und Kleider sowie Räumlichkeiten, in denen das „Spectaculum“ als Ausdruck und Ausfluß der „Lex incarnationis“, der Menschwerdung des Gottessohnes, und aller menschlichen Sehnsüchte durch künstlerische Ausdruckskraft sublimiert in Szene ging. Die Ansatzpunkte für die später in den Klöstern weitverbreitete Theaterpflege liegen in den Osterspielen – für Muri ist ein deutschsprachiges Osterspiel schon 1250 nachzuweisen – oder im Vortrag der Leidensgeschichte in verteilten Rollen. Obwohl die Zusammenhänge solcher Entwicklungen mit gewissen Observanzen bei den Benediktinern noch nicht endgültig geklärt sind, ist offensichtlich, wie sehr die Klöster der „alten Orden“ am kulturellen Fortschritt des Abendlandes beteiligt waren. Schließlich muß in dieser nur skizzenhaft umrissenen Darstellung über Liturgie und heutiges kulturelles Erbe auch auf die Schreibstuben der Klöster aufmerksam gemacht werden, vor allem auf jene von St. Gallen, in der eine eigene Art der Neumenniederschrift, der Notenwiedergabe des frühen Mittelalters, entwickelt wurde: die „St. Galler Notation“. In feinen, zierlichen, für uns faszinierenden Strichen und Zeichen sowie Zeichenkombinationen konnte der Verlauf einer Melodie, aber noch exakter fast die dynamische Bewegungskraft einer jeden noch so kleinen musikalischen Einheit anschaulich wiedergegeben werden. Damals freilich war Rhythmus noch nicht mit Takt verbunden, sondern lebte aus dem inneren Impuls einer Melodie, die ihrerseits nur als Ausschmückung und Verstärkung eines liturgischen und damit für den Menschen dieser Zeit heiligen Textes gedacht war; sie war feinstes Gebilde also eines Geistes, dessen diffizile, feinnervige und empfindsame Welt wir kaum mehr in der Lage sind zu erfassen. Dank der Blätter des St. Galler Cantatoriums, die wie viele andere Dokumente dieser Schreibschule auf den gesamten süddeutschen Raum verstreut und Zeugen der Beziehungen zwischen den Klöstern von St. Gal-

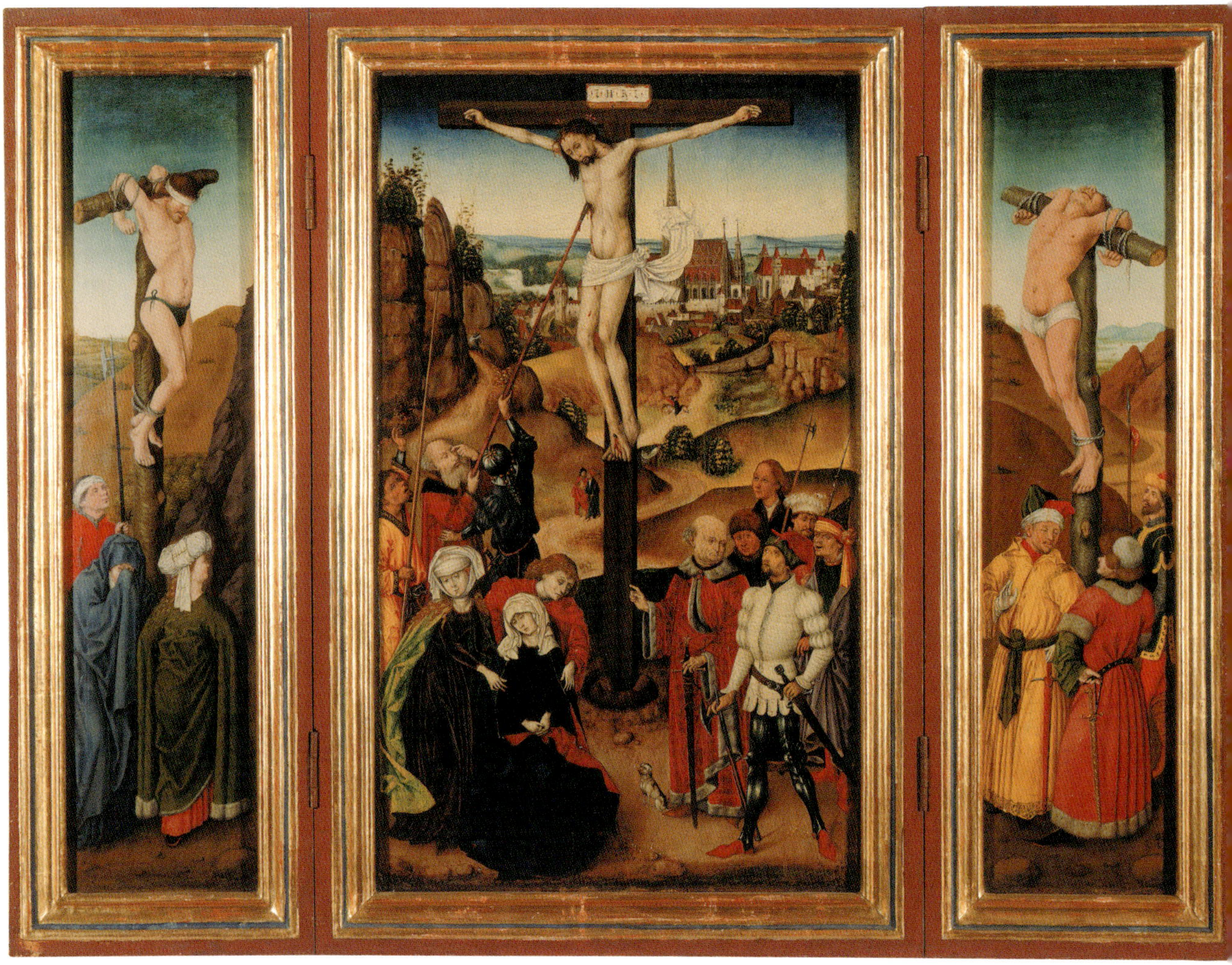

len bis nach Melk sind, ersteht diese Musik noch heute zum Leben und vermittelt somit ein Stück Welt dieser Mönche. Wenn man auch aus diesen Zeichen noch kaum die Notenabstände, die Intervalle, herauslesen kann – der Großteil dieser Melodien ist aber im Melodiengut des Gregorianischen Gesanges der katholischen Kirche überliefert, und zwar in Aufzeichnungen, die uns auflösbar sind –, so bedeutet ein solches Blatt noch mehr als der karolingische Plan eines Klosters, der gleichfalls in St. Gallen aufbewahrt wird. Die Neumen können zum Leben erweckt werden, der Klosterplan läßt uns nur auf das schließen, was einmal gewesen ist. Wenn gerade erwähnt wurde, daß die Intervalle dieser Melodien nur annähernd aus den Neumenzeichen, den Urahnen der heutigen Notenschrift, abzuleiten sind, dann wird zugleich noch auf ein anderes wichtiges Phänomen hingewiesen: Die Mönche beherrschten in dieser Zeit alle Melodien auswendig und benötigten nur eine Art Gedächtnisstütze, die ihnen bildhaft vermittelt wurde in diesen

*Gegenüber: Oben:* ***St. Florian:*** *Augustiner-Chorherrenstift. Triptychon „Kreuzigung“ mit Wien-Ansicht, um 1480. Die Bildergalerie in St. Florian birgt dank der Sammlertätigkeit kunstliebender Pröpste großartige Kunstwerke von Meistern wie Caravaggio, Cranach, Brueghel, Altomonte und Faistenberger. Unten:* ***Admont:*** *Benediktiner-Stift. Tafelbild „Kreuzigung“ mit Maria, Engel und den beiden Pestpatronen Sebastian und Rochus, um 1460.*

*Unten:* ***Schotten:*** *Benediktiner-Stift in Wien. 1155 von Regensburg nach Wien berufen, waren die Schotten später vor allem im Schulwesen bedeutend. Die Schottenkirche, 1155–85 als romanische Basilika erbaut, wurde ab 1638 barockisiert. Schottenaltar, die „Flucht nach Ägypten“, mit Wien-Ansicht.*

auf- und abschwingenden Neumen, die auch noch durch die Handbewegungen des Kantors im Augenblick der „Aufführung“ vorgezeichnet wurden. Spätestens an dieser Stelle wird offenbar, daß uns, trotz allen Wissens um die Sachverhalte, Jahrhunderte von diesen Menschen und ihrer Welt – nämlich der des Klosters – trennen.

Ohne liturgische Feier wäre also kulturgeschichtlich unsere Entwicklung völlig anders verlaufen. Der liturgische Alltag forderte neben den Räumlichkeiten – Kirche, Chor, Kreuzgang – vor allem die liturgischen Bücher, an erster Stelle das Meßbuch mit den Gebeten und den gleichbleibenden Texten für die Meßfeier. Daneben gibt es die Lektionare mit den in der Messe und beim Stundengebet vorgetragenen

Lesungen aus der Hl. Schrift oder den Kirchenvätern. Im Kloster gehören natürlich noch andere Texte und Melodien zum Repertoire des täglichen Offiziums. Ein Grundbestand aller liturgischen Tageszeiten sind die im „Psalterium“ enthaltenen Psalmen, zu denen, Leitmotiven vergleichbar, die Antiphonen, die Kehrverse, hinzukommen Diese werden wiederum in die für die Meßfeier und in die für das übrige Offizium – „Offizium“ wäre am besten mit „Dienst“, „officium divinum“, wie die häufigste, offizielle Bezeichnung lautet, mit „heiligem Dienst“ zu übersetzen – bestimmten unterteilt. Dementsprechend heißt die Sammlung für die Messe „Graduale“, weil diese Gesänge im „Antiphonar“ oder „Antiphonale officii“ zusammengefaßt sind. Diese und alle anderen Bücher wurden in den meisten Fällen im eigenen „Scriptorium“, der „Schreibstube“, geschrieben. Verantwortlich dafür war der Kantor, der Vorsänger und Gesangmeister. Später übernahm oft der Bibliothekar die Aufsicht über die Schreibstube. Es gab sogar bezahlte Abschreiber, und bis in die zweite Hälfte des 15. Jahrhunderts hinein, bis zum Aufkommen des Buchdrucks, war das Bücherschreiben eine der wichtigsten und vornehmsten Beschäftigungen in den Klosterwerkstätten. Die Klöster standen übrigens dem Buchdruck gleich sehr positiv gegenüber und gingen gerade im Sinne der Vereinheitlichung der liturgischen Bücher – eine Auswirkung in Bayern und Österreich der Melker Reform – schnell daran, eigene Druckereien einzurichten, wie uns das beispielsweise für die Benediktiner von St. Ulrich und Afra in Augsburg belegt ist. Wahrend für uns die gedruckten Bücher zum alltäglichen Gebrauch gehören, konnten manche Handschriften des Mittelalters bereits zu ihrer Zeit einen unschätzbaren Wert darstellen. Es wurde mit ihnen gehandelt, und mancher dieser Kodizes, der so seine Heimat verließ, könnte seine eigene Geschichte erzählen! Wer je einen Prachtkodex mit seinen Initialen, Verzierungen und Miniaturen genau betrachtet hat, wer manche alte Handschrift in Händen halten konnte, dem kommt zum Bewußtsein, mit welcher Mühe, aber auch mit welcher Ehrfurcht die Mönche einer solchen Tätigkeit viele Jahre, oft ein Leben lang, nachgingen.

Schon allein für das Bücherschreiben waren andere Handwerkszweige nötig, die das Material zu beschaffen und vorzubreiten hatten. Also mußten in einem so lebendigen Gemeinschaftswesen, wie es die alten Klöster – oft in der Einsamkeit einer unerschlossenen Landschaft – waren, die notwendigen Handwerksbetriebe vorhanden sein. Bei Benedikt wird die Handarbeit als edle Beschäftigung neben dem Lob Gottes in den Tagesablauf der Mönche wieder integriert, wogegen die Zeitgenossen Benedikts die Arbeit verachteten und dafür ihre Sklaven verwendeten. Es ist daher verständlich, wenn er der Handarbeit ein eigenes Kapitel (Kap. 48) widmet und an dessen Anfang den bemerkenswerten Satz stellt: „Müßiggang ist der Feind der Seele.“ Seine Folgerung lautet: „Deshalb sollen sich die Brüder zu bestimmten Zeiten mit Handarbeit, zu bestimmen Stunden dagegen mit heiliger Lesung beschäftigen.“ Benedikt gibt darüber hinaus genaue Anweisungen, wie die Arbeit zu geschehen habe, wie er auch in einem anderen Kapitel (Kap. 57) den Handwerkern des Klosters seine Grundsätze und Vorstellungen über die Arbeit, deren Erfolg und den Verkauf ihrer Produkte mitteilt. Es gibt in jeder Kommunität verschiedene notwendige Dienste, für die sich jeder zur Verfügung zu stellen hat. Die Handwerker und ihre Arbeit erlauben es dem Kloster, unabhängig zu sein. Sie dürfen von ihrem Überschuß zu Gunsten der Gemeinschaft verkaufen, müssen aber die Preise unter dem allgemein gültigen Niveau halten, „billiger als die Weltleute, damit in allem Gott verherrlicht werde“ (Kap. 57). Für den Mönch ist somit die handwerkliche Beschäftigung Teil seiner Heilsverwirklichung im Kloster, und der Obere kann nötigenfalls sogar mit Strafe nachhelfen, damit der Bruder auf den Weg des Heiles zurückfindet. Nicht nur Benedikt in seiner Regel, sondern noch vielmehr die Mönchsväter befassen sich ausführlich mit der Bestrafung eines Mitbruders, wie generell mit einer Bußordnung.

Zu gewissen Zeiten des Mittelalters erreicht diese Bestrafung geradezu eine Perfektion. Der „Carcer“, der Klosterkerker, scheint in manchen Bauplänen noch auf und war nicht immer lediglich für die Untergebenen aus der Grundherrschaft gedacht. Er war zugleich ein legitimes Mittel auf dem Weg zum Heil, dem zu folgen der Mönch durch das Versprechen des Gehorsams sich verpflichtet hatte, wozu ihn nun der Obere, kraft seiner Stellung und Verantwortung, zwingen konnte und mußte. So war auch die Bestrafung ein Ausfluß einer eigenen Welt, in die man sich aus freiem Entscheid begeben hatte und in der nun andere Maßstäbe herrschten. Es ist daher verständlich, wenn diese „andere Welt" sich durch Klostermauern vor der Außenwelt absichert und ihre Unabhängigkeit anstrebt. Man wollte nicht nur Selbstversorger sein, man vermied auch den Kontakt zur Außenwelt, um keinen Anlaß zu haben, diese Welt des Klosters verlassen zu müssen. So entfaltete sich der selbständige „Staat", zu dem wohl Gäste kamen, die aber keinen Zutritt zu den Werkstätten und zu den Brüdern erhielten. So unbegreiflich uns diese Auffassung heute erscheinen mag, zu ihrer Zeit bot sie günstige Ansatzpunkte für jene Einrichtung, die wir schon einmal im Zusammenhang mit der karolingischen Reichspolitik das „Missionskloster" nannten. In der Tat, betrachtet man den Klosterplan von St. Gallen, dessen Original vielleicht, wie neuerdings vermutet wird, als „Reichsplan" gedacht war und dessen Kopie in der Reichenau um 820 angefertigt wurde, aber für St. Gallen bestimmt war, dann findet man hier längst Einrichtungen vor, die sich nicht mehr allein auf das Kloster bezogen, sondern der „Erschließung" eines ganzen Gebietes dienen konnten: Ein solches Kloster war ein bewußt und gezielt angelegter Stützpunkt. Auch ist hier so vieles bereits vorgezeichnet, das dann später eben das Kloster oder das Stift ausmachte: Herberge für Pilger und Arme, Brauerei und Bäckerei der Herberge, Haus für vornehme Gäste, Wohnung für fremde Mönche, Ärztehaus und Apotheke mit einem eigenen Platz für den Aderlaß und dem Krautergärtlein, ein eigenes Hospital und schließlich alle Werkstätten und landwirtschaftlichen Einrichtungen. Es zeigt sich allerdings auch, daß immer noch sehr genau unterschieden wird zwischen allen Gemeinschaftsräumen für die Mönche und zwischen den Wohnungen für die Bediensteten, wie auch beispielsweise zwischen der „inneren" und der „äußeren" Schule, jene Einteilung, die für das Mittelalter fast zu einer klassischen werden sollte. In der „äußeren Schule" wurden die Söhne der Vornehmen und jene unterrichtet, die nicht in das Kloster eintreten wollten, die „innere Schule" war nur dem Klosternachwuchs vorbehalten. Später hatte der Schulmeister oft noch andere Aufgaben zu übernehmen, so mußte er etwa als Sekretär des Abtes oder als „Musicus" behilflich sein, worüber Zeugnisse aus dem 15. Jahrhundert aus der Regensburger Schottenabtei beredte Auskunft geben. Die Klosterherbergen boten im weiten Land oft die einzigen Nächtigungsmöglichkeiten. Und die Reisefreudigkeit im Mittelalter war für damalige Verhältnisse beachtlich, schon allein deswegen, weil sich die Wallfahrten besonderer Beliebtheit erfreuten, die auch als verschärfte Form der Buße galten. Es tritt uns also in einem solchen Modell eines karolingischen Klosters das bunte Leben einer Klosterstadt entgegen wie sie durch alle Jahrhunderte weitergebildet und ausgebaut wurde. Bei vielen Klosteranlagen – für uns meist überdeckt durch das barocke Festtagskleid, das sich selbst bei aufgelösten Abteien noch vielfach in unsere Zeit herüberretten konnte – stößt man bei genauerer Betrachtung auf Schritt und Tritt auf die im St. Gallener Plan vorgezeichneten Konzepte.

Die Klosterstadt nach dem Vorbild der Benediktiner wurde bei den Chorherren den ihnen eigenen Bedürfnissen angepaßt, wenn auch Anlagen wie das gut erhaltene mittelalterliche Klosterneuburg schon herrschaftliche Züge tragen. Zu einer Perfektion in der Einrichtung der Klöster und Klosteranlagen brachten es dann die Zisterzienser. Wie schon dargelegt, waren es die Konversen, die dienstbaren und einfachen Laienbrüder, die das Zisterzienserkloster der „Gründerperiode" zur vollendeten Klosterstadt, zu einem wirklichen Staat für sich werden ließen. Hinzu kommt natürlich der Fortschritt einiger Jahrhunderte, der sich etwa in der Tatsache spürbar machte, daß ein Zisterzienserkloster grundsätzlich nur an einem fließenden Wasser angelegt wurde. Man nützte die Wasserkraft für die Mühlen aus und wußte wahrscheinlich auch sonst sich dieser Energiequelle zu bedienen. Zuerst besichtigte der „Vaterabt" das Gebiet, in dem ein Kloster gegründet werden sollte, und schickte dann erst seine Söhne. Beim Bau des neuen Klosters teilte man der Kirche als wichtigstem Bauwerk der Gesamtanlage den höchsten Punkt des Geländes zu. Je nach den Ortsverhältnissen wurde im Norden, aber noch lieber im Süden jene Vierung angeschlossen, die das „Claustrum" abgab mit allen dazugehörigen Klausurräumlichkeiten. Dieses Konzept liegt auch St. Gallen zugrunde und dürfte überhaupt als der Urtyp einer Klosteranlage gelten, der sich bis auf Montecassino zurückverfolgen läßt und überall und zu allen Zeiten,

*Zwettl: Zisterzienserstift. Romanische Latrinenanlage. Ältestes und einzig erhaltenes Baudenkmal dieser Art in Mitteleuropa, 12. Jh.*
*Seite 210: Zwettl: Hauptorgel auf der Westempore, Prospekt nach J. M. Götz, erbaut von J. I. Egedacher (1728–1730), 1728.*

selbst in der Barockzeit, die günstigste Raumverteilung ergab. Im Westflügel eines Zisterzienserklosters wurden die Gemeinschaftsräume für die Konversen untergebracht: Refektorium mit dem darüberliegenden Dormitorium, an die Kirche anschließend die Vorratsräume (Cellarium) und die Werkstätten. Durch einen eigenen Eingang gelangten die Konversen, ohne den Kreuzgang betreten zu müssen, in die Kirche. Die Kirche selbst war durch den Lettner in zwei Teile untergeteilt, den Altarraum mit dem Presbyterium für die Mönche und den Chorraum für die Konversen. Vom Querschiff der Kirche aus führte eine Stiege in das Dormitorium der Mönche, das im Stockwerk des Ostflügels der eigentlichen Vierung lag. In diesem Bereich befand sich das „Armarium", ein Bibliotheksraum, der vor allem für die liturgischen Bücher gedacht war und später oft in einer größeren Bibliothek eine Ergänzung fand. Neben diesem Armarium waren der Kapitelsaal, ein Sprechraum und der Arbeits- und Studienraum für die Mönche. Auf die parallel zur Kirche verlaufende, ihr gegenüberliegende Vierungsseite des Claustrums konzentrierte man die Küche mit allen Nebenzimmern und den Speisesaal. In vielen Zisterzienserklöstern – so z. B. in Zwettl – sind diese ursprünglichen, manchmal auf die Gründung selbst zurückgehenden Anlagen noch mit sämtlichen Nebenräumen – selbst den Latrinen – erhalten. Noch gibt es einige Klöster, eben in Österreich, die seit ihrer Erstbesiedlung bewohnt sind. Kannte man im Mittelalter nur ein Kalefaktorium, einen beheizten Raum, der beim Refektorium und in der Nähe des Brunnenhauses lag, so sind jetzt fast alle Klöster und ihre Räume zentralbeheizt. Nach neuesten Entdeckungen ging die Tüchtigkeit der Konversen sogar so weit, daß sie aus Erzen Eisen schmolzen und ihren Eigenbedarf damit deckten. Das scheinen wenigstens die Funde von Heiligenkreuz und Zwettl zu verraten, und selbst in Geras wurden neuerdings Anhaltspunkte für eine solche Annahme gefunden. Trotz dieser Bemühungen um das Nützliche vereinten die Stiftshandwerker und Baumeister mit solchem Können einen nicht minder ausgeprägten Sinn für das Schöne. Nicht nur die Wappen der Äbte, sondern auch manche als „Chronogramm" in einen Spruch versteckte Zeitangabe beweisen jene glückliche Mischung von Arbeitsethos und Sinn für das Wesentliche, Nützliche wie zugleich Schöne und erwecken in uns Bewunderung und stille Sehnsucht nach der guten alten Zeit. Obwohl die Klöster und die Stifte dank ihrer noch so lebendigen Tradition zum Träumen von vergangenen, besseren Zeiten anregen, war die Wirklichkeit des Klosteralltags rauher, als wir es uns vorzustellen vermögen. Der Tagesablauf war gewiß abwechslungsreich, aber nicht minder anstrengend. Die Kost war karg und sehr einseitig, so daß der Aderlaß viermal im Jahr eine Erleichterung verschaffen mußte. Zu all dem war während der kalten Wintermonate nur ein einziger Raum – die „stuba calefactoria – die Wärmestube" – zu beheizen. Die durchschnittliche Lebenserwartung lag bei 35 Jahren! Grund zur Traurigkeit? Nein, das Ziel war erreicht! Denn die Bewohner dieser Klöster waren zu allen Zeiten auf andere Dimensionen eingestellt und bezogen von daher ihre Kraft, ihre Liebe und ihren Eifer zu einem ganzheitlichen Leben, das heute auch in den Klöstern in Frage gestellt zu sein scheint. Nochmals wird uns folglich offenbar, daß uns nicht nur räumlich, sondern auch zeitlich Welten trennen, wie es gleichzeitig verfänglich wäre, die Klöster und Stifte nur nach ihrem Äußeren beurteilen oder gar von außen auf innen schließen zu wollen. Deshalb wäre es sinnlos und zugleich unmöglich, den Versuch zu unternehmen, alle Erscheinungsformen darzulegen oder zu erklären. Selbst ein Klosterschüler wird eine ähnliche Erfahrung wie ich selbst machen, nämlich daß der Besuch einer der noch immer berühmten und beliebten Klosterschulen sowie ein Aufenthalt während der Lehrjahre im Schatten eines Klosters keineswegs ausreichen, um einen tieferen Einblick in die Mentalität des vom Kloster Geformten zu gewinnen. Man staunt über die Leistung seiner Lehrer, kennt ihre Tätigkeiten und täglichen Verrichtungen, gelangt aber dennoch nicht bis zu ihren Quellen. Um wieviel schwerer muß es für jenen sein, der dem Kloster nur einen kurzen Besuch abstatten kann. Bei allem Einzelwissen erfassen wir nicht das Phänomen Kloster, wenn wir nicht an die Quellen selbst zu gehen imstande sind. Es dürfte andererseits deutlich geworden sein, daß ein Kloster letztlich nur aus einer Gemeinschaft von Menschen besteht und auch im Laufe seiner Geschichte dem Menschlichen unterworfen war. Die vielen Veränderungen und Anpassungsvorgänge, in denen sich jeweils die Zeit als solche spiegelt, sind doch nur Zeichen für das Leben, die Lebendigkeit der Menschen im Kloster. Manches könnte noch bis in die Details aus dem Dunkel der Vergangenheit ans Tageslicht gefördert werden, vielleicht mag es aber genügen, in einen Überlieferungsstrom eingeführt zu haben, der in Bayern, Österreich und der Schweiz recht behäbig weiterfließt und bis in unsere Tage auf vielfache Weise seine Lebenskraft unter Beweis stellt. Seine Quellen liegen in der Nachfolge jenes Menschen, der sich als Gott erniedrigte und selbst bis in den Tod Gehorsam leistete. Obwohl im Verlauf dieser Nachfolge ein buntes Zusammenwirken unterschiedlicher Kräfte und Einrichtungen die Weitergabe des Wesentlichen manchmal fast zu gefährden schien, konnte dennoch dieser Strom nie zum Versiegen gebracht werden. Die „alten Orden“ sind für viele Menschen Institutionen, denen man selbst heute weder ihre Bedeutung für das Schulwesen wie für die Kunst und Kultur noch ihren religiösen Einsatz für unsere Welt abspricht. Es wäre freilich bedauerlich, wollte man sie in die Rolle lediglich des Konservierens und des Weitergebens verdrängen; es müßte zu einem Stillstand kommen, der aus Klöstern Museen werden ließe. Auf der anderen Seite aber sind die Klöster die Verbindung in unser aller Vergangenheit und ist eine Kulturgeschichte Europas ohne eine Geschichte der Klöster nicht zu schreiben, gleichgültig ob man sie als Institution bejaht, ablehnt oder gar bekämpft. Den alten Orden kommt vor allem bis zum Ende des Mittelalters die Bedeutung zu, die Voraussetzungen für die weitere Entfaltung des Ordenswesens gelegt zu haben. Deshalb sollte in dieser Betrachtung der Pulsschlag der Vergangenheit gefühlt werden, auch um uns zu Bewußtsein zu bringen, daß in unseren Tagen eine der tiefstgehenden Umgestaltungen vorgenommen wurde und noch wird. Dies sei nicht beklagt, denn Umgestaltungen gab es zu allen Zeiten, wie wir sehen konnten, und „vita est motio – Leben ist Bewegung“. Es könnte aber sein, daß wir den Blick nur noch nach vorne richten, nicht mehr nach hinten, und damit wäre die Kontinuität unterbrochen, die bisher die Klöster und Stifte der „alten Orden“ auszeichnete. Für jede dieser Kommunitäten böte jedoch auch die eigene Geschichte Ansatzpunkte für die Zukunft. Erneuerung demnach aus der Kontinuität? Ist sie überhaupt möglich? Die Suche nach dem Wesentlichen kann nur zu den Quellen führen, auch wenn der Weg zu ihnen neu angelegt werden muß. Wie in der Vergangenheit sind die Klöster der „alten Orden“ noch heute eine mannigfaltige, weil vom Menschen geschaffene Welt, in der das Missionskloster mit allen Handwerksbetrieben genauso seinen Platz hat wie die Gelehrtenschule. Trotz dieser Vielfalt ist das Kloster eine eigene, geschlossene, wenngleich nicht verschlossene Welt. Auch eine heile Welt? Die Geschichte seiner Entwicklung vermag diesen Eindruck nicht zu unterstreichen. Denn selbst als eigene, geschlossene Welt steht das Kloster in unserer Welt, für die es ein Zeichen der Hoffnung sein mag: So wie es das Wappen von Montecassino, der Baumstumpf, und dessen Wappenausspruch aussagen:

„Succisa virescit – Selbst abgeschlagen wird er
immer wieder grünen.“

*Seite 211 (von o. nach u., von l. nach r.): Die Orgeln von **Steingaden** (Prämonstratenserkloster), **Geras** (Prämonstratenserstift, Orgel geschmückt mit Statuen des Königs David und musizierenden Engeln, 1731) und **Waldsassen** (Zisterzienserinnenkloster).*
*Oben: **Weingarten:** Benediktiner-Kloster bei Ravensburg, Baden-Württemberg. 1053 gegr., Orgelprospekt mit Blick in die größte Barockkirche nördlich der Alpen (der Innenraum ist über 100 m lang, der Kuppelraum 66 m hoch), die ab 1715 erbaut wurde. Der Heilig-Blut-Altar mit der Blutreliquie – der Legende nach hat ein Soldat mit Namen Longinus das mit Erde von Golgotha vermischte Blut bei der Kreuzigung Christi an sich genommen – macht Weingarten zu einem vielbesuchten Wallfahrtsziel. Am „Blutritt" nehmen jährlich rund 3000 Reiter teil.*
*Links: **Rottenbuch:** Augustiner-Chorherrenkloster, Orgel mit Engelfiguren.*
*Gegenüber: **Frauenberg** bei Admont. Empore und Orgelprospekt der Wallfahrtskirche, um 1680–1690, mit dem Wappen des Abts Adalbert.*

**Weltenburg:** *Benediktiner-Kloster. Hochaltar der Stiftskirche, von den Brüdern C., D. und E. Q. Asam erbaut. Dargestellt ist der hl. Georg, der Schutzpatron der Kirche, im Kampf gegen den Drachen. Das Kloster Weltenburg gilt als eines der größten Juwele des bayerischen Hochbarocks.*

*Oben:* ***Weltenburg****. Deckenfresko von C. D. Asam, die „triumphierende Kirche“, mit der Jahreszahl 1721 signiert.*
*Unten links:* ***Rottenbuch:*** *Ehem. Augustiner-Chorherrenstift. Hochaltar „Maria Geburt“ von Franz X. Schmädl, ca. 1750.*
*Unten rechts:* ***Buxheim:*** *Ehem. Kartäuserkloster. 1402 gegr., säkularisiert 1803. Lettner (verändert in der Barockzeit) in der ehemaligen Kartäuserkirche. Die Klosterkirche der Kartäuser war unterteilt in einen Priesterchor und einen Chor für die Laienbrüder.*

*Oben:* ***Zwettl:*** *Zisterzienserstift. Kreuzrippengewölbe des Hallenchors im Presbyterium der Stiftskirche, vollendet von Meister Jans, 1360–1383.*
*Unten links:* ***Ebrach:*** *Zisterzienserkloster. Innenansicht der frühgotischen Klosterkirche (13. Jh., Innenausstattung Ende 18. Jh.), die Klostergebäude selbst stammen u. a. von J. L. Dientzenhofer und B. Neumann, 1687–1730.*
*Unten rechts:* ***Einsiedeln:*** *Benediktiner-Kloster. Gnadenaltar mit der spätgotischen Schwarzen Madonna mit Kind und Krone im Festbehang.*
*Gegenüber:* ***Gurk:*** *Ehem. Augustiner-Chorherrenstift. Gotisches Netzrippengewölbe im Mittelschiff des Doms, Schlußsteine mit Wappen, 1591.*

# X.

# Im Wandel der Zeit: Ordensstrukturen

Dem unvoreingenommenen Betrachter mögen alle Ordensgemeinschaften gleich scheinen. Die Mitglieder wohnen gemeinsam in einem Kloster, tragen das Ordensgewand und verpflichten sich zum Leben nach den „evangelischen Räten" Armut, Ehelosigkeit und Gehorsam. Schaut man näher hin, zeigt sich jedoch eine erstaunliche Vielfalt und Buntheit, und das nicht nur im Ordensgewand. Das liegt einmal an dem Charisma, der besonderen Idee oder Eingebung des Ordensgründers, und an den Herausforderungen der Zeit, in der die Gemeinschaft entstand. Und nicht zuletzt auch an den vielfältigen Begabungen der Mitglieder, ihrer Kreativität und Anpassungsfähigkeit an die Bedürfnisse der Zeit.

Das „Päpstliche Jahrbuch" versucht in diese lebendige Vielfalt ein - historisch begründetes - System zu bringen. Dies sieht dann so aus:

A) Institute des gottgeweihten Lebens
a) Ordensinstitute
I. Orden
- Regularkanoniker
- Mönche
- Mendikantenorden
- Regularkleriker
II. Priesterkongregationen
III. Laienkongregationen
b) Säkularinstitute
- von Klerikern
- von Laien
B) Gesellschaften des apostolischen Lebens

Diese Übersicht bezieht sich auf die rund 250 päpstlich anerkannten Männerorden, denen weltweit 250.000 Mitglieder angehören. Bei den rund 1.500 Frauenorden scheint auch die Systematik des Päpstlichen Jahrbuchs zu kapitulieren. Da finden sich neben den Gesellschaften des apostolischen Lebens und den Säkularinstituten im Grunde nur zwei große Gruppen: 1. Die autonomen Orden und 2. die Orden mit zentraler Führung. Das alles meint nur die päpstlich anerkannten Ordensgemeinschaften (= päpstlichen Rechts). Hinzu kommt eine schier unübersehbare Fülle diözesaner Ordensgemeinschaften von Frauen und Männern überall in der Welt.

## Die ersten tausend Jahre Ordensgeschichte

Der Kirchenvater Johannes Kassian (360-435) meinte zu seiner Zeit, es gebe „fast so viele Arten und Regeln wie Zellen und Klöster". In diese Vielfalt versuchte der „Vater" und Gesetzgeber des abendländischen Mönchtums, Benedikt von Nursia (480–547), Ordnung zu bringen. Die Benediktregel wurde im 9. Jahrhundert durch Benedikt von Aniane als Teil der kaiserlichen Gesetzgebung Modell und Muster für alle Klosterregeln im Frankenreich. Kennzeichen die-

*Gegenüber:* ***St. Florian:*** *Augustiner-Chorherrenstift. Prälatensakristei mit reich eingelegten Schränken von St. Jegg, links im Bild Reliquiar des hl. Augustinus, 1737–1741.*
*Oben:* ***Melk:*** *Benediktiner-Stift. Der „Kaisergang" (Länge 196 Meter) im ersten Stock des Gästetraktes mit den anschließenden Kaiserzimmern.*

Weitere Reformbewegungen waren die 1084 von Bruno von Köln abhängigen Kartäuser und die 1089 vom Benediktinerabt Robert von Molesme gegründeten Zisterzienser, die im hl. Bernhard von Clairvaux (1090-1153) ihren bedeutendsten Vertreter hatte. Von ihnen wiederum spalteten sich später die Trappisten als strenger Reformzweig ab. Alle gehören sie im weitesten Sinne zur benediktinischen Familie.

*Oben:* ***Admont:*** *Benediktiner-Stift. Ziborium („Speisekelch" für konsekrierte Hostien), Martin Mair, Augsburg, 1680–1684.*
*Unten: St. Florian: Augustiner-Chorherrenstift. Reliquiar des hl. Augustinus.*
*Gegenüber:* ***St. Peter:*** *Benediktiner-Stift. Kommunionskelch und Patene, um 1160–1180.*

ser in ihrer Weisheit und Menschenkenntnis noch immer unübertroffenen Regel Benedikts war die „Stabilitas loci". Das heißt, der Mönch trat in eine bestimmte Abtei ein und blieb dort bis an sein Lebensende. Jede Abtei existierte sozusagen als eine in sich geschlossene und sich selbst genügende Produktions- und Konsumgemeinschaft. Erst im 10. Jahrhundert faßte die Reformbewegung des Klosters Cluny in Südfrankreich die mehr als 200 Klöster, die sich der Reform angeschlossen hatten, zu einem Ordensverband (Kongregation) zusammen, der unter der Oberleitung des Abtes von Cluny stand. Dazu kam, anfangs nur für einzelne Klöster, später für ganze Orden, die Exemtion, d. h. die Befreiung von der Aufsicht des Ortsbischofs und die unmittelbare Unterstellung unter den Papst.

Neben den Benediktinern existierten zu Ende des ersten Jahrtausends noch zwei weitere große Ordensfamilien: die „regulierten" Chorherren (Kanoniker), die unter der Leitung des Propstes nach der Regel des hl. Augustinus ein gemeinsames Leben führen und sich vor allem der Seelsorge widmen. Den Augustiner- und Prämonstratenser-Chorherren in Österreich wurden früh schon Pfarreien und deren Verwaltung übergeben. Diese Strukturen sind also bald tausend Jahre alt. Die zweite große Familie umfaßt die Ritterorden. Sie entstanden in der Zeit der Kreuzzüge und versuchten, Mönchtum und Rittertum miteinander zu verbinden. Der als Spitalsbruderschaft 1190 in Akkon im Heiligen Land gegründete Deutsche Orden wurde erst 1929 in einen rein klerikalen Orden umgewandelt. Zu den Ritterorden in Österreich zählen die Kreuzherren und die Malteser, deren älteste noch heute bestehende Niederlassung in Mailberg bei Hollabrunn in Niederösterreich zu finden ist.

## Vom Kloster zur Provinz: Die Bettelorden

Dieser unkontrollierbar gewordenen Vielfalt des Ordenslebens begegnete das 4. Laterankonzil 1215 mit einem Verbot neuer Ordensregeln. Wer in einen Orden eintreten oder ein Kloster gründen will, solle dafür eine der bereits approbierten Ordensregeln übernehmen. Dennoch wurde die bahnbrechend neue Regel des Franz von Assisi (1181/82–1226) vom Papst gutgeheißen und 1223 auch schriftlich bestätigt. Der 1216 von Dominikus (1170–1221) gegründete „Orden der Prediger-Brüder" hingegen übernahm im wesentlichen die bestehende Augustinusregel und versah sie mit Ergänzungen.

Das Neue an Franz von Assisi ist zum einen sein strenges Armutsideal, die „Frau Armut", mit der sich der Mönch vermählte. Fortan sollte nicht nur der einzelne Ordensmann zur Armut verpflichtet sein, sondern auch das Kloster als Ganzes. Neu war auch, daß der Franziskanerorden wie die Ritterorden zentralistisch strukturiert waren bzw. sind. Der Schwerpunkt liegt nun auf den Provinzen. Der Ordensmann tritt nicht mehr in ein bestimmtes Kloster ein, sondern wird Mitglied einer Ordensprovinz. Das einzelne Kloster existiert nur im Gesamtverband. An der Spitze des Ordens steht ein Generalminister, der von einem Generalkapitel gewählt wird. Auch die Gesetzgebung liegt bei dem Generalkapitel und nicht mehr bei einem Abt, der Vater und Gesetzgeber zugleich ist. Diese beiden Grundstrukturen – die dem Gelübde der Stabilitas verpflichteten monastischen Orden und die neuen „zentralistischen", aus Provinzen bestehenden Gemeinschaften unterscheiden das Ordensleben bis heute.

Lagen die Klöster der Benediktiner meist auf Bergen, die der Zisterzienser im Tal, so fanden sich die Klöster der Bettelorden (= Mendikanten) in den aufblühenden Städten, bei den Bürgern, von deren mildtätigen Gaben sie lebten. Waren die alten Orden die Pioniere der Kolonisation und Zivilisation, so wurden die Bettelorden zu Pionieren der volksnahen Seelsorge und der Wissenschaft. Die Franziskaner und Dominikaner gingen in die geistigen Zentren Europas und gründeten theologische Schulen. Berühmte Dominikaner waren der Naturforscher Albertus Magnus, die Mystiker Eckhart, Tauler und Seuse, der Theologe und Kirchenlehrer Thomas von Aquin; Franziskaner waren die Philosophen und Theologen Bonaventura und Duns Scotus.

Noch etwas kennzeichnet die neue Bewegung der Bettelorden: die Gründung von sogenannten „Dritten Orden" (Terziaren). So versuchten sie, ihr besonderes Charisma an Christen, die in der Welt lebten, weiterzugeben. Damit beginnt eigentlich die Geschichte des Vereinslebens in der Kirche. Durch Einrichtungen wie Oblaten, Familiaren oder auch „Kloster auf Zeit" wird die Chance der Dritten Orden heute erneut aufgegriffen.

Die Strenge des franziskanischen Armutsideals, das die Gemeinschaft zum Betteln verpflichtete und jeglichen Geldbesitz verbot, war nicht immer durchzuhalten und führte im sogenannten „Armutsstreit" zu Reformbewegungen. 1517 suchten die Konventualen (Minoriten) einen neuen Weg, 1528 die Kapuziner. Alle drei franziskanischen Orden haben die Regel gemeinsam, fügten aber als besondere Normen sogenannte Konstitutionen hinzu. Im 19. Jahrhun-

*Links:* ***Zwettl:*** *Zisterzienserstift. Reliquienkreuz, „Zwettler Kreuz" (Vorderseite), Salzburg, 1. Drittel 13. Jh.*

*Rechts:* ***Zwettl.*** *Agnes-Kreuz, vermutlich Stiftung der Agnes von Kuenring oder ihrer Tochter. Wien (?), um 1340/1350.*

*Gegenüber:* ***Geras:*** *Prämonstratenserstift. Reliquien-Monstranz.*

dert erlebte die Franziskusregel bei der Gründung zahlreicher Frauenorden eine neue Blüte.
Zu den Bettelorden zählen neben der franziskanischen Familie unter anderem auch die – ein Unikum in der Ordensgeschichte – von sieben Florentiner Kaufleuten gemeinsam gegründeten Serviten, die Karmeliten sowie die Augustiner-Eremiten.

## Ein Modell der Neuzeit: die Regularkleriker

Der Wind, der den Orden in der anbrechenden Neuzeit mit Renaissance, Reformation und Humanismus entgegenwehte, war nicht freundlich. Nach der Abspaltung der bis heute von den Ordensgemeinschaften geprägten Orthodoxie kam es im 16. Jahrhundert in Deutschland zur Glaubensspaltung und zur vom Konzil von Trient angeregten katholischen Reform. Nicht zufällig war Martin Luther Augustiner-Eremit – ein gelehrter Theologe, der Vorlesungen hielt, die Bibel übersetzte und seine Kirchenkritik in Thesen zu formulieren wußte. Mit dem Dominikaner Johannes Eck führte er wissenschaftliche Disputationen. Die enge Bindung der Bettelorden an das Bürgertum führte dazu, daß sie sich den neuen Ideen eher leicht öffneten. Jedenfalls leerten sich die Klöster; das Ordensleben steuerte auf eine große Krise zu.
Zu den Trägern der „Gegenreformation" in der Folge des Konzils von Trient (1545–63) wurden vor allem die Jesuiten mit ihren Schulen und die Kapuziner mit ihrer Volkspredigt. Ignatius von Loyola (1491–1556) hatte 1534 an der Universität Paris gleichgesinnte Freunde um sich gesammelt. Sie bildeten die „Gesellschaft Jesu", eine Priestergemeinschaft ohne Verpflichtung zum gemeinsamen Chorgebet. Die Jesuiten sind streng zentralistisch strukturiert, mit einem „Generaloberen" an der Spitze. Als ihnen die Mission im Heiligen Land verwehrt wurde, stellten sie sich dem Papst uneingeschränkt zur Verfügung. Die Grundlagen ihres Gemeinschaftslebens wurden in „Konstitutionen" zusammengefaßt. Die Regularkleriker – dazu zählen auch die von Kamillus von Lellis gegründeten „Diener der Kranken" (Kamillianer) – stehen vor allem im Dienst der Seelsorge und der Caritas. Wie in den alten Orden geschieht nach der einfachen Profeß die endgültige Bindung in der zweiten, „ewige" genannten Profeß.
Um die Bindung der Ordensgemeinschaften an den

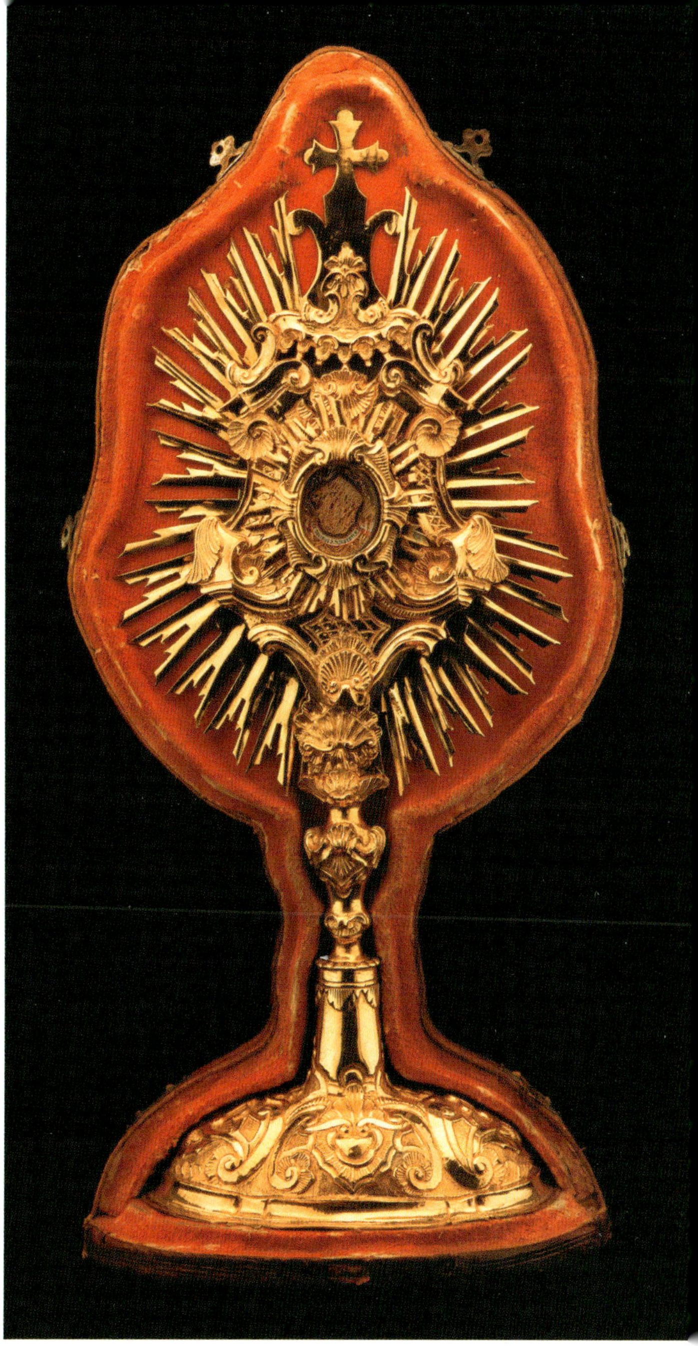

Papst zu festigen, richtete das Konzil von Trient erstmals eine Kongregation (= Verwaltungsbehörde) für die Bischöfe und Ordensleute ein.

## Auf der Höhe der Zeit: Die Klerikerkongregationen

Auch wenn den Orden kein ewiges Leben verheißen ist, scheinen sie doch aus schwersten Krisen auf wundersame Weise Wiederauferstehung zu feiern. So war es auch gegen Ende des 18. Jahrhunderts, als Aufklärung und Französische Revolution das geistige Fundament des Ordenslebens untergruben und viele Orden im Gefolge von Absolutismus (Josephinismus) und

Säkularisation verboten und aufgehoben wurden. Da ist der nahezu explosionsartige Aufschwung des Ordenslebens im 19. Jahrhundert um so erstaunlicher. In keinem Jahrhundert entstanden so viele Orden, wurden so viele Ordenshäuser und Seminare gebaut. An dieser unwiederholbaren geschichtlichen Konstellation werden die Orden noch heute gemessen. Wenn es von Zahlen und Statistiken abhinge, ginge es seitdem mit dem Ordenslebens „abwärts".

Die Klerikerkongregationen des 19. Jahrhunderts waren eng mit dem Wiederaufstieg des Papsttums nach den Demütigungen durch Napoleon verbunden. Jetzt wurde plötzlich Frankreich nach Italien das Land mit den meisten Ordensgründungen. Zwischen 1800 und 1880 kam es zu 400 Neugründungen von Orden. Um den „seelischen Hunger" zu stillen, widmeten sich die neuen Kongregationen vor allem der Seelsorge, der Volksmission, dem Unterricht und der Erziehung der Jugend. Andere Kongregationen entdeckten angesichts der Gründung der Kolonialreiche den Auftrag Jesu zur Weltmission (Matth., 28) neu – oder wurden vom Staat zum

*Oben: **Admont:** Benediktiner-Stift. Antependium für die Vorderseite des Hochaltars, zum Schutzengel-Ornat gehörig. Admonter Stickereischule, 1657.*

*Gegenüber: **Geras:** Prämonstratenserstift. Reich besticktes barockes Meßgewand aus dem Paramentenschatz des Stiftes.*

Aufbau seelsorglicher Strukturen in den Kolonien in Anspruch genommen.

Aus dieser Zeit stammen in Frankreich die Oblaten der Makellosen Jungfrau Maria, die sich die Volks- und die Weltmission zum Ziel gesetzt haben, in Italien die Salesianer Don Boscos (Johannes Bosco, 1815–88), die sich von Turin aus um die verwahrloste Jugend kümmerten, in Österreich der von Klemens Maria Hofbauer (1751–1820) verbreitete Redemptoristen-Orden mit dem Schwerpunkt Pfarrseelsorge und Volksmission und die Steyler Missionare (Gesellschaft des göttlichen Wortes). Diesen Missionsorden mußte Arnold Janssen (1837–1909) im holländischen Steyl gründen, vor den Toren Deutschlands, weil dort der Kulturkampf unter Bismarck keine Ordensgründungen erlaubte. Es sei jedoch ange-

merkt, daß es im „katholischen" Österreich auch nicht leichter war und im sich im Einigungsprozeß befindlichen Italien überhaupt alle Ordensgründungen verboten und die Häuser beschlagnahmt waren. Die Klerikerkongregationen begnügen sich mit einfachen Gelübden. Sie nennen sich daher im Unterschied zu den alten Orden „Kongregationen". Kennzeichen für die klerikalen Kongregationen im 19. Jahrhundert ist eine starke auf Christus, Maria oder die Eucharistie bezogene Frömmigkeit. In Konflikt gerieten sie, weil es schwer war, alte mönchische Traditionen wie zum Beispiel das Chorgebet mit den pastoralen Erfordernissen der Zeit zu verbinden. Die Mission in fernen Ländern gab den jungen Kongregationen aber die einmalige Chance, sich weltweit zu verwurzeln und zu Zellen einer Weltkirche zu werden.

## Näher am Menschen: Die Gesellschaften des apostolischen Lebens

Da das Ordensleben eine weitgehende Schranke zum sozialen und kirchlichen Milieu der Umgebung bedeutete, wählten die sogenannten „Gemeinschaften des apostolischen Lebens" eine andere Rechtsform, um ungehindert für den direkten pastoralen, karitativen oder missionarischen Einsatz verfügbar zu sein. Statt der feierlichen Ordensgelübde binden sie sich durch ein einfaches Versprechen an die Ordensregeln. Dahinter stand die Überzeugung, daß die in der Taufe, Firmung und Priesterweihe erfahrene Liebe Gottes hinreichend verpflichtend war, um ein ganzes Leben für den Herrn zu wagen. Wie der Name „apostolisches Leben" sagt, ist der unmittelbar gemeinsame Dienst an den Menschen ihre Hauptaufgabe, z. B. Arbeit in der Gemeindepastoral, in der Mission und Ökumene, Erwachsenen– und Priesterbildung, Dienst an Kranken und Armen, Familien oder Studentenseelsorge. Am bekanntesten sind in Österreich die 1835 von Vinzenz Pallotti gegründeten Pallottiner, die in der Idee der apostolischen Aktivierung der Laien die spätere sogenannte „Katholische Aktion" vorwegnahmen.

## Brüdergemeinschaften und Frauenorden – eine Antwort auf die soziale Frage

Ursprünglich waren die Ordensgemeinschaften reine Brüdergemeinschaften. Mit der Reform von Cluny (10. Jahrhundert) begann die sogenannte Klerikalisierung. D.h., die Mönche, die ja ursprünglich Laien waren, stiegen nun durch die Weihe in den Klerikerstand auf. Dennoch gab und gibt es auch heute starke Gegenbewegungen. So bildeten sich reine Brüderorden wie

*Admont: Benediktiner-Stift. Presbyterium, Wandteppiche aus der Admonter Stickereischule, 1689–1730. Medaillons mit Darstellungen von Heiligen, gerahmt von Blumen- und Tiermotiven.*

zum Beispiel die Barmherzigen Brüder, die sich auf die Krankenpflege spezialisierten, oder Schulorden wie die Brüder von den Christlichen Schulen oder die in der Habsburgermonarchie stark vertretenen Piaristen. Mit der „Volkschule für alle" oder dem „Krankenhaus für alle" ging es den Brüderorden wie auch den Frauenorden um Hilfe in konkreten Elendssituationen und damit um eine Antwort auf die soziale Frage: die Übernahme bestimmter Dienste in der Gesellschaft, die sonst keiner übernahm.

In dieser Tendenz stehen auch die zahlreichen Frauenorden seit dem 16. Jahrhundert, die nicht als „zweiter" Orden einem Männerorden angegliedert waren, sondern als eigenständige Gründungen entstanden sind. Zum Beispiel die von Angela Merici (1470–1540) gegründeten Ursulinen, die als Krankenpflege- und Schulorden auf Ordensgewand und Klausur verzichten wollten, was vom Papst aber abgelehnt wurde. Die Ursulinen mußten die Augustinus-Regel mit strenger Klausur und feierlichen Gelübden übernehmen. Auch das von Mary Ward (1585–1645) im Dienst von Erziehung und Unterricht gegründete Institut der Englischen Fräulein („Jesuitinnen"), wollte zunächst keine Klausur und nur einfache Gelübde, mußte sich dann aber dem päpstlichen Willen beugen. Oder auch die „Töchter der christlichen Liebe" (Barmherzige Schwestern), die Luise von Marillac (1591–1660) gemeinsam mit Vinzenz von Paul für den Dienst in der Erziehung und der Krankenpflege gründete. Diese Neuansätze stehen im Rahmen einer eigenständigen religiösen Frauenbewegung, die – gegen massiven kirchlichen Widerstand - vom herkömmlichen Kloster weg zu öffentlicher Tätigkeit in Caritas, Schule und Apostolat drängte. Hier wird die prophetische Dimension des Ordenslebens deutlich, das der Kirche und ihrer Zeit stets ein wenig voraus sein sollte.

An dieses Erbe konnten die zahlreichen Neugründungen von Frauenorden des 19. Jahrhunderts anknüpfen. Jetzt endlich schien die Zeit dafür reif zu sein. Kirchenrechtlich handelt es sich nicht mehr um Orden mit ewiger Profeß, sondern um Kongregationen mit einfachen Gelübden. Zudem stehen sie unter der zentralen Leitung einer Generaloberin, während die bisherigen Gemeinschaften entweder keine zentrale Leitung hatten oder dem Generaloberen des männlichen Zweigs unterstanden. Auch was ihre Gründungsgeschichte angeht, sind sie eher als eine „Bewegung von unten" anzusehen. Meist sammelte ein Seelsorger eine Gruppe von jungen Frauen um sich, die ihn bei der Sorge um Arme, Kranke oder Waisenkinder unterstützten oder sich sonst einer besonderen Not annahmen. Eine einfache, dem Evangelium entnommene Spiritualität bildete das geistliche Fundament. Auf eine Phase des Wachstums und der Ausbreitung erfolgte dann die päpstliche Anerkennung der Regel. Nicht selten gerieten die Schwestern dabei in Auseinandersetzungen mit den Ortsbischöfen, die die zentralistische Leitung nicht akzeptieren wollten. Die Entstehung und die Leistungen der Frauenorden des 19. Jahrhunderts sind eines der großartigsten Phänomene christlichen Glaubens und christlicher Caritas. Ohne sie hätte die Kirche ihre caritativ-sozialen, bildungsmäßigen und auch seelsorglichen Leistungen nicht erfüllen können.

## Ganz in der Welt: Die Säkularinstitute

Dieser vorläufig letzte offizielle Versuch, das alte Ordensideal den gewandelten Erfordernissen der

Zeit anzupassen, wurde 1947 von Papst Pius XII. anerkannt. Die Mitglieder der Säkularinstitute – Kleriker oder Laien, Männer oder Frauen – bemühen sich, im normalen Leben stehend, um die Erlangung der Ideale christlicher Vollkommenheit. Dies unter besonderer Berücksichtigung ihres selbstlosen Wirkens im Dienste des Nächsten (= Apostolat). Nach einer Probezeit binden sie sich durch einen Eid oder ein einfaches Versprechen an die Gemeinschaft, üben aber weiterhin ihren Zivilberuf aus. Mitglieder von Säkularinstituten tragen kein Ordensgewand und verzichten auf das gemeinsame Leben in einem Kloster. Am bekanntesten im deutschen Sprachraum ist mit seinen „Marienbrüdern" und „Marienschwestern" das von den Pallottinern inspirierte Institut Schönstatt.

## Der Neuaufbruch nach dem Zweiten Vatikanum

Die Reformen des Zweiten Vatikanischen Konzils (1962–65) bedeuteten auch für die Ordensgemeinschaften eine große Zäsur. Das Ordensdekret „Perfectae caritatis" definierte das Ordensleben nicht mehr einfach als den „Stand der Vollkommenheit", sondern forderte die Gemeinschaften auf, sich durch die Besinnung auf das ursprüngliche Gründungsideal zu erneuern und ihre Konstitutionen entsprechend zu überarbeiten. Keine Gruppe innerhalb der Kirche dürfte das vom Konzil geforderte „aggiornamento" (die Anpassung an die heutige Zeit) so konsequent verwirklicht haben wie die Ordensleute. Enttäuschte Hoffnungen führten freilich auch zu einem großen „Aderlaß". So verloren die Jesuiten, nach wie vor der größte Orden der katholischen Kirche, in den Jahren nach dem Konzil ein gutes Drittel ihrer Mitglieder. Andererseits entstanden eine Reihe neuer (Laien-)Gemeinschaften wie Charismatische Gemeindeerneuerung, Neokatechumenat, Fokolare, Cursillo etc. und machten den Orden „Konkurrenz". Sie scheinen oft eher auf der „Wellenlänge" der jungen Menschen zu liegen, während die traditionellen „Werke" der Orden wie Schule, Krankenhaus und Mission aus Personalmangel heute immer schwerer aufrechterhalten werden können. Dennoch gibt es auch in unserer Zeit überraschend viele Neugründungen von Ordensgemeinschaften, die oft stark kontemplativ (und konservativ) ausgerichtet sind. So haben sich beispielsweise in der Erzdiözese Wien in der Zeit von 1975 bis 1998 20 Ordensgemeinschaften neu niedergelassen, darunter auch die Schwestern von Mutter Teresa. Die in strenger Klausur lebenden Schwestern von Bethlehem, in Österreich auf der Kinderalm im Pongau vertreten, gründen seit 1967 jedes Jahr ein neues Kloster. Auch die kontemplativ ausgerichtete Johannesgemeinschaft in Marchegg in der Erzdiözese Wien erfreut sich großen Interesses.

Ein weiterer Wunsch des Konzils war die Zusammenarbeit der Orden untereinander. So haben sich in den einzelnen Ländern Ordensoberen- und –oberinnenkonferenzen gebildet (Superiorenkonferenzen). Auf europäischer Ebene arbeiten sie in der „Union der europäischen Superiorenkonferenzen" mit Sitz in Brüssel zusammen. Oberste Behörde des Vatikans für alle Ordensleute ist die „Kongregation für die Institute des geweihten Lebens, die Gesellschaften des apostolischen Lebens und die Säkularinstitute".

Das alles zeugt von einer nach wie vor ungebrochenen Vitalität der Orden heute – ein Eindruck, der sich verstärkt, wenn man an das Aufblühen des Ordenslebens in manchen Ländern des Südens denkt. Auch wenn bei uns aus Personalmangel manches Ordenshaus seine Pforten schließt, kann keineswegs von einem Ende des Ordenslebens die Rede sein, sondern allenfalls von einer Wende. Die Suche nach Gott ist nach dem hl. Benedikt die Hauptaufgabe des Mönchs. Die Sehnsucht nach „Spiritualität" im weitesten Sinne bewegt auch die Menschen heute verstärkt. Da muß man sich wohl um die Zukunft des Ordensleben keine Sorgen machen.

# ANHANG

## Stifte und Klöster in Bayern, Österreich und der Schweiz

Die hier gegebene Übersicht der Stifte und Klöster der alten Orden erhebt keinen Anspruch auf wissenschaftliche Vollständigkeit. Sie wurde vielmehr von Angehörigen des Verlages unter dem Gesichtspunkt zusammengestellt, alle in diesem Werk genannten Stifte und Klöster anzuführen.

***Admont:** Benediktiner-Stift. Ansicht des Stiftes im Ennstal, Gemälde von Francesco Barberino, Stiftssammlungen.*

ADMONT

Benediktiner-Stift im Ennstal/Steiermark (Österreich). 1074 von Erzbischof Gebhard von Salzburg auf dem großen Besitz der Kärntner Gräfin Hemma von Gurk gegründet. Dem ersten steirischen Männerkloster wurde etwas später ein gleichzeitig mit der neuen Kirche geweihtes Frauenkloster angegliedert (1121). Großzügige Erweiterungen und Umgestaltungen der Klosterbauten im 17. Jahrhundert. 1615–28 vollständige Barockisierung der Kirche. 1865 wurde das Stift mit Ausnahme der Bibliothek durch Brand fast gänzlich zerstört. Wilhelm Bücher baute eine Basilika im neugotischen Stil sowie Teile des Stifts wieder auf. Die Bibliothek (200.000 Bände, 900 Inkunabeln, mehr als 1400 Handschriften) ist eine der größten Barockbibliotheken der Welt. Die Tradition des Stiftsgymnasiums reicht bis 1644 zurück.

AGGSBACH

Kartäuserkloster in der Wachau an der Donau/Niederösterreich. Gegründet 1350, aufgehoben 1782. Von der ehemaligen Kartause besteht heute nur noch die Kirche.

ALTENBURG

Benediktiner-Stift am Kamp, Bez. Horn/Niederösterreich. 1144 von Gräfin Hildeburg von Poigen-Rebgau gegründet. 1422–30 von den Hussiten zerstört. Neue Blütezeit 1650. Joseph Munggenast errichtete anstelle der gotischen Anlage den 208 m langen, hochbarocken Bau mit Kaisertrakt und Bibliothek. Dort und in der Kirche Fresken von Paul Troger. 1797, 1855 und 1915 war das Kloster Kriegslazarett. Schwere Schäden entstanden durch den Zweiten Weltkrieg und die nachfolgende Russenbesetzung. In den Jahren bis 1975 großzügig renoviert.

ALTOMÜNSTER

Benediktiner-Kloster in Oberbayern um 740 Einsiedelei (hl. Alto), nach 760 gegründet, im 10. Jahrhundert von den Ungarn zerstört. 1497 als Doppelkloster dem Birgittenorden übergeben. 1803 säkularisiert. Seit 1841 Birgittinnen-Priorat. Sehenswerte Kirche von J. M. Fischer.

ANDECHS

Benediktiner-Kloster bei Starnberg/Oberbayern. 1483 als Kanonikerstift gegründet, das 1455–1802 Benediktiner-Kloster war. 1803 säkularisiert, seit 1850 Priorat von St. Bonifaz in München. Die Klosterkirche (Anfang 15. Jahrhundert) wurde 1751–55 im Rokokostil umgestaltet. Andechs ist Wallfahrtsort. Mittelpunkt der Wallfahrten sind das Gnadenbild der Muttergottes (um 1500) im unteren Hochaltar der Stiftskirche und die Immaculata (um 1609) des oberen Altars.

ANSBACH

Benediktinerabtei in Mittelfranken bei Würzburg. Gegründet vor 748. 1563 säkularisiert.

ARDAGGER

Weltliches Kollegiatstift an der Donau, nordwestlich von Amstetten/Niederösterreich. Gegründet 1049, aufgehoben 1784. Der Titel des Propstes ist ehrenhalber auf die Stadtpfarre Waidhofen an der Ybbs übergegangen.

AUGSBURG - ST. STEPHAN

Benediktiner-Kloster in Schwaben. 969 als Kanonissenstift vom Bischof Ulrich von Augsburg gegründet, später Kollegiat-Damenstift. 1806 säkularisiert. Von König Ludwig I. von Bayern 1834 neu als Benediktiner-Kloster gegründet. St. Stephan ist noch heute ein „Schulkloster" mit Gymnasium und Internat.

BANZ

Benediktinerabtei bei Bamberg/Oberfranken. Ursprünglich Grenzfeste wurde Banz 1069/71 in ein Benediktiner-Kloster umgewandelt, das in den grundherrlichen Rechten dem Hochstift Bamberg unterstand, in geistlichen Belangen aber zu Würzburg gehörte. 1803 säkularisiert, seit 1933 Sitz der „Gemeinschaft von den heiligen Engeln e. V.".

BAUMGARTENBERG

Ehemaliges Zisterzienserstift (Bistum Linz/Oberösterreich). 1141 von Heiligenkreuz aus besiedelt, 1784 aufgehoben, heute Frauenbesserungsanstalt. Ehemalige Stiftskirche mit romanischem Langhaus und spätgotischer Vorhalle. 1684–1718 barockisiert.

BERGEN

Ehemalige Benediktinerinnenkloster bei Neuburg an der Donau/Niederbayern. Nach 976 gegründet, später von der Hirsauer, insbesondere aber von der Melker Reform, teilweise auch als Stützpunkt, erfaßt. 1635 den Jesuiten, 1641 dem Seminar Neuburg übergeben. Romanische Hallenkirche mit Krypta.

BERTHOLDSTEIN

Benediktinerinnen-Stift bei Pertlstein in der südlichen Oststeiermark (Österreich). Die 1884 verstorbene Gräfin Gabriele von Sweerts-Spork widmete ihr Vermögen der Errichtung eines Benediktinerinnenabtei. 1888–89 entstand das Kloster St. Gabriel auf dem Weißen Berg zu Prag als erste weibliche Abtei der Beuroner Kongregation. 1919, nach dem Ende der Monarchie, entschlossen sich die meist adeligen Nonnen zur Übersiedlung nach Österreich. Sie kamen in das halbverfallene Schloß Bertholdstein, das ihnen Österreich geschenkt hatte. Unter Mühen und Entbehrungen bauten sie Bertholdstein und eine große Landwirtschaft auf. 1942 wurden die Nonnen als Staatsfeinde ausgewiesen. 1945 fanden sie ihr Kloster völlig verwüstet vor. Nach dem verhältnismäßig raschen Wiederaufbau ist Bertholdstein heute wohl die lebendigste Frauenabtei Österreichs.

BIBURG

1132 stiften Konrad und Arbo von Sittling-Biburg ein Benediktiner-Kloster. Bis 1278 bestand neben dem Männerkloster auch ein Frauenkloster. Im Mittelalter bedeutende Schreibschule. Im 15. Jahrhundert Niedergang des Klosters, der durch die Melker Reform nur vorübergehend aufgehalten werden konnte. 1555 ging das Kloster in die landesherrliche Verwaltung über, 1589 wurden die Gebäude den Jesuiten übergeben. Die nach Hirsauer Bauschema errichtete dreischiffige Pfeilerbasilika mit zwei Türmen zählt zu den besterhaltenen Kirchen Altbayerns.

BIRNAU

Zisterzienserkloster bei Salem/Bodensee. Erste Erwähnung 1222. Gehört heute als Priorat zur Zisterzienserkloster Mehrerau. Früher wurde es von den Zisterziensern des Klosters Salem betreut.

BOZEN-GRIES

Benediktiner-Kloster, ursprünglich Augustiner-Chorherrenstift, im Bozener Stadtteil Gries/Südtirol. 1406 wurde das vom Eisack bedrohte Kloster von der Au in die landesfürstliche Burg nach Gries verlegt. 1807 aufgehoben, 1844 mit Benediktinern aus Muri besiedelt. Die barocke Stiftskirche hat Deckenfresken von M. Knoller, die gotische Pfarrkirche einen Altar von M.Pacher.

BRAUNAU IN ROHR siehe Rohr

BUXHEIM

Kartäuserkloster bei Memmingen/Bayern. Im 12. Jh. war Buxheim Augsburger Weltpriesterstift, seit 1402 Kartause. 1548 wurde es Reichskloster, 1802 erfolgte die Säkularisierung. Buxheim war einst Musterkloster des Ordens und galt als besterhaltene Kartause Deutschlands. Seit 1926 gehört es den Salesianern.

CHIEMSEE

Benediktiner-Kloster in Oberbayern. Gegründet 782 von Tassilo III., zerstört 908. 1130 als reguliertes Chorherrenkloster neu gegründet. Aufgehoben 1803. (Siehe auch Frauenchiemsee.)

DIESSEN

Augustiner-Chorherrenkloster am Ammersee/Oberbayern. Gegründet 1150 von den Grafen von Diessen und von Rottenbuch aus besiedelt. 1803 Aufhebung, 1867 Kloster der Dominikanerinnen, seit 1923 Mutterhaus der Barmherzigen Schwestern von Augsburg.

DISENTIS

Benediktiner-Kloster im Vorderrheintal/Kanton Graubünden (Schweiz). Mitte des 8. Jahrhunderts von Bischof Ursizin von Chur gegründet. Hüter des Lukmanierpasses. Errichtete dank kaiserlicher Schenkungen längs des Passes und bis ins Urserental ein großes reichsunmittelbares Hoheitsgebiet. Durch Brandstiftung der Franzosen 1799 erlitten die Klosteranlagen schwere Beschädigungen. 1937–40 nach Plänen der Barockzeit Errichtung des großen rechteckigen Klosterneubaus. Das Stift führt eine höhere Schule mit Internat.

EBERSBERG

Benediktiner-Kloster bei München. 934 als Chorherrenkloster gegründet, 1013 in ein Benediktiner-Kloster verwandelt. Aufgehoben 1595.

EBRACH

Zisterzienserstift an der Mittelebrach im Steigerwald/Oberfranken. Gegründet 1127. Aufgehoben 1803 durch die bayerische Regierung. Heute Jugendvollzugsanstalt.

EINSIEDELN

Benediktiner-Kloster südlich des Zürichsees/Kanton Schwyz (Schweiz). 934 über die Zelle des 861 ermordeten Einsiedlers Meinrad gegründet, von Otto I. zum Reichskloster erhoben. Die Abtei spielte bei der Klosterreform im 10. und 11. Jahrhundert eine bedeutende Rolle. 1394 trat Österreich die Vogtei über Einsiedeln an Schwyz ab. Damit war die Aufrichtung der schwyzerischen Landeshoheit eingeleitet. 1907 wurde das Kloster zur Abtei nullius erhoben. Einsiedeln ist seit dem 14. Jahrhundert ein vielbesuchter Wallfahrtsort. Die Klosterbauten sind ein Werk des Klosterbruders C. Moosbrugger. Die Bibliothek zählt mehr als 230.000 Bände, 1200 Handschriften und 1100 Inkunabeln.

ENGELBERG

Benediktiner-Kloster südlich des Vierwaldstätter Sees/Kanton Obwalden (Schweiz). 1120 durch den Freiherrn Konrad von Seldenbüren gegründet. Größte Blüte unter Abt Frowin (1143–78), dem Gründer einer Maler- und Schreiberschule. Der jeweilige Abt war Inhaber der hohen und niederen Gerichtsbarkeit in der Umgebung des Klosters. Nach dem Umsturz von 1798 gingen die weltlichen Hoheitsrechte an den Kanton Obwalden über. Das Kloster führt ein Gymnasium und besitzt eine große und wertvolle Bibliothek mit zahlreichen Handschriften.

ENGELSZELL

Trappistenkloster nächst Engelhartszell an der Donau/Oberösterreich. 1293 als Zisterzienserkloster gegründet und mit Mönchen aus Wilhering besiedelt. In der Reformationszeit war es gänzlich ausgestorben, und erst die Barockzeit brachte dem Stift einen starken Aufschwung. Aufhebung 1786 durch Kaiser Joseph II. Die Stiftsgebäude gingen in Privatbesitz über. 1925 kaufte der Trappistenorden das Stift, dessen Aufbauwerk durch die neuerliche Aufhebung 1939–45 schwer geschädigt wurde. Heute beherbergt und betreut Engelszell – das einzige Trappistenkloster Österreichs – unter anderem auch ein Altersheim.

ETTAL

Benediktiner-Kloster im Ammergebirge nahe bei Garmisch-Partenkirchen/Oberbayern. 1330 von Ludwig dem Bayern errichtet. Ab 1710 wurden Kloster und Kirche von E. Zuccalli erweitert und barockisiert. Nach einem Brand gestaltete J. Schmuzer den gotischen Zentralbau der Kirche in eine Rotunde mit majestätischer Kuppel um. Ausstattung in edlem Rokoko. Nach der Säkularisation (1802/03) wurde Ettal 1900 wieder Abtei, seit 1905 besteht ein humanistisches Gymnasium.

FAHR

Benediktinerinnenkloster an der Limmat/Kanton Aargau (Schweiz). Gegründet 1130 durch Ludolph von Regensburg und seine Gemahlin Judenta, besiedelt von Hermetschwil oder Berau. 1841 aufgehoben, 1843 wiedererrichtet. Damit wurde Fahr zugleich Propstei von Einsiedeln.

FEUCHTWANGEN

Benediktiner-Kloster in Mittelfranken/Bayern. 817 als fränkisches Reichskloster erwähnt, im 10. Jahrhundert Augsburger Eigenkloster, im Jahre 1000 Filialkloster von Tegernsee. Mitte des 12. Jahrhunderts wurde es in ein Chorherrenkloster umgewandelt. 1376 übernahmen die Nürnberger Burggrafen die Stiftsvogtei und zogen 1563, nachdem sie protestantisch geworden war, das Vermögen ein.

FIECHT- ST. GEORGENBERG

Benediktiner-Kloster im Unterinntal bei Schwaz/Tirol (Österreich). Adelige Gründung des 10. Jahrhunderts. Wurde 1138 bestätigt und ist seit etwa 1000 Wallfahrtsort. Es war ferner die mittelalterliche Bestattungsstätte des Nordtiroler Adels und enthält eine Blutreliquie (13. Jahrhundert) und eine Pieta (15. Jahrhundert). 1705 brannte das Kloster ab. Der Neubau mit Schule und Internat wurde in Fiecht errichtet. St. Georgenberg ist nur noch Wallfahrtsort und Hospiz.

FRAUENCHIEMSEE

Benediktiner- und Benediktinerinnenkloster auf der Fraueninsel im Chiemsee/Oberbayern. Um 770 durch Herzog Tassilo III. von Bayern gegründet. Die Kirche wurde 782 geweiht. Mitte des 9. Jahrhunderts war die selige Irmengard Äbtissin, eine Tochter Ludwigs des Deutschen. 907 wurde das Kloster durch die Ungarn vernichtet, Mitte des 10. Jahrhunderts das Frauenkloster wieder besiedelt. Es war „abbatia regalis" und nahm bis Mitte des 16. Jahrhunderts nur Adelige auf. 1393 erhielt es die hohe und niedere Gerichtsbarkeit. 1803 wurde Frauenchiemsee säkularisiert, 1836 lebte es wieder auf. Seit 1901 ist es wieder Abtei. Es unterhält eine höhere Schule für Mädchen.

FRAUENTHAL

Benediktinerinnenkloster im Kanton Zug (Schweiz). Gegründet 1231. In der Reformation (um 1528) verlassen. Restauriert 1552 vom Stadtrat von Zug.

FÜRSTENFELD

Zisterzienserkloster an der Amper bei Fürstenfeldbruck/Bayern. Gegründet 1258 in Tal bei Aibling, 1161 nach Olching an der Amper übersiedelt, 1163 an seinen jetzigen Platz verlegt. Aufgehoben 1803 von der bayerischen Regierung.

GAMING

Kartäuserkloster bei Scheibbs/Niederösterreich. Gegründet 1330, aufgehoben 1782 durch Kaiser Joseph II. Trotz eines gewissen Verfalls zeigt die Anlage noch den ursprünglichen Typus einer Kartause: kleine Häuschen, durch einen Kreuzgang miteinander verbunden.

GARSTEN

Benediktiner-Stift an der Enns, oberhalb von Steyr/Oberösterreich. Gegründet 1082 für Säkular-Kanoniker, 1107/08 den Benediktinern übergeben. Aufgehoben 1787 von Kaiser Joseph II. Das Klostergebäude dient seit 1850 als Strafvollzugsanstalt. Sehenswerte Kirche mit Grab des hl. Berthold, heute Pfarrkirche.

GERAS

Prämonstratenser-Chorherrenstift im nördlichen Waldviertel bei Horn/Niederösterreich. 1153 von Ulrich von Pernegg gegründet und nach Zerstörungen 1278 und 1620 zwischen 1632, 1730 und 1770 im Barockstil neu gestaltet. Die auf romanischer Grundlage barockisierte Kirche und das Hauptgebäude (von Joseph Munggenast, Deckengemälde von Paul Troger) sind bedeutsam. Bekannt durch seine Kunstkurse.

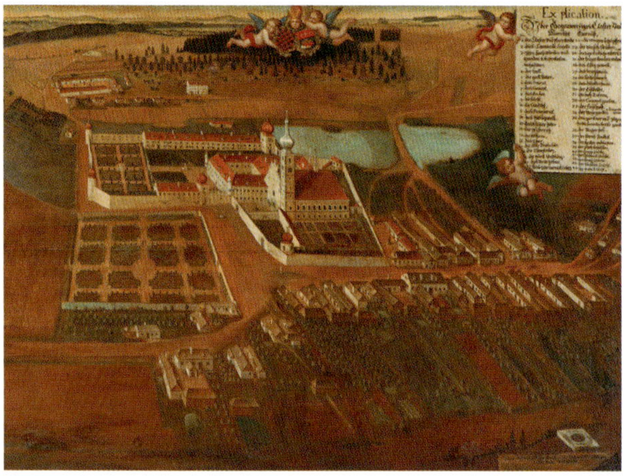

*Geras: Prämonstratenserstift. Südwestansicht des Klosters und des Marktes Geras aus der Vogelperspektive von J. R. Mohr, 1730.*

GLATTBURG

Benediktinerinnenkloster bei Wyl (Schweiz). Gegründet 1754 durch den Pfarrer Joseph Helg, um 1805 nach St. Gallen, dann nach Einsiedeln verlegt. Jetzt wieder in Glattburg. Priorat von der Ewigen Anbetung.

GÖSS

Benediktinerinnen-Stift bei Leoben/Steiermark (Österreich). Gegründet 999–1024 als Kanonissenstift. Im 12. Jahrhundert zur Benediktiner-Regel übergegangen. Einzige Reichsabtei in den Erblanden der Habsburger. 1782 von Kaiser Joseph II. aufgehoben.

GÖTTWEIG

Benediktiner-Stift an der Donau, 5 km südlich von Krems/Niederösterreich. 1083 durch Bischof Altmann von Passau als Augustiner-Chorherrenstift gegründet, seit 1094 Benediktiner, pflegte es den Weinbau und beutete Bodenschätze (Ton, Kohle) aus. Nach einem Brand 1718 begann Abt G. Bessel (Verfasser des „Chronicon Gottwicense") den Neubau nach Plänen von Johann Lucas von Hildebrandt, der unvollendet blieb. Prunkstücke sind der Altmannssaal, die Kaiserstiege (1738) mit dem riesigen Deckenfresko von Paul

Troger (Kaiser Karl VI. als Apoll) und die Kirche (1750–56). Bibliothek, Archiv und Kunstschätze (besonders das Graphische Kabinett) sind bedeutend. Während des Zweiten Weltkrieges war die Abtei aufgehoben.

GRIES siehe Bozen-Gries

GRIFFEN

Prämonstratenserstift am Fuße der Saualpe/Kärnten (Österreich). Gegründet 1236 von Bischof Eckbert von Bamberg, 1786 aufgehoben. Spätromanische Stiftskirche mit prächtiger Rokokoeinrichtung.

GURK

Augustiner-Chorherrenstift im Gurktal/Kärnten (Österreich). 1043 von der hl. Hemma, Gräfin von Friesach-Zeltschach gegründet, zuerst von Benediktinerinnen vom Nonnberg besiedelt. 1123 gab Hiltebold, der dritte Bischof von Gurk, seinem Domkapitel die Augustinus-Regel. 1787 wurden die Domherren von der Augustinus-Regel durch Bischof Franz Altgraf von Salm-Reifferscheidt wieder entbunden, und Bischofsitz und Domkapitel wurden nach Klagenfurt verlegt. Damit hörte das Stift Gurk zu bestehen auf. Dem Dom zu Gurk kommt höchste künstlerische Bedeutung zu. Überdies lebt heute wieder eine klösterliche Gemeinschaft dort.

HAUTERIVE

Zisterzienserkloster bei Neuenburg/Kanton Neuenburg (Neuchâtel/Schweiz). Gegründet von Wilhelm von Glâne und 1138 vom französischen Cherlieu aus besiedelt. Die Kirche aus der romanisch-gotischen Übergangszeit hat ein Chorgestühl aus dem 15. Jahrhundert und Glasmalereien. Der Kreuzgang ist romanisch. Hauterive wurde 1848 aufgehoben und diente bis zur Wiederherstellung des Konvents 1939 als Lehrerseminar. Die Klosteranlage ist sehenswert. Besondere Pflege der Liturgie.

HEILIGENKREUZ

Zisterzienserstift am Sattelbach im Wienerwald, 30 km südwestlich von Wien (Österreich). 1133 stiftete Leopold III. von Österreich das Kloster auf Anregung seines Sohnes Otto von Freising. Die romanische Basilika (1135–87) mit Querschiff und Kreuzgang (13. Jahrhundert), gotischem Hallenchor (1280–95) und Brunnenhaus mit Glasgemälden der Stifterfamilie aus der gleichen Zeit sind erhalten. Im Kapitelsaal sind mehrere Babenberger (darunter der letzte, Friedrich der Streitbare) begraben.

HERMETSCHWYL

Benediktinerinnenkloster im Kanton Aargau (Schweiz). Gegründet um 1200, nach anderen Quellen 1085 als Doppelkloster von Muri. Seit 1636 Abtei, aufgehoben 1841.

HERRIEDEN

Benediktiner-Kloster bei Eichstätt, Mittelfranken/Bayern. Gegründet um das Jahr 800. 888 an den Bischof von Eichstätt übergeben. Aufgehoben 1803.

HERZOGENBURG

Augustiner-Chorherrenstift an der Traisen, 10 km nördlich von St. Pölten/Niederösterreich. 1112 gegründet, wurde Herzogenburg 1083 Markt (unterer Markt) der steirischen Ottokare und kam 1192 an das Kloster Formbach. Der obere Markt wuchs um das 1112 gegründete, 1244 nach Herzogenburg verlegte Augustinerstift (heutiger Bau 1714–40 von J. Prandtauer und J. Munggenast; Stiftskirche 1743–85 von F. und M. Munggenast). Das Kloster besitzt viele Kunstwerke der Donauschule, berühmt ist auch die Orgel der Stiftskirche.

INDERSDORF

Augustiner-Chorherrenkloster nordwestlich von Dachau/Bayern. Die Gründung im Jahre 1120 war vom Papst als Gegenleistung für die Aufhebung des Bannes über Pfalzgraf Otto IV. verlangt worden. Im 15. Jahrhundert Reformzentrum. 1803 aufgehoben, heute von Barmherzigen Schwestern bewohnt. Die romanische Pfeilerbasilika wurde 1754 im Rokokostil ausgestattet; Fresken von M. Günther.

INNICHEN

Benediktiner-Kloster im Pustertal/Südtirol. 769 errichtete der Bayernherzog Tassilo III. ein Benediktiner-Kloster, das später als Eigenkloster an das Bistum Freising kam. Um 1143 wandelte es Bischof Otto von Freising, Sohn des hl. Leopold, zu einem weltlichen Kollegiatstift um, das rechtlich auch heute besteht. Zweimal, 1756–1792 und 1806–1815, war das Stift aufgehoben. Heute residiert hier zwar noch ein Propst, aber ein Kapitel ist derzeit nicht vorhanden.

INNSBRUCK - WILTEN

Prämonstratenserstift am Fuße des Berg Isel in Innsbruck/Tirol (Österreich). Die Anfänge des Klosters liegen im dunkeln. Erst Anfang des 12. Jahrhunderts wird es als weltliches Kollegiatstift erwähnt. Bischof Reginbert von Brixen verwandelt es um 1138 in ein Prämonstratenserstift. Der Sage nach hat es der Riese Haymo nach einem Streit mit dem Riesen Thyrsus zur Sühne – da er Thyrsus erschlug - mit eigenen Händen erbaut, wobei er noch einen Drachen töten mußte. Auf der Suche nach Haymos Grab 1644 stürzten bei Grabungen Turm und ein Teil der Stiftskirche ein, Anlaß für einen großzügigen Neubau von Kirche und Kloster. 1807 aufgehoben, 1816 wiederhergestellt, 1939–45 wieder aufgehoben. Durch Bombenangriffe wurden die Stiftsgebäude schwer beschädigt. Nach dem Wiederaufbau war Wilten Kulturstätte und religiöses Zentrum. Es nimmt sich heute der Arbeiterjugend von Innsbruck an, unterhält ein Juvenat für die Heranbildung des Ordensnachwuchses und führt eine Reihe von gewerblichen Betrieben.

KASTL

Benediktiner-Kloster bei Amberg/Bayern, gegen 1103 gegründet, aufgehoben 1563 durch den Kurfürsten Friedrich von der Pfalz. 1636 den Jesuiten, dann den Maltesern übergeben. Seit 1808 Staatsbesitz. Einheitliche, sehenswerte Kirche und Klosteranlagen.

KEMPTEN

Benediktiner-Kloster im Allgäu/Bayern. Ging aus der St. Galler Zelle hervor. 752 selbständig als herzoglich adeliges Reichsstift. Aufgehoben 1802 durch Kurfürst Max von Bayern.

KITZINGEN

Benediktinerinnenkloster am Main, südöstlich von Würzburg/Unterfranken. Gegründet 745 als Kanonissenstift. Anfang des 11. Jahrhunderts als Benediktinerinnenkloster erneuert, 1544 durch den Markgrafen von Brandenburg in ein protestantisches Damenstift umgewandelt (bis 1629).

KLEINMARIAZELL (früher: Mariazell im Wienerwald)
Benediktiner-Stift im Wienerwald/Niederösterreich. Gegründet 1136 durch die Herren von Schwarzenburg, aufgehoben 1782 von Kaiser Joseph II. Die prachtvolle Kirche ist noch erhalten und auch Teile der Klostergebäude mit einem kleinen Museum.

KLOSTERNEUBURG
Augustiner-Chorherrenstift bei Wien (Österreich). Um 1100 gegründetes Kollegiatstift, das von Markgraf Leopold III. von Österreich ausgestaltet und 1133 Augustiner-Chorherren übergeben wurde. Neben dem Stift baute Leopold seine Pfalz. Der Ausbau unter Kaiser Karl VI. zum Residenzschloß durch D. F. D'Allio blieb unvollendet. Seit dem 12. Jahrhundert war Klosterneuburg eine Pflegestätte von Kunst (Verduner Altar, „Stammbaum der Babenberger" 1489–1492), Wissenschaft und Kirchenreform. Die Klosterbibliothek umfaßt 160.000 Bände. Seit 1922 durch Pius Parsch Can. Reg. Zentrum liturgischer Erneuerung, vor allem im Sinne echter Volksliturgie.

KREMSMÜNSTER
Benediktiner-Stift an der Krems, 32 km südwestlich von Linz/Oberösterreich. 777 von Herzog Tassilo III. von Bayern gegründet und mit Mönchen aus Mondsee besiedelt. Im Ungarnsturm (Anfang des 10. Jahrhunderts) vernichtet, bekam es erst hundert Jahre später wieder Äbte. Eine Blüte erlebte es um 1300. In der zweiten Hälfte des 17. Jahrhunderts wurde das Kloster barock umgebaut (Bibliothek, Fischbehälter). Im 18. Jahrhundert entstanden die Ritterakademie und die Sternwarte, das älteste erhaltene Hochhaus Europas. Das Stift hat reiche Sammlungen (u. a. Codex millenarius, eine Evangelienhandschrift um 800, den Tassilokelch zwischen 764 und 768).

LAMBACH
Benediktiner-Stift an der Traun, südwestlich von Wels/Oberösterreich. Um 1040 wurde die Burg Lambach von den Grafen von Wels-Lambach in ein Kanonikerstift, 1056 in ein Benediktiner-Stift umgewandelt. Die Kirche wurde 1652–56 barockisiert, der Bibliotheksaal 1699, die Ost- und Nordflügel der Anlage 1706–07 erbaut. Im Westturm romanische Fresken (um 1080).

LANDSHUT-SELIGENTHAL
Zisterzienserinnenkloster im Stadtteil Seligenthal jenseits der Isar/Bayern. 1232 gründete die Witwe Herzog Ludwigs I. von Bayern, Ludmilla, das Kloster Seligenthal mit der Afrakapelle, neben der 1259 eine gotische Basilika entstand, die nach 1732 im Rokokostil umgestaltet wurde. 1803 aufgehoben, seit 1925 wieder Kloster.

LILIENFELD
Zisterzienserstift an der Traisen, 25 km südlich von St. Pölten/Niederösterreich. Um 1202 von dem Babenberger Leopold VI. gegründet. Die Klosterkirche wurde 1263 vollendet. Der frühgotische Kreuzgang, das Kapitelhaus und die barocke Einrichtung sind erhalten. Als Grundherrschaft war Lilienfeld für einen Teil des Alpenvorlandes ein bedeutender Wirtschaftsfaktor. Es erschloß Bergwerke und Straßen, war befestigt und hielt 1683 den Türken stand. 1789 wurde es vorübergehend aufgehoben, 1810 durch Brand zum Teil zerstört.

MALLERSDORF
Benediktiner-Kloster an der Kleinen Laaber/Niederbayern. Gegründet 1107 durch die Grafen Heinrich und Ernst von Kirchberg, aufgehoben 1803.

MARIASTEIN
Benediktiner-Kloster im Kanton Solothurn (Schweiz). Vom Kloster Beinwyl 1636 als Wallfahrtsort besetzt. 1648 übersiedelte der Konvent nach Mariastein. Aufgehoben 1874 vom Kanton Solothurn. Danach zog der Konvent nach Delle in Frankreich. 1902 von der Regierung vertrieben, fand er am Dürrnberg bei Hallein in Salzburg Aufnahme. 1907 wurde das Kloster nach Bregenz verlegt, wo es jetzt als St. Gallus-Stift besteht.

MARIASTERN
Zisterzienserinnenstift in Gwiggen, Gemeinde Hohenweiler, nördlich von Bregenz/Vorarlberg (Österreich). Hier fanden sich die Nonnen der 1848 aufgehobenen Stifte Kalchrain, Feldbach und Tänikon zu einem neuen Konvent zusammen, da nicht genug Geld vorhanden war, um im Ausland drei neue Klöster zu errichten. Im alten Ansitz Gwiggen bei Hohenweiler fanden sie den geeigneten Platz. Die Geschichte dieses Schlößchens reicht bis ins 17. Jahrhundert zurück. Die Nonnen nannten ihr neues Haus Mariastern, und ihre Vorsteherin führt den Titel „Äbtissin der vereinigten Klöster Kalchrain, Feldbach und Tänikon und regierende Priorin von Mariastern".

*Lambach: Benediktiner-Stift. Romanische Fresken im ehemaligen Westchor der Stiftskirche, König der Könige, 11. Jh.*

MARIAZELL IM WIENERWALD siehe Kleinmariazell

MARIENBERG
Benediktiner-Kloster im oberen Vinschgau, bei Mals/Südtirol. Um 1150 von den Herren von Tarasp (Graubünden) errichtet. Aus dieser Zeit stammen Fresken in der Krypta. 1201 wurde die vergrößerte Basilika (romanisches Portal, gotische Madonna im Bogenfeld) geweiht, um 1645 barockisiert. Aus Marienberg stammt die Chronik des Priors Goswin (1365). Ein großer Klosterbrand und die Zwistigkeiten der Reformationszeit brachten das Kloster an den Rand des Unterganges. Erst seit 1615 begann unter Mithilfe der schwäbischen Abtei Weingarten ein neuer Aufstieg. Auch die Wissenschaft blühte. 1724 gründete das Kloster sein berühmtes Gymnasium in Meran. 1807 wurde das Kloster aufgehoben, 1816 von Franz I. von Österreich wiederhergestellt.

## MATTSEE

Weltliches Kollegiatstift zwischen Obertrumer- und Niedertrumersee/Salzburg (Österreich). Um 777 vom Bayernherzog Tassilo III. als Benediktiner-Stift gegründet. 817 erscheint „Mathaseo" als königliche Abtei und wird später dem bayerischen Kloster Altötting übergeben. Ab 907 kommt es mit diesem als Eigenkloster an das Bistum Passau, unter dessen Oberhoheit es bis 1807 stand. Umwandlung in ein weltliches Kollegiatstift Mitte des 11. Jahrhunderts, das es - als eines der wenigen alten Weltpriester-Kollegiatstifte – bis auf den heutigen Tag geblieben ist.

## MAUERBACH

Kartäuserkloster im Wienerwald/Niederösterreich. Gegründet 1313, aufgehoben 1782. Die interessante Anlage der Kartause ist im wesentlichen erhalten.

## MEHRERAU

Zisterzienserstift am Bodensee, westlich von Bregenz/Vorarlberg (Österreich). 1097 von Graf Ulrich von Bregenz mit Mönchen aus Hirsau gegründet. Die Fundamente der romanischen Basilika (1125) im Hirsauer Schema wurden 1962 aufgedeckt und konserviert. Mehrerau, das Hauskloster der Grafen von Bregenz und Montfort, wurde 1803 aufgehoben, 1854 mit Zisterziensern aus Wettingen im Aargau wiederbesiedelt.

## MELCHTHAL

Benediktinerinnenkloster im Kanton Obwalden (Schweiz). Gegründet 1866, Priorat.

## MELK

Benediktiner-Stift an der Donau, 86 km westlich von Wien (Österreich). 985 von Markgraf Leopold I. als Chorherrenstift gegründet, das 1089 an die Benediktiner kam und die erste Grabstätte der Babenberger wurde. Seit dem 12. Jahrhundert war Melk bedeutende Kulturstätte („Melker Annalen" 1123, „Frau Ava", „Melker Marienlied"). Im 15. Jahrhundert Ausgang einer für den gesamten süddeutschen Raum bedeutsamen Klosterreform („Melker Reform"). Im 18. Jahrhundert Stätte der Geschichtsforschung. Die Gebäude wurden durch Jakob Prandtauer 1702–32 barock neu errichtet. Dadurch ist Melk das bedeutendste barocke Benediktiner-Stift Österreichs (Kirche, Saal und Bibliothek mit Fresken Paul Trogers und J. M. Rottmayrs). Es birgt bedeutende Kunstschätze (Melker Kreuz, Wullersdorfer Altar) und Handschriften. Der barocke Gartenpavillon dient während der Sommermonate für Theateraufführungen.

## METTEN

Benediktiner-Kloster nordwestlich von Deggendorf/Niederbayern. 766 gegründet. Die Benediktiner bemühten sich insbesondere um die Erschließung des Bayerischen Waldes. Dem Umbau der gotischen Hallenkirche und dem Neubau des Klosters folgte im 18. Jahrhundert die Errichtung der Bibliothek nebst Festsaal (1942 erneuert). 1058 den Babenbergern übereignet, Besetzung mit Kanonikern, 1157 neuerliche Berufung der Benediktiner durch Herzog Heinrich Jasomirgott. 1803 säkularisiert, 1837 als erstes Kloster in Bayern wiedererrichtet.

## MICHAELBEUERN

Benediktiner-Stift im Flachgau, 35 km nördlich von Salzburg (Österreich). Um 785 geründet. Neben St. Peter das einzige Benediktiner-Stift des Salzburger Raumes liegt im dunkeln. 817 erscheint es im Klosterkatalog von Aachen. 907 zerstört, wurde es bald wieder aufgebaut, 977 von Kaiser Otto II. und Pfalzgraf Hartwig reich beschenkt. 1072 weihte Sighard von Aquileja die neue Stiftskirche und machte aus seiner Burg neben dem Stift ein Frauenstift, das aber bald wieder ausstarb. Das baufreudige Barock ging an diesem Stift fast spurlos vorüber. Im 17. und 18. Jahrhundert stellte Michaelbeuern der von einer Benediktinerkongregation geführten Salzburger Universität eine Reihe von Professoren.

## MILLSTA TT

Benediktiner-Stift am Nordufer des Millstätter Sees/Kärnten (Österreich). Gegründet um 1070, aufgehoben 1469 von Papst Paul III. und von Kaiser Friedrich III. dem St.-Georgs-Ritterorden übergeben. Nach Auflösung dieses Ordens kam Millstatt 1579 an die Jesuiten, nach deren Aufhebung 1773 an den Staat.

## MONDSEE

Benediktiner-Stift am Nordufer des gleichnamigen Sees in Oberösterreich. Gegründet um 748–788 karolingische Reichsabtei, 833 Regensburger Eigenkloster, säkularisiert 1791. Zuerst dem Bischof von Linz zur Dotation, dann der fürstlichen Familie Wrede als Schloß übergeben.

## MOOSBURG

Benediktiner-Kloster nordöstlich von Freising/Oberbayern. Gegründet um 755, kam es 895 an Freising. 1004 in ein Kollegiatstift verwandelt. 1598 nach Landshut übertragen und dort 1803 aufgehoben.

## MÜNCHEN- ST. BONIFAZ

Benediktiner-Kloster in Bayern. Gegründet 1835 von König Ludwig I. von Bayern. Die Kirche wurde 1850 geweiht. Dem Kloster wurde die Seelsorge in der sogenannten Maxstadt anvertraut. Bedeutende Bibliothek mit über 150.000 Bänden. 1944 zerstört, seit 1949 teilweise wieder aufgebaut. Abhängig das Priorat Andechs.

## MÜNSTERSCHWARZACH

Benediktiner-Kloster im Kreis Kitzingen, Unterfranken/Bayern. Gegründet 816. 1803 wurde die alte Abtei aufgehoben, 1913 neu gegründet. Berühmt durch die Barockbasilika von Balthasar Neumann, an deren Stelle 1935–36 eine neue Kirche von A. Bosslet erbaut wurde. Seit 1913 Missionsbenediktiner.

## MURI

Benediktiner-Kloster an der Bünz im Kanton Aargau (Schweiz). Das Kloster wurde 1027 von den Habsburgern gegründet. Die ersten Mönche kamen aus Einsiedeln. Von der ersten Klosterkirche (1064 geweiht) sind Ostpartie und Teile des Westwerks erhalten. Die im Kloster verfaßten „Acta Murensia" geben Aufschluß über die älteste Zeit. Das „Osterspiel von Muri" (13. Jahrhundert) ist ein Denkmal der mittelhochdeutschen Literatur. Die romanische dreischiffige Krypta stammt aus dem 11. Jahrhundert. Die Klosterkirche wurde 1695–98 von C. Moosbrugger zu einem Achteckraum umgebaut. Der Kreuzgang enthält Glasmalereien (16. Jahrhundert). 1841 wurde Kloster Muri aufgehoben. Die Mönche gingen nach Gries. Die ehemaligen Konventgebäude dienen als kantonales Pflegeheim und Schule.

NEUSTIFT

Augustiner-Chorherrenstift am Eisack, 4 km nördlich von Brixen/Südtirol. Gegründet 1142. Erste Chorherren aus Klosterneuburg. Berühmtester Insasse der Minnesänger Oswald von Wolkenstein, der 1445 in der Neustifter Kirche begraben wurde. 1807 aufgehoben, wurde das Kloster 1816 wieder bezogen. 1945 Errichtung eines Gymnasiums, das die alte Schultradition fortsetzt.

NEUSTIFT-FREISING

Prämonstratenserkloster in Bayern, das 1142 durch Otto I. von Freising gegründet wurde. Bis zum 13. Jahrhundert war es ein Doppelkloster. Die Abtei hatte große Besitzungen um Freising, in Niederösterreich und Südtirol. Nach 1751 wurde ein Rokoko-Neubau errichtet. 1803 wurde das Kloster säkularisiert.

NIEDERALTAICH

Benediktiner-Kloster an der Donau, südöstlich von Deggendorf/Niederbayern. Im Benediktiner-Kloster St. Mauritius (gegründet 741) entstanden nach 1050 die „Annales Althahenses", eine Quelle für die Geschichte jener Zeit. Nach 1000 begann die Rodung des Bayerischen Waldes. Die Stiftskirche (1306) wurde 1718–22 umgebaut. 1803 wurde das Kloster aufgehoben und 1918 neu besiedelt. Das Kloster ist, besonders durch sein ökumenisches Institut, führend an der Unionsarbeit der deutschen Katholiken beteiligt.

OBERSCHÖNENFELD

Zisterzienserinnenkloster in der Gemeinde Gessertshausen, Kreis Augsburg, im bayerischen Schwaben. Bestand 1248–1803, wurde 1836 wiederhergestellt und ist seit 1918 wieder Abtei. Die Kirche (1721–29) und Klostergebäude sind von Fr. Beer.

OSSIACH

Benediktiner-Stift am Südufer des Ossiacher Sees in Kärnten (Österreich). Gegründet im 11. Jahrhundert. Türkeneinfall 1484. Besuch Kaiser Karls V. 1552. 1672 wird der Konvent nach Schloß Wernberg transferiert. 1783 wird das Kloster durch Kaiser Joseph II. aufgehoben. Ossiach war früher Eigenkloster von Aquileja, besiedelt von Niederaltaich.

OSTERHOFEN

Prämonstratenserkloster nordwestlich von Passau/Niederbayern. Von 1004–1009 Chorherrenstift, seit 1128 Prämonstratenserkloster. Stand bis 1288 unter Pröpsten, dann unter Äbten. Nach einer Brandkatastrophe 1701 erfolgte der Neubau der Kirche (1726–40). 1783 wurde es aufgehoben und zum Teil dem Damenstift St. Anna in München eingegliedert. Daher hat es den Namen Osterhofen-Damenstift. Seit 1858 ist es Bildungsanstalt der Englischen Fräulein, die ehemalige Stiftskirche – heute Pfarrkirche – ist eine der schönsten Rokokokirchen Bayerns.

OTTOBEUREN

Benediktiner-Kloster südöstlich von Memmingen an der mittleren Iller/Bayern. Nach der Überlieferung 764 gegründet, war die Abtei vom 10. Jahrhundert bis 1802 reichsunmittelbar. Unter Abt Rupert (1083–94) wurde die Hirsauer Reform eingeführt. Im 16. Jahrhundert blühten Wissenschaft und Kunst an der Ottobeurer Akademie, der Vorgängerin der Universität Dillingen. Im 17. Jahrhundert waren Patres an der Gründung der Universität Salzburg beteiligt. 1802 säkularisiert, 1834–1918 von Augsburg-St. Stephan abhängiges Priorat, seit 1918 wieder Benediktiner-Kloster.

PASSAU - ST. STEPHAN

Benediktiner-Kloster in Niederbayern. Urkundlich seit 739. Bestand noch 796 und ist frühzeitig an weltpriesterliche Chorherren übergegangen.

PERNEGG

Prämonstratenserstift bei Hötzelsdorf/Niederösterreich. 1153 als weibliches Zweigkloster des Prämonstratenserstiftes Geras gegründet, 1586 als Männerkloster neu besiedelt und 1783 aufgehoben. Seine Stiftskirche ist ein großartiges Denkmal der Nachgotik. Heute Caritas-Ferienheim.

PLANKSTETTEN

Benediktiner-Kloster im Kreis Beilngries in der bayerischen Oberpfalz. Das 1129 von Eichstätt aus gegründete Benediktiner-Kloster wurde 1806 säkularisiert und 1904 von Scheyern aus als Priorat neu errichtet (seit 1917 Abtei).

POLLING

Augustiner-Chorherrenkloster bei Weilheim/Oberbayern. Angeblich durch Herzog Tassilo III. gegründet, erneuert 1010. Hier befand sich die berühmte Klosterschule des Gerhoh von Reichersberg. Auch später zahlreiche Gelehrte, wie E. Amort, Gerhoh Steigenberger, Prosper Goldhofer u.a. Polling besaß eine große Bibliothek. Die gotische Hallenkirche (1416–20) ist bekannt. Sie enthält eine Madonna von Leinberger (1526). Säkularisation im Jahre 1803.

RANSHOFEN

Augustiner-Chorherrenstift bei Braunau am Inn/Oberösterreich. Gegründet 1125, anstelle einer uralten Königspfalz errichtet und 1811 aufgehoben.

REGENSBURG - ST. EMMERAM

Benediktiner-Kloster im Bayrischen Wald. Gegründet im 8. Jahrhundert. Vom hl. Bonifatius 739 organisiert. 1731 von Kaiser Karl VI. zur Fürstabtei erhoben, 1812 von Kurfürst Max Joseph von Bayern aufgehoben.

REGENSBURG - ST. JAKOB

Benediktiner-Kloster im Bayrischen Wald. Gegründet um 1090. 1515 von der Abtei Dunfermling in Schottland restauriert. 1862 von Papst Pius IX. aufgehoben, da der Konvent bis auf zwei Patres ausgestorben war.

REICHENAU

Benediktiner-Kloster auf der gleichnamigen Insel im Bodensee/Baden-Württemberg. Gegründet 724. Fürstabtei. Vom 16. Jahrhundert an als Priorat dem Hochstift Konstanz inkorporiert. 1757 durch Franz Konrad, Fürstbischof von Konstanz, aufgehoben.

REICHERSBERG

Augustiner-Chorherrenstift am Inn, 18 km südlich von Schärding/Oberösterreich. Die Herren von Reichersberg im Innkreis gründeten 1084 auf ihrem Besitz ein Augustiner-Chorherrenstift, 1138 bei der Liebfrauenkirche ein Frauenkloster (1447 aufgelöst). 1624 brannte das Stift ab, Neubau 1629–44. Ausbau und Innenausstattung des Klosters im 18. Jahrhundert.

REIN

Zisterzienserstift 13 km nordwestlich von Graz/Steiermark (Österreich). Das älteste noch bestehende Stift des Ordens wurde 1129 von Markgraf

Leopold I. von Steier gegründet und nach der Zerstörung durch die Türken, 1480, befestigt. Der heutige Bau stammt von 1720–45, die Stiftskirche erhielt 1737–47 durch J. G. Stengg die barocke Form.

ROHR
Benediktiner-Kloster im Kreis Rottenburg an der Laaber/Niederbayern. 1133 durch den Bischof von Regensburg als Augustiner-Chorherrenstift gegründet. Ludwig der Bayer verlieh ihm 1346 für den Ort Marktrecht. 1717–23 entstand nach Plänen von E. Q. Asam die Barockkirche. 1803 Aufhebung des Stifts. 1947 ließen Benediktiner aus Braunau in Böhmen dort ihre Abtei und ihr Gymnasium wiedererstehen.

ROTTENBUCH
Augustiner-Chorherrenkloster an der Ammer, südöstlich von Schongau/Oberbayern. 1073 von Herzog Welf I. von Bayern gestiftet, galt es zur Zeit des Investiturstreites als Zufluchtstätte der Papsttreuen und machte seinen Einfluß in zahlreichen Chorherrenstiften geltend. 1803 wurde das Stift säkularisiert. Der Ort ist noch geprägt von der nach 1803 teilweise zerstörten, überaus großen ursprünglichen Klosteranlage. Besonders sehenswert die ehemalige Stifts- und heutige Pfarrkirche.

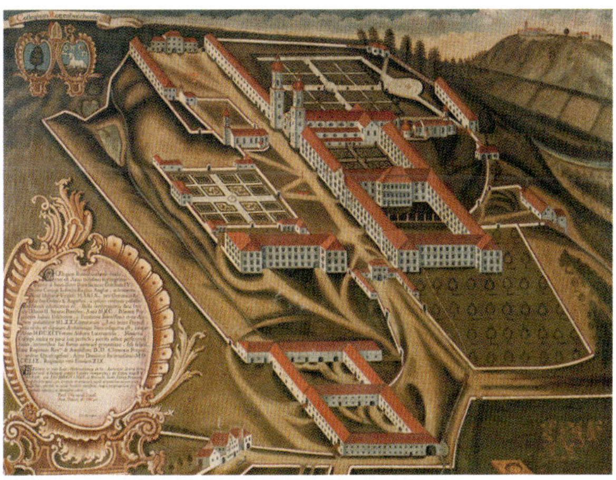

**Rottenbuch:** *Augustiner-Chorherrenkloster. Gemälde mit der Darstellung der Klosteranlage, 18. Jh.*

SÄBEN
Benediktinerinnenkloster bei Klausen/Südtirol. Seit 1685 ist Säben Benediktinerinnenkloster. Aber schon im 4. Jahrhundert stand eine christliche Kirche auf dem markanten Felsen über Klausen (Provinz Bozen), die im 6. Jahrhundert Bischofsitz wurde. Um 1000 wurde dieser nach Brixen verlegt, während Säben bis zum Ende des 16. Jahrhunderts Sommersitz der Bischöfe blieb. 1808 aufgehoben, 1816 wiedererrichtet.

SALZBURG - NONNBERG
Benediktinerinnen-Stift auf einem Vorsprung des Mönchsberges. 723 gründete der hl. Rupert dieses berühmte Frauenstift, das seither niemals aufgehoben war. Es dürfte überhaupt das älteste ununterbrochen bestehende Frauenstift der Welt sein! Im 13. Jahrhundert verlieh Papst Gregor IX. der Äbtissin das Privileg, gleich einem Bischof das Faldistorium und den Hirtenstab zu gebrauchen. Bei feierlichen Anlässen trägt die Äbtissin eine Krone. 1423 brannten Kirche und Kloster ab und wurden über dem alten Grundriß spätgotisch neu errichtet. Die außerhalb der Klausur liegenden Räume bergen eine Reihe erlesener Kunstwerke. Die Bibliothek umfaßt über 20.000 Bände und einen dem Brand entgangenen Rest von Handschriften und Inkunabeln.

SALZBURG - ST. PETER
Benediktiner-Stift am Fuße des Mönchsbergs. Gegründet vor 700 durch den hl. Rupert mit Hilfe der bayerischen Herzöge. Die Erneuerung der Abtei erfolgte 978 durch Tito, Profeß von St. Emmeram. 1623–1810 war der Abt Assistens perpetuus an der Benediktiner-Universität in Salzburg. Das 1927 zur Erzabtei erhobene Kloster, das als einziges Männerkloster des deutschen Sprachraumes eine kontinuierliche Tradition bis zurück zu seiner Gründung aufzuweisen hat, war 1942–45 vorübergehend aufgehoben. Durch seine Pflege von Kunst und Wissenschaft stets einer der Brennpunkte kulturellen Lebens im Salzburger Gebiet. Zur Heranbildung des Ordensnachwuchses führt es ein Juvenat. Am 26. Oktober 1783 führte W. A. Mozart in der Stiftskirche zum ersten Mal seine c-Moll-Messe auf.

ST. BERNHARD
Augustiner-Chorherrenkloster am Großen St. Bernhard (Schweiz). 1145 erste Erwähnung. 1191 wurde es von den Chorherren übernommen.

ST. BERNHARD-FRAUENHOFEN
Zisterzienserinnenstift im Bezirk Horn/Niederösterreich. Das im 13. Jahrhundert erbaute Kloster wurde in der Reformationszeit aufgelöst. Teile des gotischen Kreuzgangs und der Kapitelsaal kamen 1961 nach Klosterneuburg.

ST. FLORIAN
Augustiner-Chorherrenstift 14 km südlich von Linz/Oberösterreich. Der Legende nach ist St. Florian die Begräbnisstätte des hl. Florian (304 n Chr.). Im 8. Jahrhundert entstand dort ein Kloster, das 1071 unter Bischof Altmann Chorherrenstift wurde. Die Stiftskirche ist ein barocker Neubau (zwischen 1686 und 1708). Jakob Prandtauer erbaute den Marmorsaal. Die Bibliothek ist von Gotthard Hayberger (1745–51). Hier sind mehr als 130.000 Bände untergebracht. Durch das Wirken Anton Bruckners als Stiftsorganist (1845–55) bekam St. Florian zusätzliche Bedeutung.

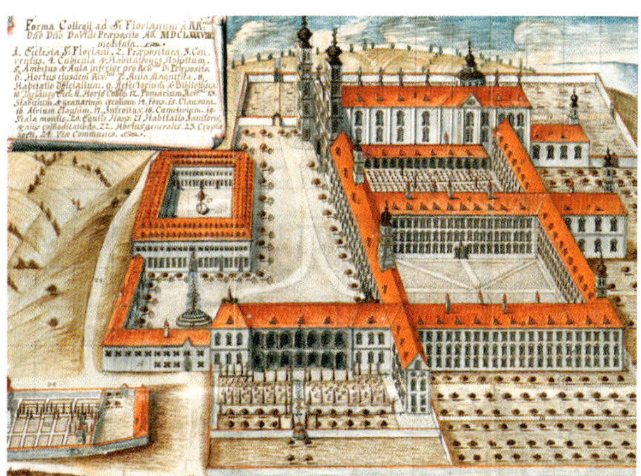

**St. Florian:** *Augustiner-Chorherrenstift. Gesamtanlage des geplanten Stiftsneubaues von Süden, vor 1686, Aquarell der „Topographia Florianensis" nach einem Entwurf von C.A. Carlone, 1741/42.*

ST. GALLEN

Benediktiner-Kloster im Kanton gleichen Namens in der Schweiz. Gegründet 719 durch den hl. Othmar, nahm das Kloster 747 die Benediktiner-Regel an. Seit 1206 Fürstkloster. Aufgehoben 1805 vom Kanton St. Gallen. Große Teile der Klosteranlage sind noch erhalten. Neben der berühmten Klosterkirche verdient vor allem die Bibliothek erwähnt zu werden, in der wertvollste Handschriften aufbewahrt und gezeigt werden.

*St. Gallen: Benediktiner-Kloster. Die Klosteranlage vor dem Umbau im Jahre 1755.*

ST. LAMBRECHT

Benediktiner-Stift 12 km von Neumarkt/Steiermark (Österreich). 1106 gestiftet, 1109 unter päpstlichem Schutz. Gründete und betreute die Wallfahrt von Mariazell. 1786 unter Kaiser Joseph II. aufgehoben. 1802 von Kaiser Franz II. an die Benediktiner zurückgegeben. 1938–45 beschlagnahmt. Die Stiftskirche wurde um 1640 barockisiert. Der romanische Karner und die gotische Spitalskirche mit gotischem Flügelaltar sind erhalten.

ST. MAURICE

Augustiner-Chorherrenkloster im Kanton Wallis (Schweiz). 515 entstand über dem Grab des hl. Mauritius das erste Kloster. Schon im 4. Jahrhundert war es Klerikergemeinschaft. 830 weltliches Chorherrenkloster. 940 wurde es von den Sarazenen verwüstet. Seit 1840 ist der Abt zugleich auch Titularbischof – Abbatia nullius – von Bethlehem

ST. OTTILIEN

Benediktiner-Kloster im Landkreis Landsberg am Lech/Oberayern. Gegründet 1884 von Andreas Amrhein, einem Benediktiner aus Beuron. Seit 1902 Abtei, die eine rasche Aufwärtsentwicklung nahm. Sie beherbergt ein humanistisches Gymnasium, Lehrwerkstätten, eine große Bibliothek, ein Missionsmuseum und ist Exerzitienhaus. Sitz des Erzabtes der Missionskongregation von St. Ottilien. Betreut Missionen in Afrika, Korea und Südamerika.

ST. PAUL i. L.

Benediktiner-Stift im Lavanttal, 18 km südlich von Wolfsberg/Kärnten (Österreich). 1091 von Graf Engelbert I. auf den Gründen der Sponheimer erbaut. Von Papst und Kaiser privilegierte Äbte herrschen über weite Ländereien und über das Kloster, dessen Geschichte nicht nur Arbeit und Gebet, sondern auch Willkür und Kriege kannte. Im Barock erlebte das Kloster seine zweite Blüte, ehe es 1782 seiner alten Funktionen enthoben wurde. Das berühmte Gymnasium hat fast 700 Schüler.

ST. SALVATOR bei ORTENBURG

Prämonstratenserkloster in der Diözese Passau. Aus einem Oratorium der Eremiten ist dieses Kloster 1289 entstanden. 1309 erfolgte der Anschluß an den Prämonstratenserorden als Tochterkloster von Osterhofen. 1803 wurde die Propstei säkularisiert. Die ehemalige Stiftskirche ist jetzt Pfarrkirche.

SARNEN

Benediktiner-Kloster am Sarner See im Halbkanton Obwalden (Schweiz). 1615 hieher verlegt aus Engelberg.

SCHÄFTLARN

Benediktiner-Kloster an der Isar, südlich von München/Bayern. Um 760 gegründet, war Schäftlarn im 10. Jahrhundert Kollegiatstift und 1140–1803 Prämonstratenserkloster. 1865 kam es an die Benediktiner. Die 1760 fertiggestellte Kirche bildet die zentrale Achse der symmetrisch angelegten Klosterbauten, die 1702–07 vollendet wurden. Die Kirche St. Dionys nach Plänen von Cuvillies ist eine Spitzenleistung des bayerischen Barock.

SCHEYERN

Benediktiner-Kloster im Kreis Pfaffenhofen/Oberbayern. Burg Scheyern wurde gegen 1119 Benediktiner-Kloster. Die Mönche kamen von Bayrischzell über Fischbachau und den Petersberg bei Eisenhofen. Anfang des 12. Jahrhunderts war Scheyern ein Stützpunkt der cluniazensischen Bewegung in Bayern. 1426–28 schloß es sich der Melker Reform an. Unter Abt Konrad von Luppurg (1206–25) entstand das „Chronicon Schyrense". Kalligraphie und Miniaturmalerei wurden gepflegt. 1803 aufgehoben, 1838 wieder Priorat, 1843 Abtei. Nach einem Brand wurde die Kirche 1215 wieder geweiht und im 16. bis 18. Jahrhundert verändert. Die Chorkapelle war Grablege der ältesten wittelsbachischen Herzöge.

SCHLÄGL

Prämonstratenserstift im nördlichen Mühlviertel/Oberösterreich. Zu Beginn des 13. Jahrhunderts gründete Kalhoch von Falkenstein im Obersten Tal der Großen Mühl ein Rodungskloster. Der erste Versuch mit Zisterziensern um 1204 mißlang, der zweite mit Prämonstratensern 1218 hatte Erfolg. Hussiten- und Bauernkriege suchten das Stift schwer heim. Barockisierung von Kirche und Stift im 17. Jahrhundert. Das Kloster entging der josephinischen Aufhebungswelle und erlebte im 19. Jahrhundert eine große Blüte. Die Bibliothek enthält 70.000 Bände, 269 Handschriften und 194 Inkunabeln. In der Gemäldegalerie befinden sich etwa 500 Bilder. Schlägl ist heute noch das religiöse Zentrum des oberen Mühlviertels. Es führt eine landwirtschaftliche Winterschule.

SCHLIERBACH

Zisterzienserstift im Kremstal, 50 km südlich von Linz/Oberösterreich. Erste Gründung 1355 als Frauenkloster, 1556 aufgelöst und 1620 Zweitgründung als Mönchskloster. Erst in unserem Jahrhundert erfuhr das Stift großen Aufschwung. Es hat ein Gymnasium mit Internat, eine Landwirtschaftsschule und eine Werkstätte für Glasmalerei. Die Schlierbacher Käserei ist weithin bekannt. Darüber hinaus veranstaltet das Stift Kurse für Jugendbetreuung und Volksbildung.

SCHWEIKLBERG

Benediktiner-Kloster in Niederbayern. 1905 von St. Ottilien aus gegründet, 1906 Priorat, seit 1914 Abtei. Schweiklberg beherbergt ein humanistisches Gymnasium, eine Berufsschule und eine landwirtschaftliche Winterschule. 1941–45 war Schweiklberg aufgehoben.

SECKAU

Benediktiner-Stift 11 km westlich von Knittelfeld/Steiermark (Österreich). 1140 gründete der Hochfreie Adalram von Waldeck in St. Marein ein Augustiner-Chorherrenstift, das schon zwei Jahre später in die Abgeschiedenheit des Hochlandes nach Seckau verlegt wurde. Ein Chorfrauenstift kam 1150 dazu. 1150–1164 Bau der Stiftskirche. 1218 Gründung eines Diözesanbistums durch das Erzbistum Salzburg. Während der Gegenreformation waren die Seckauer Bischöfe Streiter für die katholische Sache. Erzherzog Karl von Innerösterreich ließ sich 1587 ein Mausoleum bauen. Im 18. .Jahrhundert erhielten die Stiftsgebäude frühbarocke Formen. 1782 Aufhebung, 1883 Übernahme durch Beuroner Benediktiner. 1931 wurde das Stiftsgymnasium mit Internat gegründet. Die Laienbrüder betreiben eine Goldschmiedewerkstätte, eine Tischlerei und eine Gärtnerei. Häufig werden im Stift auch Exerzitienkurse, religiöse Schulungen und Einkehrtage abgehalten.

SEEDORF

Benediktinerinnenkloster im Kanton Uri (Schweiz). Gegründet 1559. Früher Kommende der Lazariter. Die Abtei ist jetzt exemt und steht unter dem Abt von Einsiedeln.

SEITENSTETTEN

Benediktiner-Stift bei Waidhofen an der Ybbs/Niederösterreich. 1109 wurde eine Zelle für Augustiner-Chorherren gegründet, 1112 verlegte Udiscalc von Stille und Heft das Stift neben seine Burg und übergab es Benediktinern aus Göttweig. 1114 zur Abtei erhoben. Die Kirche erhielt 1116 ihre Weihe und wurde nach einem Brand Mitte des 13. Jahrhunderts frühgotisch erneuert. 1630–1707 wurde das Kloster barockisiert. Jakob Prandtauer erbaute die Wallfahrtskirche auf dem Sonntagberg. 1719 baute Joseph Munggenast die Stiftsgebäude wieder um, 1747 vollendete Joh. Gotthard Hayberger das Werk.

SPEINSHART

Prämonstratenserkloster in Neustadt an der Waldnaab/Oberpfalz. 1145 gegründet, 1556 säkularisiert, 1661 neu gegründet. War seit 1691 Abtei, wurde 1803 wieder aufgehoben und ist seit 1944 erneut Prämonstratenserabtei. Die Klosterkirche entstand 1692–99 nach Plänen von W. Dientzenhofer und ist ein überschäumender Triumph des Barock.

STAINZ

Augustiner-Chorherrenstift südwestlich von Graz/Steiermark (Österreich). Gegründet um 1229, aufgehoben 1785. Die Stiftsgebäude gelangten später in den Besitz des Erzherzogs Johann, dessen Nachfahren sie noch heute gehören.

STAMS

Zisterzienserstift im Oberinntal, 35 km westlich von Innsbruck/Tirol Österreich). 1273 wurde das Kloster von der Mutter Konradins, des letzten Hohenstaufen, gestiftet. Zisterziensermönch aus dem schwäbischen Kloster Kaisheim zogen ein. Bald wurde Stams zum geistigen und kulturellen Zentrum des Oberinntals. Hier befanden sich von 1362 bis 1423 die Reichskleinodien. Durch Bauernkriege, Plünderungen und Brände erlitt das Kloster große Schäden. Im 17. Jahrhundert wurden die Gebäude großzügig erneuert. 1807 von der bayerischen Regierung aufgehoben, 1816 wieder errichtet, 1939 neuerlich aufgehoben. Die Kirche wurde Magazin, das Kloster Umsiedlungslager für Südtiroler. Nach umfangreichen Umbauten konnten die Mönche 1946 wieder einziehen. Seit 1949 gibt es hier ein Aufbau- und Realgymnasium samt Internat. Weiters unterhält das Stift ein Hauptschulinternat ohne Schule und ein Sportgymnasium.

STEINERKIRCHEN

Moderne Kommunität von Benediktinerinnen in Oberösterreich. Gegründet von Pater Norbert Schachinger (1897-1974) aus Kremsmünster.

STEINGADEN

Prämonstratenserkloster südlich von Schongau/Oberbayern. Gegründet 1147, aufgehoben 1803. Seelsorgezentrum im „Pfaffenwinkel" mit den abhängigen Wallfahrtskirchen Wies, Ilgen und Heilig-Kreuz auf dem Kreuzberg.

SUBEN

Augustiner-Chorherrenstift am Inn/Oberösterreich. Gegründet 1126, aufgehoben 1784. Heute ist Suben eine Strafvollzugsanstalt.

TEGERNSEE

Benediktiner-Kloster am gleichnamigen See in Oberbayern. Gegründet um 746, zerstört zwischen 907–20, 972 von St. Maximin in Trier aus restauriert. Wichtiges Zentrum der Melker Reform. Aufgehoben 1803 vom Kurfürsten Max Joseph von Bayern.

TETTENWEIS - ST. GERTRUD

Benediktinerinnenkloster in Niederbayern. 1899 im ehemaligen Schloß Tettenweis von Chiemsee-Frauenwörth aus gegründet. Seit 1924 Abtei. 1946–49 wurde die Abteikirche im neuromanischen Stil wieder erbaut. Die Abtei ist berühmt für ihre Paramentenstickereien.

THYRNAU

Zisterzienserinnenkloster bei Passau/Niederbayern, ursprünglich in Rathausen bei Luzern (Schweiz). Nach der Vertreibung aus Rathausen 1878 in Vézelise (Diözese Nancy) weitergeführt. 1902 wurden die Zisterzienserinnen aus Frankreich vertrieben und siedelten sich im ehemaligen erzbischöflichen Jagdschloß in Thyrnau an. Seit 1925 untersteht die Abtei der Mehrerauer Zisterzienser-Kongregation.

VORAU

Augustiner-Chorherrenstift in der Oststeiermark (Österreich). Gegründet 1163 durch Ottokar III., Markgraf von Traungau. 1237 niedergebrannt, 1300 wieder errichtet. Da das Stift nahe der ungarischen Grenze lag, wurde es im 15. Jahrhundert mit vier Türmen, Graben und Wall befestigt. Im Barock wurde Vorau durch eine Reihe großartiger Kunstwerke bereichert. 1940 wurde es aufgehoben und zum Sitz einer Parteischule gemacht. Während des Zweiten Weltkrieges brannte es wieder zum Teil ab, Kirche und Bibliothek blieben jedoch unversehrt. Die Mittel zum Wiederaufbau lieferte der mustergültig bewirtschaftete Waldbesitz des Klosters.

WALDHAUSEN

Augustiner-Chorherrenstift nordöstlich von Grein an der Donau/Oberösterreich. 1147 zuerst auf Burg Säbnich für Augustiner-Chorherren errichtet, 1161 nach Waldhausen übertragen. 1785 säkularisiert. Heute steht nur noch die monumentale, weiträumige Kirche, während die ausgedehnten Klostergebäude größtenteils abgebrochen wurden.

WALDSASSEN

Zisterzienserinnenkloster im Fichtelgebirge, östlich von Marktredwitz/Oberpfalz. Das 1133 gegründete Kloster wurde 1147 unter königlichen Schutz gestellt und 1214 reichsunmittelbar. Seit Mitte des 14. Jahrhunderts eigene Landeshoheit („Stiftsland"). Nach der Säkularisation 1571 wurde das Kloster kurpfälzisch, 1628 bayerisch. Nach der Restitution 1669 wurde es 1681–1704 von G. und Ch. Dientzenhofer neu erbaut. Nach neuerlicher Säkularisation 1803 wurde es 1863 von Zisterzienserinnen erworben und 1925 wieder Abtei (1969 päpstliche Basilika). Unter den Klosterbauten nimmt die Bibliothek eine Sonderstellung ein. Sie wurde 1725 fertiggestellt und besitzt hervorragende lebensgroße Schnitzfiguren. Dieses ungewöhnliche Werk erhält durch herrliche Stukkaturen von Appiani einen großartigen Rahmen.

WELTENBURG

Benediktiner-Kloster an der Mündung der Altmühl in die Donau bei Kelheim/Niederbayern. Um 600 errichteten Iroschotten ein Kloster, das Bonifatius, unterstützt von Tassilo III., im 8. Jahrhundert mit Benediktinern besiedelte. Die Abteikirche, seit 1812 auch Pfarrkirche, gilt als größtes Juwel des bayerischen Hochbarock. Sie wurde 1717–21 nach Plänen der Brüder Cosmas und Damian und Egid Quirin Asam gebaut. Das niederbayerische Kloster wurde 1803 aufgehoben und 1842 wiedererrichtet.

*Zwettl: Zisterzienserstift. Ansicht des Stiftes von Süden, Gemälde im Konventgang bei der Bibliothek, 1689.*

WIEN - SCHOTTEN

Benediktiner-Stift in der Inneren Stadt. Erbaut um 1155 von Herzog Heinrich Jasomirgott. Die ersten Mönche kamen aus dem berühmten Schottenkloster in Regensburg. 1418 zogen Benediktiner aus Melk in das Stift ein. Die Stiftskirche wurde 1635, nach dem Einsturz des Vierungsturmes, neu im Barockstil erbaut. Erst im 19. Jahrhundert erhielt das Kloster seine heutige Gestalt. Aus dem alten Gymnasium gingen viele weltberühmte Männer hervor. Auch heute ist diese ehrwürdige Schultradition des Stiftes voll erhalten. Im Stiftskeller werden Eigenbauweine ausgeschenkt. Das Stift ist Sitz der Wiener katholischen Akademie.

WILHERING

Zisterzienserstift an der Donau, 8 km westlich von Linz/Oberösterreich. 1146 gründeten die Brüder Ulrich und Cholo von Wilhering die Abtei am schmalen Uferstreifen zwischen Donau und Kürnbergerwald. Reiche Stiftungen der Schaumberger förderten die Entwicklung des Klosters und führten zur Gründung einiger Töchterklöster wie Hohenfurth in Böhmen (um 1259), Engelszell (1293) und Säusenstein (1336). Eine Brandstiftung 1733 vernichtete Kirche und Kloster fast völlig. Mit dem Wiederaufbau wurde jedoch sofort begonnen. Nach einem Rückschlag während des Josephinismus folgte eine neue Glanzzeit. 1895 wurde ein Gymnasium mit Internat gegründet, das heute noch besteht. 1928 sandte Wilhering Mönche in die Mission nach Südamerika, wo sie heute ein großes Gebiet seelsorgerisch betreuen. Schönste Rokokokirche Österreichs mit berühmten Orgeln.

WINDBERG

Prämonstratenserkloster im Kreis Straubing-Bogen/Niederbayern. Anstelle der Stammburg der Grafen von Bogen nahe der niederbayerischen Stadt Straubing entstand nach 1130 das Kloster Windberg. Die um 1220 vollendete romanische Klosterkirche St. Maria wurde nach 1730 barock ausgestaltet und reich mit Stuck versehen. Um 1230 entstand der interessante romanische Taufstein. Das 1803aufgehobene Kloster wurde 1923 neu besiedelt.

ZWETTL

Zisterzienserstift am Kamp im Waldviertel/Niederösterreich. Im Advent 1138 zogen dreizehn Mönche zur ersten Tochtergründung von Heiligenkreuz an die Ufer des Kamp, um eine Schenkung Hadmars von Kuenring zu übernehmen. 1159 wurde die Kirche geweiht. Zwischen 1160 und 1230 entstand der Kreuzgang mit den anliegenden Klostertrakten. Brände, Hussiten und die Reformation waren der Ruin des Klosters: 1651 bewohnten es nur noch drei Mönche. Im Zuge der Gegenreformation konnte es jedoch durch Abt Ulrich wieder aufgebaut werden. Die ursprünglich romanische, seit 1430 spätgotisch ausgestattete Kirche wurde um 1700 teilweise barockisiert (Joseph Munggenast). Durch Kaiser Josephs Reform und die napoleonischen Truppen wurde dem Kloster erneut schwerer Schaden zugefügt, von dem es sich erst Ende des 19. Jahrhunderts wieder erholen konnte. Das Waldviertler Stift ist heute trotz seiner Abgelegenheit ein geistiges Zentrum besonderer Art. Die barocke Stiftsbibliothek von Munggenast mit Fresken von Paul Troger enthält etwa 50.000 Bände, 420 Handschriften und 306 Inkunabeln. Das barock umgebaute Refektorium ist mit einigen Gemälden Paul Trogers geschmückt .

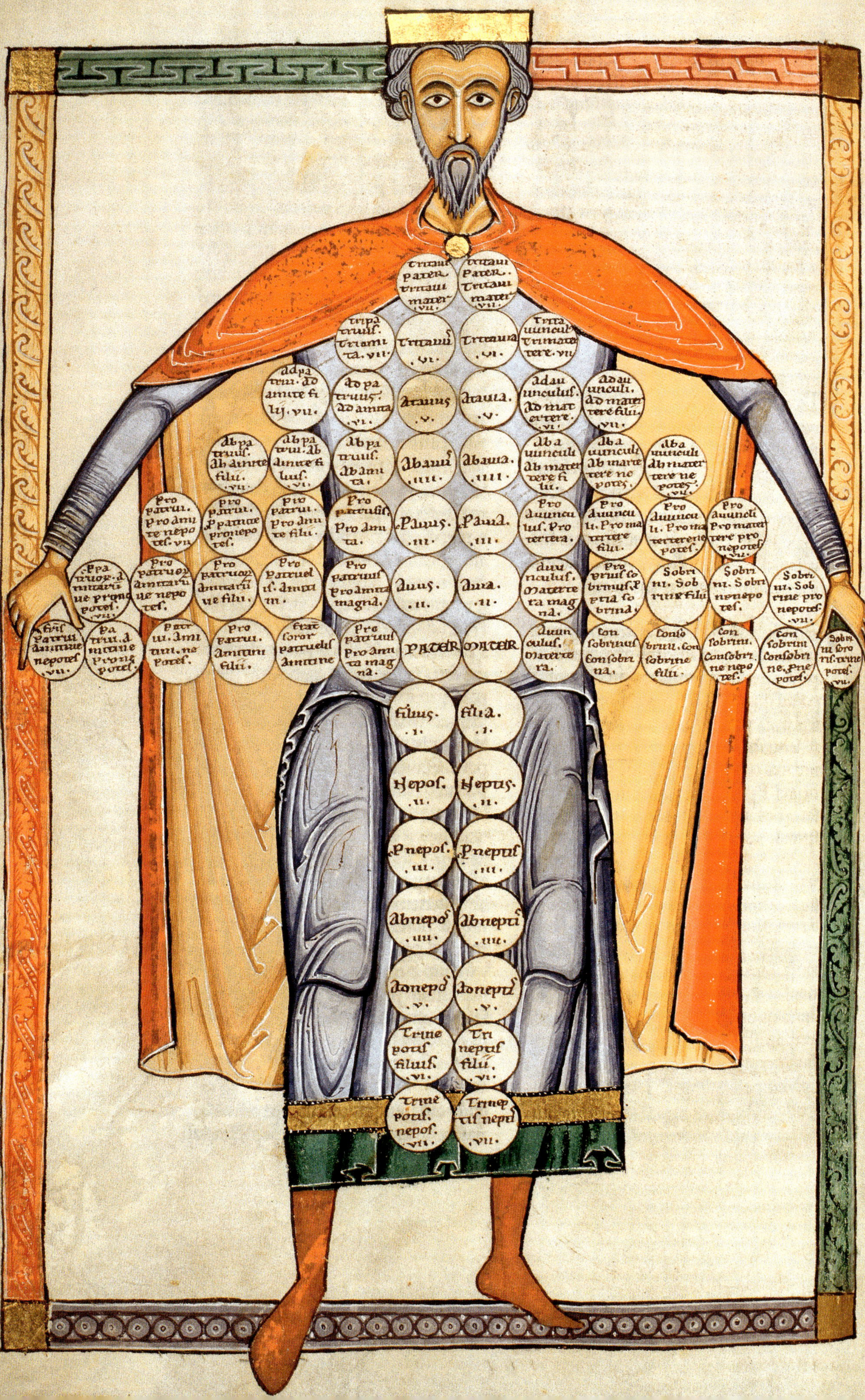

Tritaui pater. Tritaui mater
Tritaui pater. Tritaui mater
Tritauus .VI.
Tritauia .VI.
Atauus .V.
Atauia .V.
Abauus .IIII.
Abauia .IIII.
Pauus .III.
Paua .III.
Auus .II.
Aua .II.
PATER
MATER
Filius .I.
Filia .I.
Nepos .II.
Neptis .II.
Pnepos .III.
Pneptis .III.
Abnepos .IIII.
Abneptis .IIII.
Adnepos .V.
Adneptis .V.
Trinepos filius .VI.
Trineptis filia .VI.
Trinepos nepos .VII.
Trineptis neptis .VII.

www.weltbild.at

Sonderausgabe für Weltbild Verlag GmbH, Salzburg



Einbandgestaltung: X-Design, München
Gesamtherstellung: Firmengruppe APPL, aprinta druck, Wemding
Printed in the EU

ISBN: 978-3-902619-52-5

2012 2011 2010 2009
Die letzte Jahreszahl gibt die aktuelle Lizenzausgabe an.

Die Abbildung auf der Vorderseite des Einbandüberzugs zeigt das Brunnenhaus im Zisterzienserstift Zwettl in Niederösterreich, die auf der Rückseite die Bibliothek im Benediktiner-Stift Altenburg.
Die Abbildung auf dem Vor- und Nachsatz zeigt eine barocke Übersichtskarte aus dem Jahr 1732 mit allen damals bestehenden Benediktinerklöstern im deutschsprachigen Raum („Germania Benedictina"), in die die heute noch (oder wieder) existierenden Benediktiner-, Zisterzienser-, Trappisten-, Augustiner-Chorherren- und Prämonstratenser-Klöster eingezeichnet sind.
Abbildung auf Seite 2: Kastl: Ehem. Benediktinerabtei in der Oberpfalz, 1103 gegr., Gewölbeschlußstein in Form eines Mönches.
Abbildung auf Seite 4: St. Florian: Augustiner-Chorherrenstift in Oberösterreich, im 8. Jh gegr., seit 1071 Augustiner-Chorherrenstift. Türklinke im Marmorsaal von J. Prandtauer, 1744–50.
Abbildung auf Seite 239: Admont: Benediktiner-Stift. Stiftsbibliothek, Cod. 35, folio 296v, „Decretum Gratiani", Detail: Arbor consanguinitatis, Österreich oder Deutschland, 1. Hälfte 13. Jh.
Unten: Admont. Stiftsbibliothek, Cod. 511, folio. 219 v, „Evangeliar des Kustos Berchtolt von Salzburg", hl. Johannes, Ende 11. Jh.

Die Abbildungen auf den Seiten 58, 59 o., 61, 62, 64, 79, 108, 109 und 159 o. stammen von IMAGNO/Erich Widder, Linz, die auf Seite 48 von Lois Lammerhuber, jene auf dem Vor- und Nachsatz aus dem Bildarchiv der Österreichischen Nationalbibliothek.

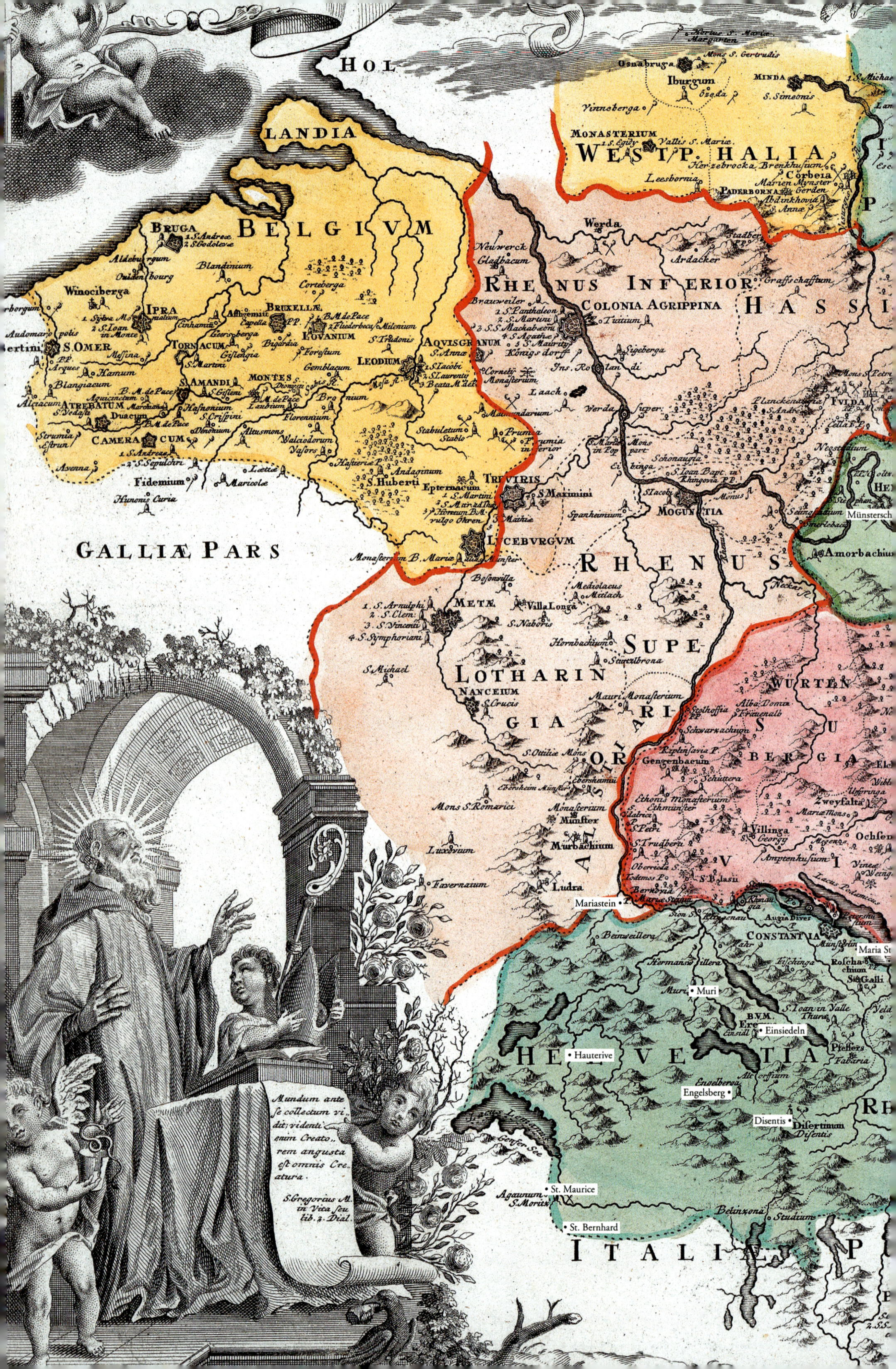
HOL
LANDIA
BELGIVM
BRUGA
IPRA
S.OMER
TORNACUM
BRUXELLÆ
LOVANIUM
LEODIUM
AQUISGRANUM
MONTES
ATREBATUM
CAMERACUM
Fidemium
GALLIÆ PARS
WESTPHALIA
Osnabruga
Iburgum
MINDA
MONASTERIUM
PADERBORNA
Corbeia
RHENUS INFERIOR
COLONIA AGRIPPINA
HASSI
TREVIRIS
S.Huberti
LUCEBURGUM
MOGUNTIA
RHENUS
METÆ
LOTHARINGIA
NANCEIUM
SUPE
WURTEN
BERGIA
CONSTANTIA
Mariastein
Muri
Einsiedeln
Hauterive
HELVETIA
Engelsberg
Disentis
St. Maurice
St. Bernhard
ITALIA
Mundum ante se collectum vidit; videnti enim Creatorem angusta est omnis Creatura.
S.Gregorius M. in Vita seu lib. 2. Dial.